银/行/业/专/业/人/员/职/业/资/格/考/试/教/材

银行管理
（初级）

银行业专业人员职业资格考试命题研究组 编

扫描二维码
获取天一网校APP

关注天一金融课堂
获取增值服务

西南财经大学出版社
Southwestern University of Finance & Economics Press
中国·成都

图书在版编目(CIP)数据

银行管理:初级/银行业专业人员职业资格考试命题研究组编.—成都:西南财经大学出版社,2020.12(2023.1 重印)

ISBN 978-7-5504-4670-0

Ⅰ.①银… Ⅱ.①银… Ⅲ.①银行管理—中国—资格考试—自学参考资料 Ⅳ.①F832.1

中国版本图书馆 CIP 数据核字(2020)第 235477 号

银行管理(初级)

YINHANG GUANLI(CHUJI)

银行业专业人员职业资格考试命题研究组 编

责任编辑:冯 梅
责任校对:张 博
封面设计:天 一
责任印制:朱曼丽

出版发行	西南财经大学出版社(四川省成都市光华村街 55 号)
网　　址	http://cbs.swufe.edu.cn
电子邮件	bookcj@swufe.edu.cn
邮政编码	610074
电　　话	028-87353785
印　　刷	河南承创印务有限公司
成品尺寸	185mm×260mm
印　　张	13
字　　数	367 千字
版　　次	2020 年 12 月第 1 版
印　　次	2023 年 1 月第 4 次印刷
书　　号	ISBN 978-7-5504-4670-0
定　　价	56.00 元

目 录

第一章 经济政策

要点导图

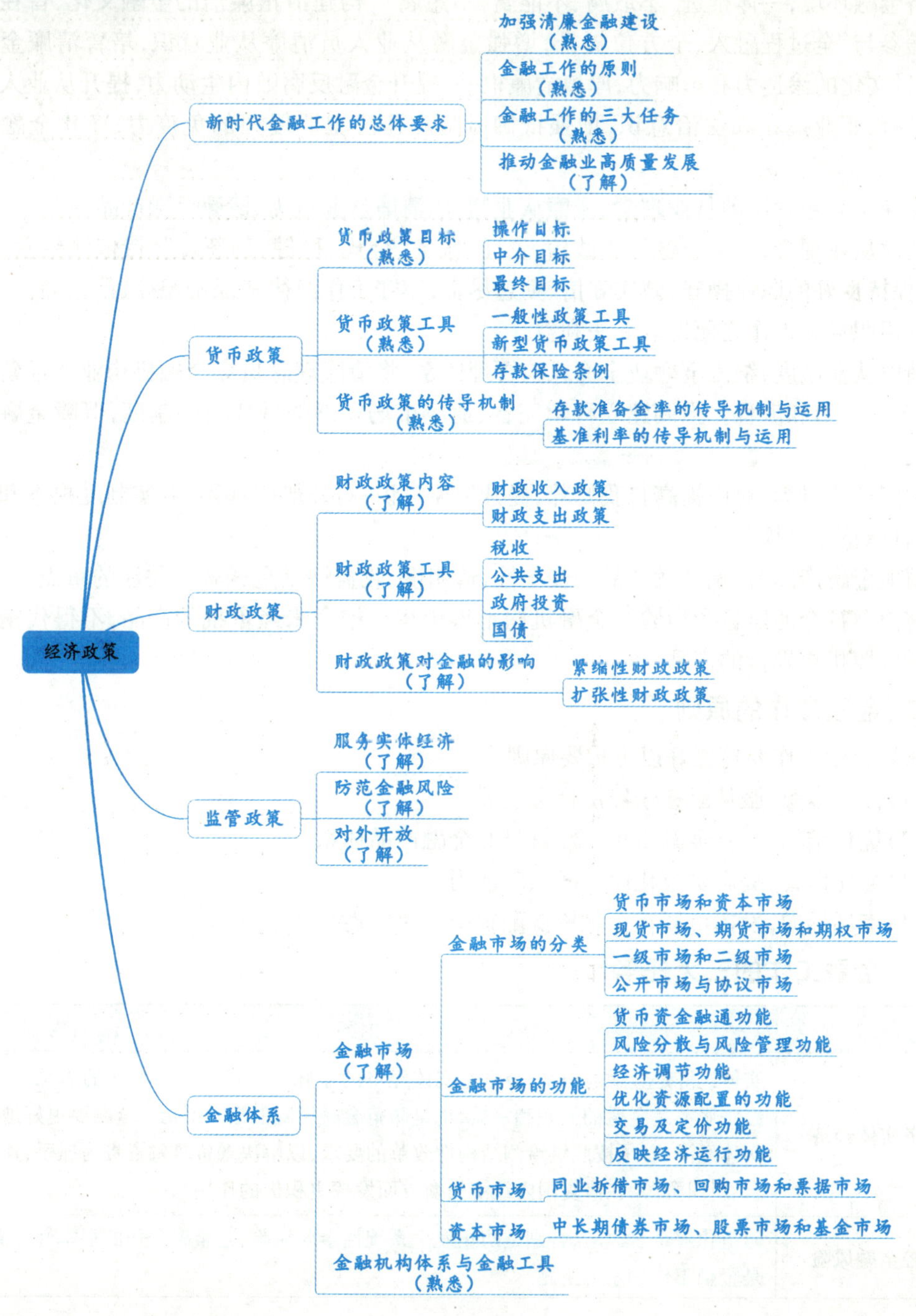

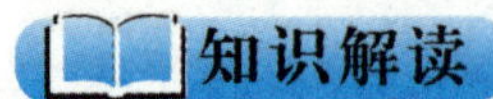

第一节　新时代金融工作的总体要求

一、加强清廉金融建设

近年来,中国银保监会加大金融领域反腐败力度,着力铲除金融领域腐败滋生土壤,净化经济金融环境,一体推进"不敢腐、不能腐、不想腐",构建清正廉洁的金融文化,旨在通过全覆盖参与、全过程融入、全方位提升,增强金融从业人员清廉从业意识,培育清廉金融理念,通过文化的渗透力和影响力,厚植清廉根基,提升金融反腐败内生动力,提升从业人员的道德品行、职业操守和法治意识,增强抵御风险和违法犯罪侵蚀的免疫力,净化金融政治生态。

清廉金融包含清廉从业理念、清廉从业制度、清廉从业行为、清廉金融产品等。

清廉从业理念,强调金融从业诚信、责任、服务、合规、稳健、创新。坚持依法经营、合规操作,保持良好的职业操守,诚实守信、勤勉尽责,遵守工作纪律和保密纪律,严格廉洁从业。不得利用职务和工作之便谋取非法利益。

清廉从业制度,纳入金融业全面风险管理体系,将清廉理念贯穿金融机构业务经营各个方面、各个环节和流程。强调建立科学完备、适应市场发展的现代金融制度,保障金融业稳健发展。

清廉从业行为,对内提高自我修养,提升纪律意识;对外严明规则,夯实制度根本和文化根基,打造整体合规范围。

清廉金融产品,强调金融产品的安全性、透明度、收益性是金融客户关注的重点,必须经得起客户及社会的监督和检验。金融机构不得销售或推介未经审批的产品,不得代销未持有金融牌照机构发行的产品。

二、金融工作的原则

做好金融工作要把握好以下重要原则:

(1)回归本源,服从服务于经济社会发展。

(2)优化结构,完善金融市场、金融机构、金融产品体系。

(3)强化监管,提高防范化解金融风险能力。

(4)市场导向,发挥市场在金融资源配置中的决定性作用。

三、金融工作的三大任务

要点	内容
服务实体经济	实体经济是金融的根基,金融是实体经济的血脉。金融是实体经济的血脉,为实体经济服务是金融的天职和宗旨,也是防范金融风险的根本举措。金融要更好地服务实体经济,必须按照供给侧结构性改革的要求,以解决融资难融资贵为抓手,连接供求、组织资源,在修复国内经济失衡方面发挥更积极的作用
防控金融风险	防范化解金融风险,特别是防止发生系统性金融风险,是金融工作的根本性任务,也是金融工作的永恒主题

（续表）

要点	内容
深化金融改革	要坚持金融业本质上是竞争性行业的定位，按照准入前国民待遇和负面清单的原则，继续主动、有序扩大金融业对外开放。 (1)进一步深化人民币汇率形成机制改革，提高金融资源配置效率，完善金融调控机制。 (2)稳妥有序推动资本项目开放，稳步扩大资本账户可兑换，营造公平、透明、可预期的营商环境。 (3)将扩大开放与加强监管密切结合，做好相应配套措施，有效防范和化解金融风险，建立健全与金融业开放相适应的监管框架和金融基础设施，加强宏观审慎管理和金融监管协调配合，抓紧补齐监管制度短板，守住不发生系统性风险的底线

四、推动金融业高质量发展

高质量发展，就是能够很好地满足人民日益增长的美好生活需要的发展，是体现新发展理念的发展。面对新时期的新要求，推动高质量发展必须坚持质量第一、效益优先，加快推动质量变革、效率变革、动力变革。

金融业需要在质量、效率和动力三个层面加速变革，充分发挥在供给侧结构性改革中的重要作用，推动经济转向高质量发展。

(1)按照中央经济工作会议关于“必须加快形成推动高质量发展的指标体系、政策体系、标准体系、统计体系、绩效评价、政绩考核”的要求，打造金融业的资产标准体系。

(2)有效提升金融风险管控能力，主动防范和化解金融风险隐患。

(3)完善公司治理。

(4)努力提升金融业资产质量。

(5)提高金融资源配置效率。

(6)深化金融业与科技的融合发展。

清廉金融	金融风险	金融改革	风险管控能力

第二节　货币政策

一、货币政策目标

货币政策目标有操作目标、中介目标和最终目标。制定和实施货币政策，首先必须明确货币政策的最终目标。

要点	内容
操作目标和中介目标	在具体实施货币政策时，从中央银行认识到需要采取货币政策，然后制定并实施货币政策，到所采取的货币政策发挥作用、对货币政策的最终目标产生影响，需要相当长的一段时间，这段时间被称为货币政策时滞。 为了缩短货币政策时滞，提高货币政策的效果，需要在最终目标的框架内，进一步确定更便于中央银行制定与实施货币政策的操作目标和中介目标。

（续表）

要点	内容
操作目标和中介目标	(1)现阶段我国货币政策的操作目标是基础货币。基础货币是指具有使货币总量成倍扩张或收缩能力的货币，又称高能货币，由中央银行发行的现金通货和吸收的金融机构存款构成。我国基础货币由流通中的现金、金融机构的库存现金和金融机构存入中国人民银行的存款准备金三部分构成。 (2)对于中介目标，1998 年至 2011 年，央行主要采用货币供应量等数量型工具变量；从 2012 年开始，随着利率市场化改革的深化，我国货币政策开始从数量型向价格型转化，并且日益重视价格型工具的调控作用，搭建了利率走廊引导中长期货币利率在可控范围内波动，推动货币政策框架的转型。货币供应量是指某个时点上全社会承担流通和支付手段的货币存量。现阶段，我国按流动性不同将货币供应量划分为三个层次： M_0 = 流通中现金 $M_1 = M_0$ + 企业单位活期存款 + 农村存款 + 机关团体部队存款 + 银行卡项下的个人人民币活期储蓄存款 $M_2 = M_1$ + 城乡居民储蓄存款 + 企业单位定期存款 + 证券公司保证金存款 + 其他存款 其中，M_1为狭义货币，是现实购买力；M_2为广义货币；M_2与M_1之差为准货币，是潜在购买力
最终目标	《中华人民共和国中国人民银行法》明确规定，我国的货币政策目标是“保持货币币值稳定，并以此促进经济增长”。 货币政策的最终目标有四大目标，即经济增长、充分就业、物价稳定和国际收支平衡。这四大目标之间既有统一性，也有矛盾性。故在不同的经济环境中，货币政策的最终目标应该有所侧重

典题精练

【例 1 · 单项选择题】下列关于货币供应量层次 M_1 的说法中，正确的是(　　)。

A. $M_1 = M_0$ + 农村存款 + 机关团体部队存款 + 银行卡项下的个人人民币活期储蓄存款

B. $M_1 = M_0$ + 企业单位活期存款 + 机关团体部队存款 + 银行卡项下的个人人民币活期储蓄存款

C. $M_1 = M_0$ + 企业单位活期存款 + 农村存款 + 机关团体部队存款 + 信用卡项下的个人人民币活期储蓄存款

D. $M_1 = M_0$ + 企业单位活期存款 + 农村存款 + 机关团体部队存款 + 银行卡项下的个人人民币活期储蓄存款

D。【解析】现阶段，我国按流动性不同将货币供应量划分为三个层次：M_0 = 流通中现金；$M_1 = M_0$ + 企业单位活期存款 + 农村存款 + 机关团体部队存款 + 银行卡项下的个人人民币活期储蓄存款；$M_2 = M_1$ + 城乡居民储蓄存款 + 企业单位定期存款 + 证券公司保证金存款 + 其他存款。

二、货币政策工具

货币政策工具是中央银行为实现货币政策的目标而采取的具体手段和措施。

1. 一般性政策工具

一般性政策工具是中央银行较为常用的传统工具，主要包括存款准备金、再贷款与再贴现和公开市场业务，被称为货币政策的"三大法宝"。

要点	内容
存款准备金	金融机构为保证客户提取存款和资金清算需要而准备的资金就是存款准备金。存款准备金率指金融机构按规定向中央银行缴纳的存款准备金占其存款总额的比例。中央银行通过调整存款准备金率，影响金融机构的信贷资金供应能力，从而间接调控货币供应量
再贷款与再贴现	(1)再贷款，是中央银行调控基础货币的渠道之一，指中央银行对金融机构的贷款，也称中央银行贷款。中央银行通过适时调整再贷款的总量及利率，吞吐基础货币，促进实现货币信贷总量调控目标，合理引导资金流向与信贷投向。 (2)再贴现，是指中央银行对金融机构持有的未到期已贴现商业汇票予以贴现的行为。作为中央银行货币政策工具的再贴现政策，主要包括以下两个方面的内容： ①通过再贴现率的调整，影响商业银行以再贴现方式融入资金的成本，干预和影响市场利率及货币供求。 ②规定再贴现票据的种类，影响商业银行及全社会的资金投向，促进资金的高效流动
公开市场业务	公开市场业务是指中央银行在金融市场上卖出或买进有价证券，吞吐基础货币，以改变商业银行等存款类金融机构的可用资金，进而影响货币供应量与利率，实现货币政策目标的一种政策措施。 当中央银行需要增加货币供应量时，可利用公开市场操作买入证券，增加商业银行的超额准备金，通过商业银行存款货币的创造功能，最终导致货币供应量的多倍增加。同时，中央银行买入证券还可导致证券价格上涨，市场利率下降。相反，当中央银行需要减少货币供应量时，可进行反向操作，在公开市场上卖出证券，减少商业银行的超额准备金，引起信用规模的收缩、货币供应量的减少、市场利率的上升

2. 新型货币政策工具

根据货币调控需要，近年来中国人民银行不断开展公开市场业务工具创新。新型货币政策工具主要包括短期流动性调节工具、常备借贷便利、中期借贷便利、抵押补充贷款和定向中期借贷便利等。其中，前两种属于短期流动性调节工具，后三种属于中长期流动性调节工具。

要点	内容
短期流动性调节工具(SLO)	2013年1月，中国人民银行创设了短期流动性调节工具。这一工具的及时创设，既有利于央行有效调节市场短期资金供给，熨平突发性、临时性因素导致的市场资金供求大幅波动，促进金融市场平稳运行，也有助于稳定市场预期和有效防范金融风险
常备借贷便利(SLF)	2013年年初，中国人民银行创设了常备借贷便利。常备借贷便利是中国人民银行正常的流动性供给渠道，主要功能是满足金融机构期限较长的大额流动性需求，对象主要是政策性银行、全国性商业银行。其期限为1～3个月。常备借贷便利以抵押方式发放，合格抵押品包括高信用评级的债券类资产及优质信贷资产等。 常备借贷便利的主要特点包括： (1)由金融机构主动发起，金融机构可根据自身流动性需求申请常备借贷便利。 (2)常备借贷便利是中央银行与金融机构"一对一"交易，针对性强。 (3)常备借贷便利的交易对手覆盖面广，通常覆盖存款金融机构

（续表）

要点	内容
中期借贷便利（MLF）	2014年9月，中国人民银行创设了中期借贷便利。中期借贷便利是中央银行提供中期基础货币的货币政策工具，对象是符合宏观审慎管理要求的商业银行、政策性银行，可通过招标方式开展。中期借贷便利以质押方式发放，金融机构提供国债、央行票据、政策性金融债、高等级信用债等优质债券作为合格质押品。 中期借贷便利利率发挥中期政策利率的作用，通过调节向金融机构中期融资的成本来对金融机构的资产负债表和市场预期产生影响，引导其向符合国家政策导向的实体经济部门提供低成本资金，促进降低社会融资成本
抵押补充贷款（PSL）	2014年4月，中国人民银行创设了抵押补充贷款。抵押补充贷款的主要功能是支持国民经济重点领域、薄弱环节和社会事业发展而对金融机构提供的期限较长的大额融资。抵押补充贷款以质押方式发放，合格抵押品包括高等级债券资产和优质信贷资产
定向中期借贷便利（TMLF）	2018年12月，中国人民银行决定创设定向中期借贷便利，进一步加大金融对实体经济，尤其是小微企业、民营企业等重点领域的支持力度。定向中期借贷便利能够为银行提供较为稳定的长期资金来源，增强对小微企业、民营企业的信贷供给能力，降低融资成本，还有利于改善商业银行和金融市场的流动性结构，保持市场流动性合理充裕

3. 存款保险条例

要点	内容
概念	存款保险制度由符合条件的各类存款性金融机构集中起来建立一个保险机构，各存款机构作为投保人按一定存款比例向其缴纳保险费，建立存款保险准备金，当成员机构发生经营危机或面临破产倒闭时，存款保险机构向其提供财务救助或直接向存款人支付部分或全部存款，从而保护存款人利益，维护银行信用，稳定金融秩序。 自2015年5月1起中国正式实行《存款保险条例》，中国人民银行负责实施。根据《存款保险条例》的规定，存款保险实行限额偿付，最高偿付限额为人民币50万元。《存款保险条例》规定的存款保险具有强制性
建立存款保险制度的意义	建立存款保险制度，有利于完善我国金融安全网，更好地保护存款人的利益，维护金融市场和公众对我国银行体系的信心，进一步理顺政府和市场的关系，深化金融改革，维护金融稳定，促进我国金融体系健康发展
国际通行做法	使用存款保险标识是实施存款保险制度的一项重要内容，也是国际通行做法。中国人民银行授权参加存款保险的金融机构自2020年11月28日起使用存款保险标识

三、货币政策的传导机制

要点	内容
存款准备金率的传导机制与运用	存款准备金包括法定存款准备金和超额存款准备金两种。 （1）法定存款准备金是指商业银行按照其存款的一定比例向中央银行缴存的存款，这个比例通常是由中央银行决定的，被称为法定存款准备金率。 （2）超额存款准备金是指商业银行存放在中央银行、超出法定存款准备金的部分，主要用于支付清算、头寸调拨或作为资产运用的备用资金。 当中央银行提高法定存款准备金率时，商业银行需要上缴中央银行的法定存款准备金增加，可直接运用的超额准备金减少，商业银行的可用资金减少，在其他情况不变

（续表）

要点	内容
存款准备金率的传导机制与运用	的条件下，商业银行贷款或投资下降，从而收紧信用，引起存款的数量收缩，导致货币供应量减少。反之，当中央银行降低法定存款准备金率时，会造成准备金释放，为商业银行提供新增的可用于偿还借入款或进行放款的超额准备，以此扩大信用规模，导致货币供应量增加
基准利率的传导机制与运用	利率政策是我国货币政策的重要组成部分，也是货币政策实施的主要手段之一。 中央银行基准利率主要包括： (1)再贷款利率。再贷款利率指中国人民银行向金融机构发放再贷款所采用的利率。 (2)再贴现利率。再贴现利率指金融机构将所持有的已贴现票据向中国人民银行办理再贴现所采用的利率。 (3)存款准备金利率。存款准备金利率指中国人民银行对金融机构交存的法定存款准备金支付的利率。 (4)超额存款准备金利率。超额存款准备金利率指中央银行对金融机构交存的准备金中超过法定存款准备金水平的部分支付的利率。 中央银行提高再贷款或再贴现利率，会提高商业银行向中央银行融资的成本，降低商业银行向中央银行的借款意愿，减少向中央银行的借款或贴现。如果准备金不足，商业银行只能收缩对客户的贷款和投资规模，进而缩减货币供应量。随着货币供应量的减少，市场利率相应上升，社会对货币的需求相应减少，整个社会的投资支出减少，经济增速放慢，最终实现货币政策目标。中央银行降低再贷款或再贴现利率的作用过程与上述相反

典题精练

【例2·单项选择题】法定存款准备金率变动的直接效果是影响商业银行的(　　)。

A. 流动系数　　B. 吸储能力

C. 超额储备水平　　D. 还款能力

C。【解析】法定存款准备金率变动的直接效果是影响商业银行的超额储备水平，通过货币乘数效用对信用活动产生影响。

【例3·单项选择题】(　　)指中国人民银行向金融机构发放再贷款所采用的利率。

A. 同业贷款利率　　B. 再贷款利率

C. 银行头寸利率　　D. 短期拆借利率

B。【解析】再贷款利率指中国人民银行向金融机构发放再贷款所采用的利率。

【例4·多项选择题】中央银行基准利率主要包括(　　)。

A. 再贷款利率　　B. 再贴现利率

C. 存款准备金利率　　D. 超额存款准备金利率

E. 活期储蓄利率

ABCD。【解析】中央银行基准利率主要包括：(1)再贷款利率，指中国人民银行向金融机构发放再贷款所采用的利率。(2)再贴现利率，指金融机构将所持有的已贴现票据向中国人民银行办理再贴现所采用的利率。(3)存款准备金利率，指中国人民银行对金融机构交存的法定存款准备金支付的利率。(4)超额存款准备金利率，指中央银行对金融机构交存的准备金中超过法定存款准备金水平的部分支付的利率。

【例5·多项选择题】当中央银行降低法定存款准备金率时，下列说法中，错误的有(　　)。

A. 会造成准备金释放　　B. 为商业银行提供新增的超额准备

C. 缩减了信用规模　　D. 导致货币供应量增加

E. 导致货币供应量减少

CE。【解析】当中央银行降低法定存款准备金率时，会造成准备金释放，为商业银行提供新增的可用于偿还借入款或进行放款的超额准备，以此扩大信用规模，导致货币供应量增加。

【例6·判断题】超额存款准备金主要用于同业汇兑清算。(　　)

A. 正确　　B. 错误

B。【解析】超额存款准备金指商业银行存放在中央银行、超出法定存款准备金的部分，主要用于支付清算、头寸调拨或作为资产运用的备用资金。

本节速览

货币政策目标	存款准备金	再贷款	再贴现
常备借贷便利	中期借贷便利	抵押补充贷款	存款保险制度

第三节　财政政策

财政政策的内容、工具和影响

要点	内容
内容	财政政策是一国政府为实现一定的宏观经济目标而调整财政收支规模和收支平衡的指导原则以及相应措施，主要包括财政收入政策和财政支出政策两种
工具	(1)税收。税收作为一种政策工具，它具有形式上的强制性、无偿性和固定性特征，这些特征使税收调节具有权威性。税收调节作用，主要通过宏观税率和具体税率的确定、税种选择、税负分配(包括税负转嫁)以及税收优惠和税收惩罚等规定体现出来。 (2)公共支出。公共支出是指政府满足纯公共需要的一般性支出，包括购买性支出和转移性支出两大部分。购买性支出包括商品及劳务的购买，是一种政府的直接消费支出。转移性支出通过“财政收入→国库→财政支付”过程将货币收入从一方转移到另一方。 (3)政府投资。政府投资是指财政用于资本项目的建设支出，最终将形成各种类型的固定资产。在市场经济条件下，政府投资的项目主要指那些具有自然垄断特征、外部效应大、产业关联度高、具有示范及诱导作用的公共设施、基础性产业以及新兴的高科技主导产业。政府的投资能力与投资方向对经济结构的调整起关键性作用。 (4)国债。国债作为一种财政信用形式，最初是用来弥补财政赤字的。随着信用制度的发展，国债已成为调节货币供求、协调财政与金融关系的重要政策手段。国债的作用主要通过国债规模、持有人结构、期限结构、国债利率等综合体现出来
财政政策对金融的影响	(1)紧缩性财政政策。紧缩性财政政策是指通过财政收支规模的变动来减少和抑制总需求，在国民经济已出现总需求过旺的情况下，通过紧缩性财政政策可以消除通货膨胀，达到供求平衡。实施紧缩性财政政策的手段主要是减少财政支出和增加税收。

（续表）

要点	内容
财政政策对金融的影响	(2)扩张性财政政策。扩张性财政政策是指通过财政收支规模的变动来增加和刺激社会的总需求，在总需求不足时，通过扩张性财政政策使总需求与总供给的差额缩小以至平衡。实施扩张性财政政策的手段主要是增加财政支出和减少税收

典题精练

【例7·单项选择题】（　　）财政政策能在总需求过旺的情况下，消除通货膨胀，达到供求平衡。

A. 紧缩性　　B. 扩张性

C. 中性　　D. 稳定性

A。【解析】紧缩性财政政策指通过财政收支规模的变动来减少和抑制总需求，在国民经济已出现总需求过旺的情况下，通过紧缩性财政政策可以消除通货膨胀，达到供求平衡。

【例8·判断题】实施扩张性财政政策的手段主要是减少财政支出和增加税收。（　　）

A. 正确　　B. 错误

B。【解析】实施紧缩性财政政策的手段主要是减少财政支出和增加税收。

公共支出	政府投资	扩张性财政政策	紧缩性财政政策

第四节　监管政策

一、服务实体经济

银行业监管机构按照党中央、国务院的部署，认真贯彻落实“回归本源，服从服务于经济社会发展”的基本要求，积极督导银行业金融机构提升服务实体经济的质效。一是积极支持供给侧结构性改革。实施差异化的信贷政策，实行区别对待、有保有控的差别化信贷政策。组建债权人委员会，引导银行业稳妥有序退出“僵尸企业”，妥善处置重大授信风险事件，支持企业重组脱困。批准五家大型银行新设债转股实施机构，稳步推进市场化、法治化债转股。牢牢把握“房子是用来住的、不是用来炒的”基本属性，要求银行按照分类调控、因地因城施策的原则，落实差别化的住房信贷政策，促进房地产市场长期稳健发展。二是全力支持重大战略实施。引导银行业金融机构提升服务企业“走出去”的能力，形成长期、稳定、风险可控、商业可持续的“一带一路”金融服务保障体系，积极支持共建“一带一路”；引导银行业金融机构加大对京津冀协同发展战略、长江经济带发展战略等的支持力度。三是大力推进普惠金融发展。推动大中型商业银行设立普惠金融事业部，提升普惠金融服务能力。目前大型银行总行及一级分行普惠金融事业部均已组建完毕。着力提升小微企业金融服务水平，支持银行业金融机构创新业务模式，积极支持科创企业发展，提高“三农”金融服务水平。四是坚决贯彻落实“两个毫不动摇”的要求，促进多种所有制经济共同发展，研究解决民营企业、中小企业获得金融资源中遇到的困难。

二、防范金融风险

近年来，我国银行监管机构按照党中央、国务院的部署，加强对金融机构的监管，严格落实金融法律法规，强化市场乱象整治，惩治违法行为，防范和处置各类金融风险，形成监管威慑力引导银行业金融机构回归本源，专注主业，加大对实体经济的支持力度。

要点	内容
弥补监管制度短板	针对金融市场的快速发展、银行业务结构调整、风险特征变化等新情况，弥补监管不足。完善流动性风险管理、银行账簿利率风险、押品管理、大额风险暴露等一系列风险管理类规制，强化相关领域风险防控；完善业务类规制，出台资管新规、银行理财新规、委托贷款管理等业务规制，促进业务健康有序发展；完善政策性银行与开发银行监管规制；强化穿透监管，加强商业银行股权管理；完善信托登记、慈善信托、融资担保、金融资产管理公司等非银金融机构业务规制体系
严格执法，深入整治银行业市场乱象	2017 年以来，银行监管将整治市场乱象作为监管工作重点，连续开展"三违反"（违法、违规、违章）、"三套利"（监管套利、空转套利、关联套利）、"四不当"（不当创新、不当交易、不当激励、不当收费）、"十乱象"（包括股权和对外投资、机构和高管、规章制度、业务产品人员、行业廉政风险、监管履职、内外勾结违法行为、非法金融活动等）专项治理和综合整治，加大问责与行政处罚力度。目前，"三三四十"系列整治市场乱象初见成效，同业、理财、委托贷款相关业务同步收缩，资金脱实向虚势头得到初步遏制，银行业信贷支持实体经济的力度持续加强，合规经营意识有所提高
处置一批重大风险点	随着经济结构调整的深化和内外部发展环境的变化，一些地区、一些行业、一些企业和机构爆发了风险事件，监管机构对相关案件的处理形成了监管威慑。出台网贷领域的"一个办法三个指引"新规，对网络借贷信息中介（P2P）进行集中治理。严厉整治校园贷、培训贷等，鼓励商业银行做好大学生金融服务，开正门、堵邪路

三、对外开放

在推进银行业对外开放中遵循三条原则：一是准入前国民待遇和负面清单原则；二是金融业对外开放将与汇率形成机制改革和资本项目可兑换进程相互配合，共同推进；三是在开放的同时，要重视防范金融风险，要使金融监管能力与金融开放度相匹配。

与此同时，监管机构引导银行业金融机构在防范风险的同时，积极服务于共建"一带一路"，支持企业"走出去"。2017 年 1 月，原银监会印发了《关于规范银行业服务企业走出去　加强风险防控的指导意见》，明确了银行业金融机构服务企业"走出去"的战略定位、重点领域，提出了丰富金融服务方式、加强公司治理、强化风险管理、鼓励良性竞争、健全责任追究制度、加强保障能力建设等方面的要求。

供给侧结构性改革	普惠金融	资管新规	对外开放

第五节 金融体系

一、金融市场

1. 金融市场的概念、分类和功能

要点	内容
概念	金融市场是指货币和资本的交易活动、交易技术、交易制度、交易产品及交易场所的集合,是以金融工具为交易对象而形成的资金供求关系的总和
分类	(1)一级市场和二级市场。根据市场功能不同可以将金融市场分为一级市场(发行市场)和二级市场(流通市场)。 (2)货币市场和资本市场。根据期限不同可以将金融市场分为货币市场和资本市场。 (3)现货市场、期货市场和期权市场。根据金融交易合约性质的不同可以将金融市场划分为现货市场和期货市场。期权市场是期货交易市场的发展和延伸。 (4)公开市场和协议市场。根据金融产品成交与定价方式的不同可以将金融市场分为公开市场和协议市场
功能	(1)货币资金融通功能(最主要、最基本的功能)。 (2)风险分散与风险管理功能。 (3)经济调节功能。 (4)优化资源配置的功能。 (5)交易及定价功能。 (6)反映经济运行功能

2. 货币市场

货币市场又称为短期资金市场,指融资期限在1年以内(包括1年)的资金交易市场。货币市场的基本功能在于实现资金的流动性,从而便于各类经济主体可以随时获得或运用现实的货币。货币市场的主要特点是低风险、低收益;期限短、流动性强、风险性小;交易量大、交易频繁。

要点	内容
同业拆借市场	同业拆借市场指银行及非银行金融机构之间进行短期性的、临时性的资金调剂所形成的市场。主要满足金融机构日常资金的支付清算和短期融通需要。 同业拆借市场主要有以下特征: (1)主要限于商业银行等金融机构参加。 (2)拆借期限短。 (3)拆借利率市场化
回购市场	回购市场指通过回购协议进行短期资金融通的市场。在回购交易中,正回购指先出售证券、后购回证券;而逆回购指先购入证券、后出售证券。 回购市场的主要特征有: (1)参与者的广泛性。 (2)风险性。 (3)短期性,回购期限一般不超过1年,通常为隔夜或7天。

（续表）

要点	内容
回购市场	(4)利率的市场性。 回购利率由交易双方确定，主要受回购证券的质地、回购期限的长短、交割条件、货币市场利率水平等因素的影响
票据市场	票据市场指以商业票据作为交易对象的市场。狭义的票据市场仅指交易性商业票据的交易市场，广义上的票据市场则包括融资性商业票据和交易性商业票据。从广义角度介绍票据市场的构成来看，票据市场主要由票据承兑市场、票据贴现市场、商业票据市场、大额可转让定期存单市场构成

3. 资本市场

资本市场指以长期金融工具为媒介进行的、期限在1年以上的长期资金融通市场。在资本市场上，发行主体所筹集的资金大多用于扩大再生产的投资，融通的资金期限长、流动性相对较差、风险较大而收益相对较高。资本市场主要包括股票市场、债券市场、基金市场等。

(1)中长期债券市场。债券市场是发行和交易债券的市场，它是金融市场的一个重要组成部分。债券市场按债券期限划分，可分为短期债券市场和中、长期债券市场。

(2)股票市场。股票市场是影响力最大的金融实体之一。股票市场一般分为发行市场（又称一级市场）和流通市场（又称二级市场）。

(3)基金市场。基金市场按照募集对象来分，可以分为公募基金和私募基金。公募基金的募集对象是社会公众，即社会不特定的投资者；而私募基金募集的对象是少数特定的投资者，包括机构和个人。

典题精练

【例9·多项选择题】金融市场是货币和资本的（　　）的集合。

A. 交易活动　　B. 交易技术

C. 交易制度　　D. 交易产品

E. 交易场所

ABCDE。【解析】金融市场是货币和资本的交易活动、交易技术、交易制度、交易产品和交易场所的集合，是以金融工具为交易对象而形成的资金供求关系的总和。

二、金融机构体系与金融工具

1. 金融机构概述

从事各种金融活动的组织，被统称为金融机构。

2. 开发性银行、政策性银行、商业银行及非银行金融机构

要点	内容
政策性银行	1994年，我国成立了三家政策性银行——国家开发银行、中国进出口银行和中国农业发展银行。2014年年底及2015年年初，三家政策性银行陆续实施改革，国家开发银行定位为开发性金融机构，服务国家重大战略，支持重点领域和薄弱环节的融资需求；中国进出口银行和中国农业发展银行则强化政策性职能定位，坚持以政策性业务为主体

（续表）

要点	内容
商业银行	(1)大型商业银行。 (2)股份制商业银行。 (3)城市商业银行。 (4)农村金融机构。 (5)外资银行
非银行金融机构	(1)证券类机构。证券类机构主要包括证券交易所、证券公司、证券服务机构、期货公司和基金管理公司。 (2)保险类机构。保险类机构主要包括保险公司和保险中介机构。 (3)其他非银行金融机构。其他非银行金融机构主要包括金融资产管理公司、信托公司、企业集团财务公司、金融租赁公司、消费金融公司、汽车金融公司和货币经纪公司等

3. 金融工具的特征与分类

要点	内容
特征	金融工具具有流动性、收益性、风险性的特点
分类	(1)按期限的长短划分,金融工具可分为短期金融工具和长期金融工具。短期金融工具的期限一般在一年及以下,如商业票据、短期国库券、回购协议等;长期金融工具的期限一般在一年以上,如股票、企业债券、长期国债等。 (2)按融资方式划分,金融工具可分为直接融资工具和间接融资工具。直接融资工具包括政府、企业发行的国库券、企业债券等;间接融资工具包括银行债券、银行承兑汇票、人寿保险单等。 (3)按投资者所拥有的权利划分,金融工具可分为债权工具、股权工具和混合工具

金融市场	货币市场	资本市场	同业拆借市场
回购市场	票据市场	政策性银行	商业银行

同步自测

一、单项选择题(在以下各小题所给出的四个选项中,只有一个选项符合题目要求,请将正确选项的代码填入括号内)

1. 从中央银行认识到需要采取货币政策,然后制定并实施货币政策,到该政策发挥作用、对其最终目标产生影响,需要相当长的一段时间,这段时间被称为(　　)。

A. 利息政策时滞　　B. 货币政策时滞

C. 财政政策时滞　　D. 经济政策时滞

2. 我国存款保险制度的资金来源于(　　)。

A. 人民银行拨款　　B. 财政拨款

C. 各存款机构按比例缴纳的保险费　　D. 商业银行缴纳的准备金

3. 主要功能是支持国民经济重点领域、薄弱环节和社会事业发展而对金融机构提供的期限较长的大额融资的贷款产品是（　　）。

A. 抵押补充贷款
B. 定向中期借贷便利
C. 常备借贷便利
D. 中期借贷便利

4. 货币市场融资的期限为（　　）。

A. 1 年或 1 年以内
B. 2 年或 2 年以内
C. 3 年或 3 年以内
D. 半年以内

5. 一级市场是金融市场的基础环节，主要发挥（　　）功能。

A. 资源配置
B. 融资
C. 流通
D. 批发

6. 金融市场最主要、最基本的功能是（　　）。

A. 优化资源配置
B. 经济调节
C. 融通货币资金
D. 风险分散及管理

7. 金融市场发挥对经济调节作用的原因在于其特有的（　　）。

A. 为社会中资金不足的一方提供筹资机会的功能
B. 资本聚集功能和引导资本的合理配置机制
C. 为资金的盈余方提供投资机会的功能
D. 短期性的、临时性的资金调剂功能

8. 下列关于回购市场的说法中，错误的是（　　）。

A. 在回购交易中先出售证券、后购回证券称为正回购
B. 在回购交易中先购入证券、后出售证券称为逆回购
C. 回购市场指通过回购协议进行短期资金融通的市场
D. 回购协议指证券持有人在出售证券的同时，与证券购买商约定在一定期限后再按约定价格与市场价格孰高原则购回所售证券的协议

二、多项选择题（在以下各小题所给出的选项中，至少有两个选项符合题目要求，请将正确选项的代码填入括号内）

1. 一般而言，货币政策目标包括（　　）。

A. 操作目标
B. 最终目标
C. 中介目标
D. 长期目标
E. 短期目标

2.（　　）被称为中央银行货币政策的“三大法宝”。

A. 存款准备金
B. 再贷款与再贴现
C. 公开市场业务
D. 常备借贷便利
E. 短期流动性调节工具

3. 根据货币调控需要，近年来中国人民银行开展的新型货币政策工具主要包括（　　）。

A. 短期流动性调节工具
B. 常备借贷便利
C. 中期借贷便利
D. 抵押补充贷款
E. 同业回购

4. 1994 年,我国成立了三家政策性银行,分别是(　　)。

A. 中国工商银行　　B. 国家开发银行

C. 中国进出口银行　　D. 中国农业发展银行

E. 中国建设银行

5. 短期金融工具主要包括(　　)。

A. 股票　　B. 商业票据

C. 短期国库券　　D. 回购协议

E. 企业债券

6. 清廉金融的内容包括(　　)。

A. 清廉从业理念　　B. 清廉从业制度

C. 清廉从业行为　　D. 清廉金融产品

E. 清廉经济体制

三、判断题(请判断以下各小题的正误,正确的选 A,错误的选 B)

1. 减少支出和增加税收,都具有减少和抑制社会总需求的效应。　　(　　)

A. 正确　　B. 错误

2. 一级市场也称流通市场。　　(　　)

A. 正确　　B. 错误

3. 金融市场虽提高了交易成本,但便利了金融工具交易。　　(　　)

A. 正确　　B. 错误

答案详解

一、单项选择题

1. B。【解析】在具体实施货币政策时,从中央银行认识到需要采取货币政策,然后制定并实施货币政策,到所采取的货币政策发挥作用、对货币政策的最终目标产生影响,需要相当长的一段时间,这段时间被称为货币政策时滞。

2. C。【解析】存款保险制度是一种金融保障制度,由符合条件的各类存款性金融机构集中起来建立一个保险机构,各存款机构作为投保人按一定存款比例向其缴纳保险费,建立存款保险准备金,当成员机构发生经营危机或面临破产倒闭时,存款保险机构向其提供财务救助或直接向存款人支付部分或全部存款,从而保护存款人利益,维护银行信用,稳定金融秩序的一种制度。

3. A。【解析】抵押补充贷款的主要功能是支持国民经济重点领域、薄弱环节和社会事业发展而对金融机构提供的期限较长的大额融资。

4. A。【解析】货币市场是短期资金融通市场,期限在 1 年或 1 年以内。

5. B。【解析】一级市场是金融市场的基础环节,主要发挥融资功能。

6. C。【解析】融通货币资金是金融市场最主要、最基本的功能。金融市场为社会中资金不足的一方提供了筹集资金的机会,也为资金的盈余方提供了投资机会,使社会资金实现在盈余部门和短缺部门的融通和调剂。

7. B。【解析】金融市场可以通过其特有的资本聚集功能和引导资本的合理配置机制,发挥对经济的调节作用。

8. D。【解析】回购协议指证券持有人在出售证券的同时，与证券购买商约定在一定期限后再按约定价格购回所售证券的协议。

二、多项选择题

1. ABC。【解析】货币政策目标包括最终目标、操作目标和中介目标。
2. ABC。【解析】一般性政策工具是中央银行较为常用的传统工具，主要包括存款准备金、再贷款与再贴现和公开市场业务，被称为货币政策的“三大法宝”。
3. ABCD。【解析】近年来，中国人民银行创设的新型货币政策工具既包括短期流动性调节工具、常备借贷便利等短期流动性调节工具，也包括中期借贷便利、抵押补充贷款和定向中期借贷便利等中长期流动性调节工具。
4. BCD。【解析】1994 年，我国成立了三家政策性银行——国家开发银行、中国进出口银行和中国农业发展银行。
5. BCD。【解析】金融工具分为短期金融工具和长期金融工具，前者期限一般在 1 年及以下，如商业票据、短期国库券、回购协议等；后者期限一般在 1 年以上，如股票、企业债券、长期国债等。
6. ABCD。【解析】清廉金融包含清廉从业理念、清廉从业制度、清廉从业行为、清廉金融产品等。

三、判断题

1. A。【解析】减少支出可以降低政府的消费需求和投资需求，增加税收可以减少民间的可支配收入，降低民间消费需求和投资需求。减少支出和增加税收，都具有减少和抑制社会总需求的效应。
2. B。【解析】一级市场也称初级市场或发行市场，是初次发行的有价证券的交易市场。
3. B。【解析】借助于金融市场的交易组织、交易规则和信用制度，以及丰富的金融产品和便利的金融资产交易方式，为各种金融工具互相转换提供了必需的条件，可以降低交易成本，便利金融工具交易。

第二章 监管体系

要点导图

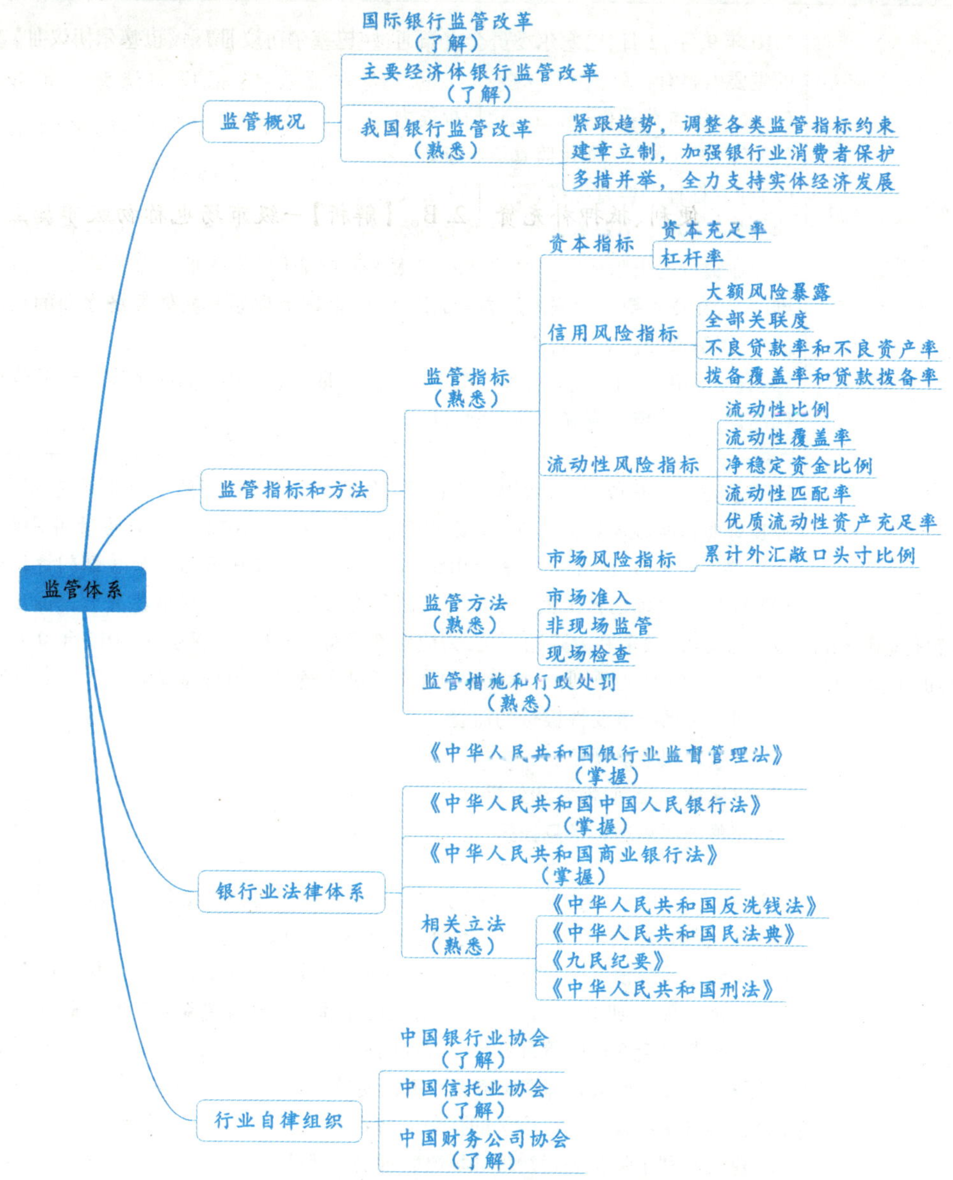

第一节　监管概况

一、国际银行监管改革

要点	内容
《巴塞尔协议》的变化	2010 年 9 月 12 日，巴塞尔委员会宣布通过《巴塞尔协议Ⅲ》。《巴塞尔协议Ⅲ》改革的主要内容有： (1)扩大资本覆盖面，增强风险捕捉能力。 (2)修改资本定义，强化监管资本基础。 (3)建立杠杆率监管标准，弥补资本充足率缺陷。 (4)建立宏观审慎资本要求，反映系统性风险。一是横向维度上，对具有系统重要性商业银行提出附加资本要求，降低"太大而不能倒"带来的道德风险。二是时间维度上，在资本要求中嵌入反周期的因子，降低银行体系和实体经济之间的正反馈循环，缓解亲经济周期效应。 (5)建立量化流动性监管标准。《巴塞尔协议Ⅲ》首次提出的两个流动性监管量化标准是流动性覆盖率和净稳定融资比率
《有效银行监管核心原则》的主要变化	巴塞尔委员会发布的《有效银行监管核心原则》(以下简称《核心原则》)是国际银行业良好监管实践的最低标准，许多国家将其作为评估本国监管体系质量和明确未来工作要求的标杆，国际货币基金组织和世界银行也将其运用至金融部门评估规划(FSAP)中，以评估各国银行业监管实践的有效性。国际金融危机充分暴露出银行业监管标准、政策和方式的不足，为应对新形势，巴塞尔委员会于 2012 年 9 月正式发布第三版《核心原则》。此次修订主要反映了危机后银行监管的以下变化趋势： (1)加强对系统重要性银行的监管。 (2)引入宏观审慎视角。 (3)重视危机管理、恢复和处置。 (4)完善公司治理和信息披露
公司治理改革	2015 年 7 月，巴塞尔委员会公布了最新版《加强公司治理的原则》(以下简称《原则》)。新的《原则》在以下几个方面进行了重点修改： (1)重新定义谨慎义务、忠诚义务、风险偏好、风险偏好框架和风险文化等概念。 (2)引进合规原则，即银行董事会应对银行经理层的合规风险负起监督职责。 (3)扩大董事会在风险管理和控制方面的监管职责，包括董事会需为适合的风险管理框架负责，并承担向首席风险官和审计委员会提供建议的职责。 (4)强调董事会整体及其成员的任职资格要求。 (5)建立有利于强化公司治理和风险管理的薪酬体系。 (6)重新定位公司治理中监管者职责，强调监管者需针对银行运作情况、董事会成员选择提供指引

（续表）

要点	内容
金融稳定理事会的成立和改革进展	金融稳定理事会的前身为金融稳定论坛，于1999年成立，旨在通过加强金融监管领域的信息交流和国际合作以提升国际金融体系的稳定性。2009年4月2日（二十国集团伦敦金融峰会期间），金融稳定论坛正式更名为金融稳定理事会，同时扩大成员和职能，目的在于增强金融稳定理事会的机构代表性，以应对金融体系脆弱性，制定和实施稳健的监管政策，促进金融体系的稳定。金融稳定理事会成立后，在以下几个方面取得了重大进展： （1）督促修改国际会计标准。 （2）加强宏观审慎监管。 （3）扩大监管范围。 （4）推进执行国际监管标准。 （5）加强金融监管国际合作。 （6）加强薪酬和激励机制的监管

典题精练

【例1·判断题】2009年4月2日，金融稳定理事会成立并扩大成员和职能，目的是增强金融稳定理事会的机构代表性，以应对金融体系脆弱性，制定和实施稳健的监管政策，促进金融体系的稳定。（　　）

A. 正确　　　　B. 错误

A。【解析】2009年4月2日，金融稳定论坛正式更名为金融稳定理事会，同时扩大成员和职能，目的是增强金融稳定理事会的机构代表性，以应对金融体系脆弱性，制定和实施稳健的监管政策，促进金融体系的稳定。

二、主要经济体银行监管改革

2008年国际金融危机后，各国政府积极采取新的监管措施，改革监管体制，制定新的监管标准，力求更好地维护金融体系稳健运行，更好地发挥其资源配置的功能。

要点	内容
美国	由于此轮危机源于美国，美国的金融监管模式，特别是银行业监管体制更是备受关注，成为各界猛烈抨击的对象。从2008年开始，经过了两年多的讨论，2010年7月21日，美国国会通过了《多德—弗兰克华尔街改革与消费者保护法》，力图完善监管体制机制，填补旧体制的监管漏洞，提升监管有效性。银行监管体制机制方面的变化主要有以下几个方面： （1）建立金融稳定监督委员会（FSOC）。 （2）扩充了美联储的监管职能。 （3）扩大联邦存款保险公司（FDIC）的监管权。 （4）新设立金融消费者保护局（CFPB）。 （5）撤销了储贷监管署（OTS），并将相关监管权转移给其他监管者。 （6）制定并实施“沃尔克规则”

（续表）

要点	内容
英国	金融危机前，英国采取的是“三头监管体制”，即英格兰银行、金融服务局（FSA）和英国财政部。 危机爆发后，英国金融体系受到源于美国的金融危机的巨大冲击，在反思原因时，英国经济和金融体系自身的特点以及这种三头监管体制成为关注的焦点。针对监管缺陷，英国政府开始对金融监管体制进行一系列的改革： （1）新成立了金融政策委员会（FPC）。 （2）新设立审慎监管局（PRA）。 （3）新成立金融行为管理局（FCA）。 （4）银行体制改革
欧盟	欧洲央行从2014年开始对欧元区成员国近6 000家银行行使监管权。欧洲央行履行监管职责时特别关注以下几个方面： （1）确保欧元区内单一规则手册的贯彻执行。 （2）直接监管资产超过300亿欧元或满足其他条件的重要银行。 （3）负责监督各国监管当局对非重要银行的监管，欧洲央行可以随时决定是否对这些银行进行直接监管以确保更高的监管标准的贯彻落实

三、我国银行监管改革

中国银行业监管机构采取的改革措施有：

（1）紧跟趋势，调整各类监管指标约束。

要点	内容
强化资本充足率监管要求	根据《商业银行资本管理办法（试行）》的规定，银行资本充足率、一级资本充足率和核心一级资本充足率分别不得低于8%、6%和5%。商业银行应当在最低资本要求的基础上计提储备资本，储备资本由核心一级资本来满足，储备资本要求为风险加权资产的2.5%。特定情况下，商业银行应当在最低资本要求和储备资本要求之上计提逆周期资本，逆周期资本要求为风险加权资产的0～2.5%，由核心一级资本来满足。除了最低资本要求、储备资本和逆周期资本要求外，系统重要性银行还要计提附加资本。由中国银保监会认定的国内系统重要性银行附加资本要求为风险加权资产的1%，由核心一级资本满足。被认定为全球系统重要性的国内银行适用的附加资本要求不得低于巴塞尔委员会的统一规定
新增杠杆率监管要求	商业银行持有的、符合有关规定的一级资本与商业银行调整后的表内外资产余额的比率就是杠杆率。商业银行未并表和并表的杠杆率均不得低于4%
完善流动性监管体系	2015年，原中国银监会修订了《商业银行流动性管理办法（试行）》，将存贷比从监管指标中剔除，即流动性监管指标是流动性比例和流动性覆盖率。 2018年5月，中国银保监会再次修订的《商业银行流动性管理办法》，增加了净稳定资金比例、流动性匹配率和优质流动性资产充足率等三个监管指标，进一步完善了流动性风险监测体系，细化了流动性风险管理相关要求

（续表）

要点	内容
改进大额风险暴露管理	2018 年 4 月，中国银保监会发布了《商业银行大额风险暴露管理办法》，明确了商业银行大额风险暴露监管要求，规定风险暴露计算范围和方法，从组织架构、管理制度、内部限额、信息系统等方面对商业银行强化大额风险管控提出具体要求，明确了监管部门可以采取的监管措施

（2）建章立制，加强银行业消费者保护。

（3）多措并举，全力支持实体经济发展。

典题精练

【例 2 · 判断题】2015 年，原中国银监会进一步修订《商业银行流动性管理办法（试行）》，将存贷比从监管指标中剔除。（　　）

A. 正确　　B. 错误

A。【解析】2014 年 1 月，原中国银监会修订出台了《商业银行流动性管理办法（试行）》，将《巴塞尔协议Ⅲ》的内容融入其中，明确了流动性监管指标和监测内容，其中流动性监管指标包括流动性比例、流动性覆盖率、存贷比。2015 年，原中国银监会进一步修订《商业银行流动性管理办法（试行）》，将存贷比从监管指标中剔除。

《巴塞尔协议》	金融危机	资本充足率	杠杆率

第二节　监管指标和方法

一、监管指标

1. 资本指标

要点	内容
资本充足率	（1）资本充足率的计算公式。根据《商业银行资本管理办法（试行）》的规定，资本充足率的有关计算公式有： 资本充足率 =（总资本 − 对应资本扣减项）/ 风险加权资产 × 100% 一级资本充足率 =（一级资本 − 对应资本扣减项）/ 风险加权资产 × 100% 核心一级资本充足率 =（核心一级资本 − 对应资本扣减项）/ 风险加权资产 × 100% 其中，资本组成情况如下： 核心一级资本包括：实收资本或普通股；资本公积；盈余公积；一般风险准备；未分配利润；少数股东资本可计入部分。 其他一级资本包括：其他一级资本工具及其溢价；少数股东资本可计入部分。 二级资本包括：二级资本工具及其溢价；超额贷款损失准备；少数股东资本可计入部分。 （2）资本充足率要求。商业银行各级资本充足率的最低要求：核心一级资本充足率不得低于 5%，一级资本充足率不得低于 6%，资本充足率不得低于 8%

（续表）

要点	内容
杠杆率	根据《商业银行杠杆率管理办法》的规定，杠杆率的计算公式为： 杠杆率 =（一级资本 - 一级资本扣减项）/调整后的表内外资产余额 ×100% 其中，调整后的表内外资产余额 = 调整后的表内资产余额（不包括衍生产品和证券融资交易）+ 衍生产品资产余额 + 证券融资交易资产余额 + 调整后的表外项目余额 - 一级资本扣减项。 商业银行并表和未并表的杠杆率均不得低于 4%

2. 信用风险指标

要点	内容
大额风险暴露	《商业银行大额风险暴露管理办法》规定，商业银行对非同业单一客户的贷款余额不得超过资本净额的 10%，对非同业单一客户的风险暴露不得超过一级资本净额的 15%；对一组非同业关联客户的风险暴露不得超过一级资本净额的 20%。商业银行对同业单一客户或集团客户的风险暴露不得超过一级资本净额的 25%。全球系统重要性银行对另一家全球系统重要性银行的风险暴露不得超过一级资本净额的 15%。商业银行对单一合格中央交易对手的非清算风险暴露不得超过一级资本净额的 25%，对单一不合格中央交易对手清算风险暴露、非清算风险暴露均不得超过一级资本净额的 25%
全部关联度	2004 年，原中国银监会发布《商业银行与内部人和股东关联交易管理办法》，定义了关联方和关联方交易，并要求银行严格管理关联方信贷，同时监管部门也对商业银行的关联交易实施监督管理。按照该规定，商业银行的关联方可以是自然人、法人或其他组织。 监管部门还对商业银行与关联方的授信余额占资本净额的比例规定了上限，要求商业银行对一个关联方的授信余额不得超过银行资本净额的 10%，对一个关联法人或其他组织所在集团客户的授信余额总数不得超过商业银行资本净额的 15%，对全部关联方的授信余额不得超过商业银行资本净额的 50%。银行业监督管理机构有权根据商业银行关联交易的风险状况缩减商业银行对其一个或全部关联方的授信余额占资本净额的比例
不良贷款率和不良资产率	不良贷款和不良资产是银行信用风险最直接的体现，也是银行发生损失最频繁、最集中的领域。根据《商业银行风险监管核心指标》的规定，不良贷款率是指不良贷款余额占各项贷款余额的比重，不得高于 5%；不良资产率为不良资产与资产总额之比，不得高于 4%
拨备覆盖率和贷款拨备率	考核商业银行贷款损失准备的充足性的两个指标是指贷款拨备率和拨备覆盖率。 （1）贷款拨备率为贷款损失准备与各项贷款余额之比。贷款拨备率基本标准为 1.5% ~ 2.5%。 （2）拨备覆盖率为贷款损失准备与不良贷款余额之比。拨备覆盖率基本标准为 120% ~150%。 以上两项标准中的较高者为商业银行贷款损失准备的监管标准

3. 流动性风险指标

要点	内容
流动性比例	流动性比例的计算公式为： 流动性比例 = 流动性资产余额/流动性负债余额 × 100% 商业银行的流动性比例应当不低于25%
流动性覆盖率	流动性覆盖率旨在确保商业银行具有充足的合格优质流动性资产，能够在规定的流动性压力情景下，通过变现这些资产满足未来至少30天的流动性需求。流动性覆盖率的计算公式为： 流动性覆盖率 = 合格优质流动性资产/未来30天现金净流出量 × 100%
净稳定资金比例	净稳定资金比例监管指标旨在确保商业银行具有充足的稳定资金来源，以满足各类资产和表外风险敞口对稳定资金的需求。净稳定资金比例的计算公式为： 净稳定资金比例 = 可用的稳定资金/所需的稳定资金 × 100% 可用的稳定资金是指商业银行各类资本与负债项目的账面价值与其对应的可用稳定资金系数的乘积之和。所需的稳定资金是指商业银行各类资产项目的账面价值以及表外风险敞口与其对应的所需稳定资金系数的乘积之和。 商业银行净稳定资金比例的最低监管标准为不低于100%
流动性匹配率	流动性匹配率监管指标衡量商业银行主要资产与负债的期限配置结构，旨在引导商业银行合理配置长期稳定负债、高流动性或短期资产，避免过度依赖短期资金支持长期业务发展，提高流动性风险抵御能力。流动性匹配率的计算公式为： 流动性匹配率 = 加权资金来源/加权资金运用 × 100% 加权资金来源包括来自中央银行的资金、各项存款、同业存款、同业拆入、卖出回购（不含与中央银行的交易）、发行债券及发行同业存单等项目。来自中央银行的资金包括通过公开市场操作、常备借贷便利、中期借贷便利、再贷款等从中央银行融入的资金。加权资金运用包括各项贷款、存放同业、拆放同业、买入返售（不含与中央银行的交易）、投资同业存单、其他投资等项目。其中，其他投资指债券投资、股票投资外的表内投资，包括但不限于特定目的载体投资（如商业银行理财产品、信托投资计划、证券投资基金、证券公司资产管理计划、基金管理公司及子公司资产管理计划、保险业资产管理机构资产管理产品等）。 流动性匹配率的最低监管标准为不低于100%
优质流动性资产充足率	优质流动性资产充足率监管指标旨在确保商业银行保持充足的、无变现障碍的优质流动性资产，在压力情况下，银行可通过变现这些资产来满足未来30天内的流动性需求。优质流动性资产充足率的计算公式为： 优质流动性资产充足率 = 优质流动性资产/短期现金净流出 × 100% 优质流动性资产是指能够通过出售或抵（质）押方式，在无损失或极小损失的情况下在金融市场快速变现的各类资产。短期现金净流出为可能现金流出减去确定现金流入。可能现金流出包括一般性存款、同业业务、发行债券、来自中央银行的资金和其他项目流出等。确定现金流入包括未来30天内到期的贷款、同业业务、投资债券和金融工具流入等。确定现金流入不可超过可能现金流出的75%。 优质流动性资产充足率的最低监管标准为不低于100%

4. 市场风险指标

根据《商业银行风险监管核心指标》的规定，商业银行累计外汇敞口头寸比例，即累计外汇敞口头寸与资本净额之比，不得超过20%。

综上所述，商业银行风险监管指标及其相应的监管标准如下表所示。

指标类别	指标名称	监管标准
资本充足	核心一级资本充足率	最低要求5%，储备资本2.5%，国内系统重要性银行附加资本1%
	一级资本充足率	最低要求6%，储备资本2.5%，国内系统重要性银行附加资本1%
	资本充足率	最低要求8%，储备资本2.5%，国内系统重要性银行附加资本1%
	杠杆率	不低于4%
信用风险	不良贷款率	不高于5%
	不良资产率	不高于4%
	拨备覆盖率	不低于120%～150%
	贷款拨备率	不低于1.5%～2.5%
	非同业单一客户贷款集中度	小于10%
	非同业单一客户风险暴露集中度	小于15%
	一组非同业关联客户风险暴露集中度	小于20%
	同业单一客户风险暴露集中度	小于25%
	同业集团客户风险暴露集中度	小于25%
	全球系统重要性银行间风险暴露集中度	小于15%
	单一合格中央交易对手非清算风险暴露集中度	小于25%
	单一不合格中央交易对手清算风险暴露集中度	小于25%
	单一不合格中央交易对手非清算风险暴露集中度	小于25%
	单一客户关联度	小于10%
	集团客户关联度	小于15%
	全部关联度	小于50%
流动性风险	流动性覆盖率	不低于100%
	净稳定资金比例	不低于100%
	流动性比例	不低于25%
	流动性匹配率	不低于100%
	优质流动性资产充足率	不低于100%
市场风险	累计外汇敞口头寸比例	小于等于20%

典题精练

【例3·单项选择题】2004年,原中国银监会发布《商业银行与内部人和股东关联交易管理办法》,要求商业银行对一个关联方的授信余额不得超过银行资本净额的(　　)。

A. 10%　　B. 20%

C. 30%　　D. 40%

A。【解析】2004年,原中国银监会发布《商业银行与内部人和股东关联交易管理办法》。按该规定监管部门对商业银行与关联方的授信余额占资本净额的比例规定了上限,要求商业银行对一个关联方的授信余额不得超过银行资本净额的10%,对一个关联法人或其他组织所在集团客户的授信余额总数不得超过商业银行资本净额的15%,对全部关联方的授信余额不得超过商业银行资本净额的50%。

【例4·判断题】商业银行累计外汇敞口头寸比例,即累计外汇敞口头寸与资本净额之比,不得超过30%。(　　)

A. 正确　　B. 错误

B。【解析】根据《商业银行风险监管核心指标》,商业银行累计外汇敞口头寸比例,即累计外汇敞口头寸与资本净额之比,不得超过20%。

二、监管方法

市场准入、非现场监管和现场检查是中国银保监会对银行业实施监管的三驾马车,三者各负其责、各有侧重,又相互依存、互为补充。

1. 市场准入

要点	内容
市场准入行政许可相关程序	(1)申请与受理环节。 (2)审查环节。 (3)决定与送达环节
机构准入	机构准入包括五种形式:法人机构设立,分支机构设立,投资设立、参股、收购,机构变更,机构终止
业务准入	银行业监督管理机构依照规定的条件和程序,审查批准银行业金融机构的业务范围;银行业金融机构业务范围内的业务品种,应当按照规定经银行业监督管理机构审查批准或者备案。银行业金融机构在已经核准的业务范围基础上调整业务范围和增加业务品种,应按照行政许可规定的条件和程序提出申请
董(理)事和高级管理人员任职资格管理	任职资格管理是指监管机构规定任职资格条件,核准和终止任职资格,监督金融机构加强董(理)事和高级管理人员任职管理,确保其董(理)事和高级管理人员持续符合任职资格条件的全过程。高管人员在同质同类银行业金融机构间平级调动或改任较低职务的,实行备案制

2. 非现场监管

要点	内容
非现场监管的基本程序	(1)制订监管计划。 (2)日常监测分析。 (3)风险评估。 (4)现场检查联动。 (5)监管评级。 (6)监管总结
非现场监管的主要作用	(1)非现场监管的工作结果可以反映被监管机构最新、最及时的状况，提高监管实效性。 (2)非现场监管能够帮助监管机构有效配置资源，降低监管成本。 (3)非现场监管对被监管机构干扰程度小，不会影响被监管机构的日常运营
系统性、区域性非现场监管	(1)明确风险监测分析重点，包括宏观经济运行情况、金融体系运行情况、银行业风险情况、法律政策调整情况以及区域性风险情况等领域。 (2)提出风险防范控制要求，借鉴国际金融监管改革成果，从时间维度和跨业维度出发，强调从逆周期、系统重要性机构两个方面，有针对性地做好系统性、区域性风险防控

3. 现场检查

要点	内容
现场检查的概念及作用	现场检查是指中国银保监会及其派出机构派出检查人员在银行业金融机构的经营管理场所以及其他相关场所，采取查阅、复制文件资料、采集数据信息、查看实物、外部调查、访谈、询问、评估及测试等方式，对其公司治理、风险管理、内部控制、业务活动和风险状况等情况进行监督检查的行为。现场检查是银行业监管部门对金融机构实施监管的基本方式之一。现场检查已经成为中国银保监会加强金融监管、履行监管职责的重要手段，是银保监会及派出机构监管流程的重要组成部分，能有效并直观地识别、计量、监测和控制银行业金融机构自身存在的问题和风险，发挥查错纠弊、校验核实、评价指导、警示威慑等功能，督促银行业金融机构贯彻落实国家宏观政策及监管政策，提高经营管理水平、合法稳健经营，维护银行业金融机构和体系安全，更好地服务实体经济发展
现场检查的主要方式	现场检查中，检查人员可以查阅文件和资料、查看经营管理场所、采集数据信息、测试有关系统设施设备、访谈或询问相关人员，还可根据需要收集原件、原物，进行复制、记录、录音、录像、照相等。除此以外，检查人员还可通过以下方式进行深入检查： (1)约谈外审人员。 (2)抽调内审人员。 (3)向其他银行业金融机构了解情况。 (4)延伸调查
现场检查的原则	现场检查的原则包括合法性原则、廉洁性原则和严查严处原则
现场检查的分类	按照《中国银保监会现场检查办法（试行）》，现场检查分为常规检查、临时检查和稽核调查。

（续表）

要点	内容
现场检查的分类	(1)常规检查是纳入年度现场检查计划的检查。按检查范围可以分为综合性检查、专项检查及后续检查。 (2)临时检查是在年度现场检查计划之外,根据重大工作部署或针对银行业金融机构的重大突发事件等临时工作任务开展的检查。 (3)稽核调查是适用简化现场检查流程对特定事项进行专门调查的活动。稽核调查是指采用现场检查方法对特定事项进行专门调查的活动
检查处理	(1)对于检查中发现的一般违规问题,监管部门应在检查意见书中提出整改意见,责令被查机构限期改正。 (2)对于检查中发现被查机构存在严重违反法律法规、审慎经营规则情形的,应依法采取监管强制措施。 (3)对于检查中发现涉及行政处罚的违法违规行为的,应按照规定启动行政处罚程序。 (4)对于检查中发现银行业金融机构及其工作人员、客户以及其他相关组织、个人涉嫌犯罪的,应当根据银保监会有关案件管理的规定,依法向公安机关、人民检察院等部门移送

典题精练

【例5·多项选择题】银行业监督管理机构的基本监管手段有(　　)。

A. 电话回访　　B. 非现场监管

C. 市场准入　　D. 现场检查

E. 跟踪访问

BCD。【解析】市场准入、非现场监管和现场检查是中国银保监会对银行业实施监管的三驾马车,三者各负其责、各有侧重,又相互依存、互为补充。

【例6·多项选择题】非现场监管的主要作用表现在(　　)。

A. 降低监管成本

B. 不会影响被监管机构的日常运营

C. 其工作结果可以反映被监管机构最新、最及时的状况,提高监管实效性

D. 能够帮助监管机构有效配置资源

E. 对被监管机构干扰程度小

ABCDE。【解析】非现场监管的主要作用在于:(1)非现场监管的工作结果可以反映被监管机构最新、最及时的状况,提高监管实效性。(2)非现场监管能够帮助监管机构有效配置资源,降低监管成本。(3)非现场监管对被监管机构干扰程度小,不会影响被监管机构的日常运营。

三、监管措施和行政处罚

1. 监管措施

(1)对违反审慎经营规则的监管措施。银行业金融机构违反审慎经营规则的,中国银保监会或者其省一级派出机构应当责令限期改正;逾期未改正的,或者其行为严重危及该银行业金融机构的稳健运行、损害存款人和其他客户合法权益的,经中国银保监会或者其省一级

派出机构负责人批准，可以区别情形，采取以下监管措施：责令暂停部分业务、停止批准开办新业务；限制分配红利和其他收入；限制资产转让；责令控股股东转让股权或者限制有关股东的权利；责令调整董事、高级管理人员或者限制其权利；停止批准增设分支机构。

（2）对问题银行业金融机构进行处置的方式主要有接管、促成重组、撤销。

（3）其他监管措施：延伸调查、审慎性监督管理谈话、强制披露、查询涉嫌违法账户和申请冻结涉嫌违法资金。

2. 行政处罚

《中华人民共和国银行业监督管理法》明确赋予了银行业监督管理机构行政处罚的职能。银行业监管处罚领域的行政处罚主要有以下八种：

（1）警告。

（2）罚款。

（3）没收违法所得。

（4）责令停业整顿。

（5）吊销金融许可证。

（6）取消董（理）事、高级管理人员一定期限直至终身的任职资格。

（7）禁止一定期限直至终身从事银行业工作。

（8）法律、行政法规规定的其他行政处罚。

其中，（1）（2）（3）项既可适用于对机构的处罚，也可适用于对个人的处罚。

本节速览

资本充足率	信用风险	流动性风险	市场风险
行政处罚	市场准入	非现场监管	现场检查

第三节　银行业法律体系

一、《中华人民共和国银行业监督管理法》

要点	内容
银行业监督管理机构的监督管理职责	（1）制定并发布监管规章、规则。 （2）实施行政许可。 ①机构准入许可。 ②业务准入许可。 ③股东变更审查。 ④人员准入许可。 （3）非现场监管。 （4）现场检查。 （5）报告和处置突发事件。 （6）对银行业自律组织的指导、监督

（续表）

要点	内容
银行业监督管理机构的监督管理措施	(1)对违反审慎经营规则的监管措施。银行业金融机构违反审慎经营规则的,国务院银行业监督管理机构或者其省一级派出机构应当责令限期改正;逾期未改正的,或者其行为严重危及该银行业金融机构的稳健运行、损害存款人和其他客户合法权益的,经国务院银行业监督管理机构或者其省一级派出机构负责人批准,可以区别情形,采取下列监管措施: ①责令暂停部分业务、停止批准开办新业务。 ②限制分配红利和其他收入。 ③限制资产转让。 ④责令控股股东转让股权或者限制有关股东的权利。 ⑤责令调整董事、高级管理人员或者限制其权利。 ⑥停止批准增设分支机构。 (2)对问题银行业金融机构的接管、促成重组、撤销等监管措施。 (3)其他监督管理措施。 ①延伸调查。 ②审慎性监督管理谈话。 ③强制披露。 ④查询涉嫌违法账户和申请冻结涉嫌违法资金
法律责任	《中华人民共和国银行业监督管理法》既规定了银监机构从事监督管理工作人员的法律责任,同时也规定了银行业金融机构的法律责任,承担法律责任的形式主要是行政责任和刑事责任

典题精练

【例7·多项选择题】银行业金融机构违反审慎经营规则且逾期未改正的,经国务院银行业监督管理机构或者其省一级派出机构负责人批准,可采取的监管措施有(　　)。

A. 限制分配红利和其他收入

B. 吊销金融业务许可证

C. 责令控股股东转让股权或者限制有关股东的权利

D. 责令调整董事、高级管理人员或者限制其权利

E. 停止批准增设分支机构

ACDE。【解析】银行业金融机构违反审慎经营规则的,国务院银行业监督管理机构或者其省一级派出机构应当责令限期改正;逾期未改正的,或者其行为严重危及该银行业金融机构的稳健运行、损害存款人和其他客户合法权益的,经国务院银行业监督管理机构或者其省一级派出机构负责人批准,可以区别情形,采取下列监管措施:(1)责令暂停部分业务、停止批准开办新业务。(2)限制分配红利和其他收入。(3)限制资产转让。(4)责令控股股东转让股权或者限制有关股东的权利。(5)责令调整董事、高级管理人员或者限制其权利。(6)停止批准增设分支机构。

二、《中华人民共和国中国人民银行法》

要点	内容
中国人民银行的职能	根据《中华人民共和国中国人民银行法》的规定，中国人民银行的职能是：在国务院领导下，制定和执行货币政策，防范和化解金融风险，维护金融稳定。其中，制定和执行货币政策的目标是保持货币币值稳定，并以此促进经济增长
中国人民银行的监督管理权	(1)检查监督权。 (2)建议检查监督权。 (3)中国人民银行在特定情况下的检查监督权

典题精练

【例8·多项选择题】根据《中华人民共和国中国人民银行法》的规定，中国人民银行的监督管理权主要有(　　)。

A.检查监督权　　B.建议检查监督权

C.特定情况下的检查监督权　　D.处罚权

E.行业推荐权

ABC。【解析】中国人民银行的监督管理权包括：(1)检查监督权。(2)建议检查监督权。(3)中国人民银行在特定情况下的检查监督权。

三、《中华人民共和国商业银行法》

要点	内容
商业银行的经营原则	《中华人民共和国商业银行法》规定了商业银行“三性四自”经营原则，即商业银行以安全性、流动性、效益性为经营原则，实行自主经营、自担风险、自负盈亏、自我约束。商业银行经营的“三性”原则紧密关联，相互依存，但商业银行作为吸收存款的金融机构，因其负债经营的性质，商业银行“三性”中，效益性劣后于安全性、流动性，而安全性又优先于流动性
商业银行的业务规则	(1)存款业务规则。《中华人民共和国商业银行法》规定，商业银行办理个人储蓄存款业务，应当遵循存款自愿、取款自由、存款有息、为存款人保密的原则。《中华人民共和国商业银行法》规定的存款业务基本法律规则如下： ①经营存款业务特许制。 ②以合法正当方式吸收存款。 ③依法保护存款人合法权益。 (2)贷款业务规则。商业银行开展贷款业务应当按照中国人民银行规定的贷款利率的上下限，确定贷款利率，并遵守有关资产负债比例管理的规定
商业银行的接管和终止	(1)商业银行的接管。接管是商业银行已经或者可能发生信用危机，严重影响存款人的利益时，中国银保监会对该银行采取的监管措施。接管的目的在于对被接管的商业银行采取必要措施，以保护存款人的利益，恢复商业银行的正常经营能力。 (2)商业银行的终止。《中华人民共和国商业银行法》规定，商业银行因解散、被撤销和被宣告破产而终止

四、相关立法

要点	内容
《中华人民共和国反洗钱法》	(1)《中华人民共和国反洗钱法》明确了金融机构和特定非金融机构都应当履行反洗钱义务。金融机构应当按照法律规定,建立健全客户身份识别制度、客户身份资料和交易记录保存制度、大额交易和可疑交易报告制度。 (2)《中华人民共和国反洗钱法》规定了反洗钱工作的监督管理机制。人民银行作为反洗钱行政主管部门负责全国的反洗钱监督管理工作。金融监督管理机构在各自的职责范围内履行反洗钱监督管理职责。 (3)《中华人民共和国反洗钱法》规定了对金融机构履行反洗钱义务的法律保护。履行反洗钱义务的机构及其工作人员依法提交大额交易和可疑交易报告,受法律保护。同时,金融机构及其他主体对依法履行反洗钱职责或者义务获得的客户身份资料和交易信息,应当予以保密;非依法律规定,不得向任何单位和个人提供
《中华人民共和国民法典》	(1)为了保护民事主体的合法权益,调整民事关系,维护社会和经济秩序,适应中国特色社会主义发展要求,弘扬社会主义核心价值观,根据宪法,制定本法。 (2)为担保债务的履行,债务人或者第三人不转移财产的占有,将该财产抵押给债权人的,债务人不履行到期债务或者发生当事人约定的实现抵押权的情形,债权人有权就该财产优先受偿。 前款规定的债务人或者第三人为抵押人,债权人为抵押权人,提供担保的财产为抵押财产。 (3)设立质权,当事人应当采用书面形式订立质押合同。 (4)保证的方式包括一般保证和连带责任保证。 当事人在保证合同中对保证方式没有约定或者约定不明确的,按照一般保证承担保证责任。 (5)当事人在保证合同中约定,债务人不能履行债务时,由保证人承担保证责任的,为一般保证。 (6)当事人在保证合同中约定保证人和债务人对债务承担连带责任的,为连带责任保证。 《中华人民共和国民法典》第三编合同,对合同的订立、合同的效力、合同的履行、合同的保全、合同的变更和转让、合同的权利义务终止、违约责任等事宜进行了规定
《九民纪要》	《九民纪要》全称为《全国法院民商事审判工作会议纪要》,由最高人民法院于2019年11月发布,共计12部分130个问题,内容涉及公司、合同、担保、金融、破产等民商事审判的绝大部分领域,直面民商事审判中的前沿疑难争议问题,密切跟踪金融领域最新监管政策、民商法学最前沿理论研究成果
《中华人民共和国刑法》	《中华人民共和国刑法》对金融犯罪进行了规定。金融犯罪是指行为人违反国家金融管理法规,破坏国家金融管理秩序,使公私财产权利遭受严重损失,按照《中华人民共和国刑法》规定应予处罚的行为

机构准入许可	业务准入许可	人员准入许可	商业银行的经营原则
商业银行的业务规则	商业银行的接管与终止	反洗钱法	民法典

第四节 行业自律组织

一、中国银行业协会

2000 年 5 月中国银行业协会（CBA）成立。中国银行业协会是全国性非营利社会团体，是中国银行业自律组织。

要点	内容
协会宗旨	中国银行业协会以促进会员单位实现共同利益为宗旨，履行自律、维权、协调、服务职能，维护银行业合法权益，维护银行业市场秩序，提高银行业从业人员素质，提高为会员服务的水平，促进银行业的健康发展
协会的运行机制	会员大会是中国银行业协会的最高权力机构。会员大会由参加协会的全体会员单位组成。理事会是会员大会的执行机构。理事会对会员大会负责。理事会在会员大会闭会期间负责领导协会开展日常工作。理事会闭会期间，常务理事会行使理事会职责
协会的功能和职责	《中国银行业协会章程》规定，中国银行业协会履行自律、维权、协调、服务职责
行业自律公约	2005 年 12 月，中国银行业协会发布实施《中国银行业自律公约》和《中国银行业自律公约实施细则（试行）》，明确了行业自律的原则、组织机构和基本规定。行业自律的基本原则是依法合规、诚实守信、公平公正、团结协作、自我约束、自我管理，促进发展。行业自律管理的最高权力机构为协会会员大会。协会会员大会负责行业自律工作重大事项的审议，各会员单位通过会员大会参与行业自律管理。各会员单位应严格执行国家有关法律、法规和规章，在平等、自愿、公平和诚实信用的原则下开展业务，不得损害国家利益、社会公共利益、客户利益和行业利益。遵循公平竞争原则，维护正常的市场秩序，遵守商业道德，不得以诋毁行业内其他单位的商业声誉、泄露其商业秘密等不正当手段争揽业务

典题精练

【例 9 · 单项选择题】中国银行业协会发布实施的《中国银行业自律公约》和《中国银行业自律公约实施细则（试行）》中明确规定，（　　）是行业自律管理的最高权力机构。

A. 协会主席　　B. 协会理事会

C. 协会董事会　　D. 协会会员大会

D。【解析】2006 年，中国银行业协会发布实施《中国银行业自律公约》和《中国银行业自律公约实施细则（试行）》，明确了行业自律的原则、组织机构和基本规定。协会会员大会是行业自律管理的最高权力机构，负责行业自律工作重大事项的审议，各会员单位通过会员大会参与行业自律管理。

二、中国信托业协会

2005 年 5 月中国信托业协会成立。中国信托业协会是全国性信托业自律组织，是经原中国银监会同意并在中华人民共和国民政部门登记注册的非营利性社会团体法人。

《中国信托业协会章程》规定，中国信托业协会组织会员签订自律公约及其实施细则；督促会员贯彻执行国家法律、法规和各项政策；组织会员制定维权公约，制止各种侵权行为；协调会员之间的关系，建立和完善行业内部争议调解处理机制；协调会员与社会公众的关系，加强会员与社会公众的沟通，维护会员与客户的合法权益；建立会员间信息沟通机制，组织开展会员间的业务、技术、信息等方面的交流与合作等。

三、中国财务公司协会

1994 年中国财务公司协会成立。中国财务公司协会是企业集团财务公司的行业自律性组织，是全国性、非营利性的社会团体法人。

《中国财务公司协会章程》规定，中国财务公司协会组织会员签订自律公约及其细则；建立与有关部门的沟通机制，争取有利于财务公司发展的外部环境；协调会员与政府有关部门、金融机构和企业集团及其成员单位之间的关系；建立会员间信息沟通机制，组织开展会员间的业务、技术、信息等方面的交流与合作等。

中国银行业协会	中国信托业协会	中国财务公司协会	非营利性社会团体法人

同步自测

一、单项选择题(在以下各小题所给出的四个选项中，只有一个选项符合题目要求，请将正确选项的代码填入括号内)

1. 就金融危机后的英国而言，在英格兰银行的独立附属机构中，负责微观审慎监管职责的是(　　)。
   A. 银行董事会　　B. 银行理事会
   C. 审慎监管局　　D. 银行监事会
2. 原则上，从 2014 年开始对欧元区成员国近 6 000 家银行行使监管权的机构是(　　)。
   A. 美国央行　　B. 德国央行
   C. 欧元区各国银行监管当局　　D. 欧洲央行
3. 根据《商业银行资本管理办法(试行)》规定，商业银行资本充足率的最低要求是(　　)。
   A. 5%　　B. 6%
   C. 8%　　D. 15%
4. (　　)是银行信用风险最直接的体现。
   A. 正常类贷款　　B. 坏账准备
   C. 不良贷款和不良资产　　D. 呆账、坏账
5. 根据原中国银监会发布的《商业银行杠杆率管理办法》的规定，杠杆率的计算公式为(　　)。
   A. (一级资本 - 一级资本扣减项)/调整后的表内外资产余额 ×100%
   B. (一级资本 - 一级资本扣减项)/调整前的表内外资产余额 ×100%
   C. (一级资本 - 二级资本扣减项)/调整前的表内外资产余额 ×100%
   D. (一级资本 - 二级资本扣减项)/调整后的表内外资产余额 ×100%
6. 贷款拨备率基本标准为不低于(　　)。
   A. 1.5% ~2.5%　　B. 10%
   C. 50%　　D. 120% ~150%

7. 2015 年 9 月，原中国银监会出台了《商业银行流动性风险管理办法（试行）》，要求商业银行能够在规定的流动性压力情景下，通过变现合格优质流动性资产满足未来至少（　　）天的流动性需求。

A. 20　　B. 30

C. 40　　D. 50

8. 根据《商业银行风险监管核心指标》的规定，商业银行不良资产率应当（　　）。

A. 不高于 4%　　B. 小于 3%

C. 大于 2%　　D. 不高于 5%

9. 根据相关法律规定，对商业银行进行接管的期限最长不得超过（　　）年。

A. 1　　B. 2

C. 3　　D. 4

10.（　　）是国务院反洗钱行政主管部门，依法对金融机构的反洗钱工作进行监督管理。

A. 中国银行保险监督管理委员会　　B. 中国人民银行

C. 中国证券监督管理委员会　　D. 国务院金融稳定发展委员会

11. 现场检查的原则不包括（　　）。

A. 合法性原则　　B. 自律性原则

C. 廉洁性原则　　D. 严查严处原则

12. 下列关于现场检查的处理中，不正确的是（　　）。

A. 对于检查中发现的一般违规问题，监管部门应在检查意见书中提出整改意见，责令被查机构限期改正

B. 对于检查中发现被查机构存在严重违反法律法规、审慎经营规则情形的，应依法予以撤销、宣布破产

C. 对于检查中发现涉及行政处罚的违法违规行为的，应按照规定启动行政处罚程序

D. 对于检查中发现银行业金融机构及其工作人员、客户以及其他相关组织、个人涉嫌犯罪的，应当根据银保监会有关案件管理的规定，依法向公安机关、人民检察院等部门移送

二、多项选择题（在以下各小题所给出的选项中，至少有两个选项符合题目要求，请将正确选项的代码填入括号内）

1. 原中国银监会于 2011 年出台了《商业银行贷款损失准备管理办法》，设立了（　　）指标来考核商业银行贷款损失准备的充足性。

A. 贷款覆盖率　　B. 拨备到账率

C. 贷款拨备率　　D. 拨备覆盖率

E. 贷款回收率

2. 根据《商业银行风险监管核心指标》的规定，商业银行累计外汇敞口头寸比例的大小取决于（　　）。

A. 外汇流动性头寸　　B. 外汇敞口头寸

C. 商业银行股本净额　　D. 累计外汇敞口头寸

E. 资本净额

3. 按照《中国银保监会现场检查办法(试行)》,现场检查分为(　　)。

A. 临时检查　　B. 交叉检查

C. 常规检查　　D. 稽核调查

E. 专项检查

三、判断题(请判断以下各小题的正误,正确的选 A,错误的选 B)

1. 英国金融政策委员会承担英格兰银行所担负的维护整个金融体系稳定与活力的"宏观审慎监管"职能。(　　)

A. 正确　　B. 错误

2. 英国用"栅栏"将高风险的投资银行业务及相关业务与传统的个人、企业信贷业务相隔离,降低银行结构的复杂性和救助难度,减少其遭受外部冲击和风险传染的可能性。(　　)

A. 正确　　B. 错误

3. 我国《商业银行杠杆率管理办法》规定,商业银行并表和未并表的杠杆率均不得低于5%。(　　)

A. 正确　　B. 错误

4. 商业银行资本充足率监管要求包括最低资本要求、储备资本和逆周期资本要求、系统重要性银行附加资本要求以及第三支柱资本要求。(　　)

A. 正确　　B. 错误

5. 原中国银监会印发的《商业银行资本管理办法(试行)》规定,若国内银行被认定为全球系统重要性银行,所适用的附加资本要求不得低于巴塞尔委员会的统一规定。(　　)

A. 正确　　B. 错误

答案详解

一、单项选择题

1. C。【解析】审慎监管局是英格兰银行的独立附属机构,担负微观审慎监管职责,促进其所监管机构的安全和稳健。

2. D。【解析】原则上,欧洲央行(ECB)被赋予最为广泛的监管权力,从2014年开始对欧元区成员国近6 000家银行行使监管权。

3. C。【解析】商业银行各级资本充足率的最低要求:核心一级资本充足率不得低于5%,一级资本充足率不得低于6%,资本充足率不得低于8%。

4. C。【解析】不良贷款和不良资产是银行信用风险最直接的体现,也是银行发生损失最频繁、最集中的领域。

5. A。【解析】2015年1月,原中国银监会修订出台了《商业银行杠杆率管理办法》(简称《杠杆率办法》)。根据《杠杆率办法》的规定,杠杆率的计算公式为:(一级资本－一级资本扣减项)/调整后的表内外资产余额×100%。

6. A。【解析】贷款拨备率基本标准为不低于1.5%~2.5%,拨备覆盖率基本标准为不低于120%~150%。

7. B。【解析】2015年9月,原中国银监会出台了《商业银行流动性风险管理办法(试行)》。其明确规定,流动性覆盖率旨在确保商业银行具有充足的合格优质流动性资产,能够在规定的流动性压力情景下,通过变现这些资产满足未来至少30天的流动性需求。

8. A。【解析】根据《商业银行风险监管核心指标》的要求,商业银行不良资产率应当不高于4%。

9. B。【解析】对商业银行进行接管由国务院银行业监督管理机构做出决定,并组织实施。接管自接管决定实施之日起开始。接管期限届满，国务院银行业监督管理机构可以决定延期，但接管期限最长不得超过2年。

10. B。【解析】中国人民银行是国务院反洗钱行政主管部门，依法对金融机构的反洗钱工作进行监督管理。

11. B。【解析】现场检查的原则包括三个方面，即合法性原则、廉洁性原则和严查严处原则。

12. B。【解析】现场检查的检查处理：(1)对于检查中发现的一般违规问题，监管部门应在检查意见书中提出整改意见，责令被查机构限期改正。(2)对于检查中发现被查机构存在严重违反法律法规、审慎经营规则情形的，应依法采取监管强制措施。(3)对于检查中发现涉及行政处罚的违法违规行为的，应按照规定启动行政处罚程序。(4)对于检查中发现银行业金融机构及其工作人员、客户以及其他相关组织、个人涉嫌犯罪的，应当根据银保监会有关案件管理的规定，依法向公安机关、人民检察院等部门移送。

二、多项选择题

1. CD。【解析】原中国银监会于2011年出台了《商业银行贷款损失准备管理办法》，设立了拨备覆盖率和贷款拨备率两个指标来考核商业银行贷款损失准备的充足性。

2. DE。【解析】根据《商业银行风险监管核心指标》，商业银行累计外汇敞口头寸比例，即累计外汇敞口头寸与资本净额之比，不得超过20%。

3. ACD。【解析】按照《中国银保监会现场检查办法(试行)》，现场检查分为常规检查、临时检查和稽核调查。

三、判断题

1. A。【解析】英国金融政策委员会专注于识别、监测和管理系统性风险，帮助英格兰银行实现保护和强化金融系统稳定性的目标，同时支持政府实现经济增长、增加就业等经济目标，承担起英格兰银行所担负的维护整个金融体系稳定与活力的“宏观审慎监管”职能。

2. A。【解析】2013年12月16日，银行改革法案经英国议会通过并得到王室的批准，成为正式法律。此法案提出了“栅栏原则”，用“栅栏”将高风险的投资银行业务及相关业务与传统的个人、企业信贷业务相隔离，降低银行结构的复杂性和救助难度，减少其遭受外部冲击和风险传染的可能性。

3. B。【解析】我国《商业银行杠杆率管理办法》规定，商业银行并表和未并表的杠杆率均不得低于4%。

4. B。【解析】商业银行资本充足率监管要求包括最低资本要求、储备资本和逆周期资本要求、系统重要性银行附加资本要求以及第二支柱资本要求。

5. A。【解析】2012年6月，原中国银监会印发了《商业银行资本管理办法(试行)》，代表中国银行业开始同步实施《巴塞尔协议Ⅱ》和《巴塞尔协议Ⅲ》。其中，关于资本充足率的要求中规定：除最低资本要求、储备资本和逆周期资本要求外，系统重要性银行还应当计提附加资本。国内系统重要性银行附加资本要求为风险加权资产的1%，由核心一级资本满足。若国内银行被认定为全球系统重要性银行，所适用的附加资本要求不得低于巴塞尔委员会的统一规定。

第三章 银行基础业务

要点导图

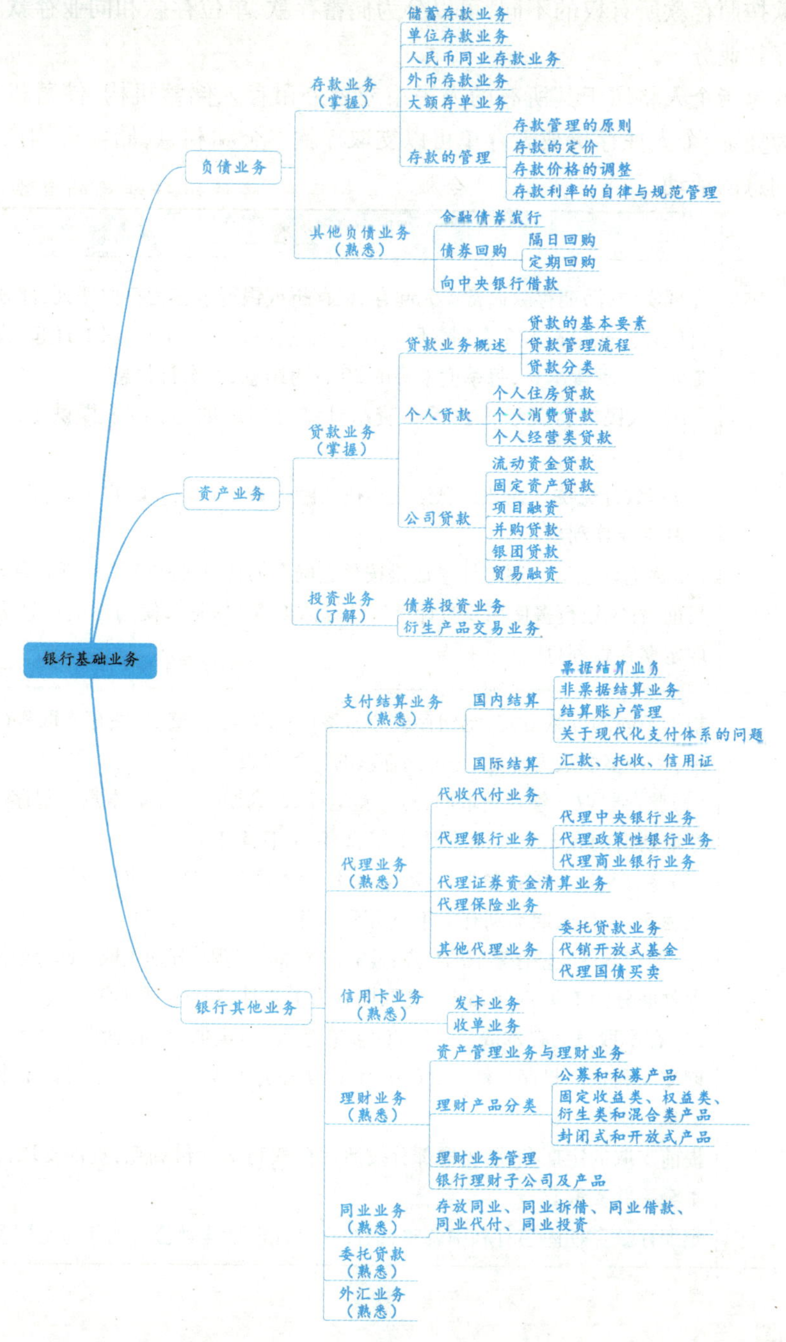

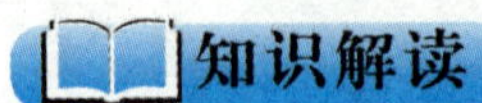

知识解读

第一节　负债业务

一、存款业务

存款是银行对存款人的负债，是银行最主要的资金来源。存款业务是银行的传统业务。商业银行存款按照存款所有权的不同，可以分为储蓄存款、单位存款和同业存款。

1. 储蓄存款业务

储蓄存款是指个人将属于其所有的人民币或者外币存入储蓄机构，储蓄机构开具存折或者存单作为凭证，个人凭存折或者存单可以支取存款本金和利息，储蓄机构依照规定支付存款本金和利息的活动。

要点	内容
活期存款	在现实中，活期存款通常1元起存，以存折或银行卡作为存取凭证，部分银行的客户可凭存折或银行卡在全国各网点通存通兑。从2005年9月21日起，我国对活期存款实行按季度结息，每季度末月的20日为结息日，次日付息。 《中国人民银行关于人民币存贷款计结息问题的通知》中提供了两种计息方式选择： (1)积数计息法。积数计息法是指按实际天数每日累计账户余额，以累计积数乘以日利率计算利息。 (2)逐笔计息法。逐笔计息法是按预先确定的计息公式逐笔计算利息。 目前，各家银行多使用积数计息法计算活期存款利息，使用逐笔计息法计算整存整取定期存款利息
定期存款	根据不同的存款方式，定期存款分为整存整取、零存整取、整存零取和存本取息。其中，整存整取最为常见，是定期存款的典型代表。 (1)整存整取。整存整取的特点：整笔存入，到期一次支取本息。起存金额为50元，存取期类别有3个月、6个月、1年、2年、3年、5年。 (2)零存整取。零存整取的特点：每月存入固定金额，到期一次支取本息。起存金额为5元，存取期类别有1年、3年和5年。 (3)整存零取。整存零取的特点：整笔存入，固定期限、分期支取。起存金额为1 000元，存款期分为1年、3年、5年，支取期分为1个月、3个月或半年一次。 (4)存本取息。存本取息的特点：整笔存入，约定取息期，到期一次性支取本金、分期支取利息。起存金额为5 000元，存期分为1年、3年、5年，可以1个月或几个月取息一次。 提前支取的定期存款，支取部分按活期存款利率计付利息，提前支取部分的利息同本金一并支取。 定期存款存期内遇有利率调整，仍按存单开户日挂牌公告的相应定期存款利率计提

（续表）

要点	内容
其他种类的储蓄存款	其他种类的储蓄存款包括定活两便储蓄存款、个人通知存款、教育储蓄存款和保证金存款。 (1)定活两便储蓄存款。其特点有： ①存期灵活。开户时不约定存期，一次存入本金，随时可以支取，银行根据客户存款的实际存期按约定计息。 ②利率优惠。利息高于活期储蓄。 (2)个人通知存款。其特点有：开户时不约定存期，预先确定品种，支取时只要提前一定时间通知银行，约定支取日期及金额。目前，银行提供一天、七天通知储蓄存款两个品种。一般5万元起存。 (3)教育储蓄存款。其特点有： ①利息免税。 ②利率优惠。一年期、三年期教育储蓄按开户日同期同档次整存整取定期储蓄存款利率计息；六年期按开户日五年期整存整取定期储蓄存款利率计息。 ③总额控制。教育储蓄起存金额为50元，本金合计最高限额为2万元。 ④储户特定。在校小学四年级(含四年级)以上学生。如果需要申请助学贷款，金融机构优先解决。 ⑤存期灵活。教育储蓄属于零存整取定期储蓄存款。存期分为一年、三年和六年。提前支取时必须全额支取。 (4)保证金存款。其主要指个人购汇保证金存款中，即商业银行向居民个人收取一定比例人民币作为居民购汇的取得外汇的保证金，以解决境内居民个人自费出国(境)留学需预交一定比例外汇保证金才能取得前往国家入境签证的特殊需要

2. 单位存款业务

按存款的支取方式不同，单位存款一般分为单位活期存款、单位定期存款、单位通知存款、单位协定存款、保证金存款和协议存款等。

要点	内容
单位活期存款	人民币单位活期存款结息日为每季度末月20日，存款利息自动转入相应的活期存款账户。 单位活期存款账户又叫单位结算账户，包括基本存款账户、一般存款账户、专用存款账户和临时存款账户
单位定期存款	单位定期存款的存期分3个月、6个月、1年、2年、3年、5年6个档次
单位通知存款	不论实际存期多长，按存款人提前通知的期限长短，可再分为一天通知存款和七天通知存款两个品种
单位协定存款	协定存款账户下设结算户(A户)和协定户(B户)两部分
保证金存款	保证金存款是商业银行为客户对第三方出具具有结算功能的信用工具或提供资金融通担保业务时，为保证客户能够按约履行相关义务而要求客户将一定数量的资金事先存入特定账户而形成的资金。保证金常见如信用证保证金、承兑汇票保证金、保函保证金、担保保证金、租赁保证金等
协议存款	协议存款指利率市场化前，根据人民银行有关规定，商业银行可与保险公司、全国社会保障基金会等特定客户签署协议，自主确定存款期限、金额、利率、结息方式的存款，各类协议存款有最低起存期限和金额要求

3. 人民币同业存款业务

同业存款也称同业存放，全称是同业及其他金融机构存入款项，是指因支付清算和业务合作等的需要，由其他金融机构存放于商业银行的款项。同业存放属于商业银行的负债业务。存放同业是指存放在其他商业银行的款项，属于商业银行的资产业务。

4. 外币存款业务

目前，我国银行开办的外币存款业务币种主要有：美元、欧元、日元、港元、英镑、澳大利亚元、加拿大元、瑞士法郎、新加坡元。

（1）外汇储蓄存款。个人外汇账户按主体类别区分为境内个人外汇账户和境外个人外汇账户；按账户性质区分为外汇结算账户、资本项目账户及外汇储蓄账户。外汇结算账户用于转账汇款等资金清算支付，外汇储蓄账户只能用于外汇存取，不能进行转账。

（2）单位外汇存款。单位外汇存款主要分为：

①单位经常项目外汇账户，境内机构原则上只能开立一个经常项目外汇账户。境内机构经常项目外汇账户的限额统一采用美元核定。

②单位资本项目外汇账户，包括贷款（外债及转贷款）专户、还贷专户、发行外币股票专户、B股交易专户等。

5. 大额存单业务

大额存单是由银行业存款类金融机构面向非金融机构投资人发行的、以人民币计价的记账式大额存款凭证，是银行存款类金融产品，属一般性存款。

大额存单采用标准期限的产品形式。个人投资人认购大额存单起点金额不低于20万元，机构投资人认购大额存单起点金额不低于1 000万元。大额存单期限包括1个月、3个月、6个月、9个月、1年、18个月、2年、3年和5年共9个品种。

大额存单发行利率以市场化方式确定。固定利率存单采用票面年化收益率的形式计息，浮动利率存单以上海银行间同业拆借利率（Shibor）为浮动利率基准计息。大额存单自认购之日起计息，付息方式分为到期一次还本付息和定期付息、到期还本。

大额存单的发行主体为银行业存款类金融机构，包括商业银行、政策性银行、农村合作金融机构以及中国人民银行认可的其他金融机构等。

大额存单发行采用电子化的方式，既可以在发行人的营业网点、电子银行发行，也可以在第三方平台以及经中国人民银行认可的其他渠道发行。

大额存单可以转让、提前支取和赎回，还可以用于办理质押。大额存单作为一般性存款，纳入存款保险的保障范围。

6. 存款的管理

要点	内容
存款管理的原则	（1）维护存款者权益的原则。 ①存款自愿、取款自由、存款有息、为存款人保密。 ②谁的钱入谁的账、归谁支配。 ③真实性原则。 （2）业务经营安全性原则。 商业银行以安全性、流动性、效益性为经营原则，实行自主经营，自担风险，自负盈亏，自我约束。 （3）合规经营原则。

（续表）

要点	内容
存款管理的原则	商业银行应规范吸收存款行为，不得采取以下手段违规吸收和虚假增加存款： ①违规返利吸存。通过返还现金或有价证券、赠送实物等不正当手段吸收存款。 ②通过第三方中介吸存。通过个人或机构等第三方资金中介吸收存款。 ③延迟支付吸存。通过设定不合理的取款用款限制、关闭网上银行、压票退票等方式拖延、拒绝支付存款本金和利息。 ④以贷转存吸存。强制设定条款或协商约定将贷款资金转为存款；以存款作为审批和发放贷款的前提条件；向"空户"虚假放贷、虚假增存。 ⑤以贷开票吸存。将贷款资金作为保证金循环开立银行承兑汇票并贴现，虚增存贷款。 ⑥通过理财产品倒存。理财产品期限结构设计不合理，发行和到期时间集中于每月下旬，于月末、季末等关键时点将理财资金转为存款。 ⑦通过同业业务倒存。将同业存款纳入一般性存款科目核算；将财务公司等同业存放资金于月末、季末等关键时点临时调作一般对公存款，虚假增加存款
存款的定价	银行的存款定价指确定存款的利率、附加收费和相关条款。 常用的定价方法主要有市场竞争定价、随行就市定价和成本覆盖定价
存款价格的调整	(1)根据利率走势调整存款价格。 (2)根据经营需要调整存款价格。 (3)根据资金头寸调整价格
存款利率的自律与规范管理	商业银行和农村合作金融机构等不再设置存款利率浮动上限，人民银行和银行业监督管理机构对存款利率的管理由过去较多的行政管理逐步调整为监管指引，以及通过银行业协会、市场利率定价自律机制来管理

典题精练

【例1·多项选择题】办理储蓄业务，应当遵守(　　)原则。

A. 存款自愿　　B. 取款自由

C. 存款有息　　D. 为存款人保密

E. 永不冻结

ABCD。【解析】《中华人民共和国商业银行法》规定，办理储蓄业务，应当遵守"存款自愿、取款自由、存款有息、为存款人保密"的原则。

【例2·单项选择题】外汇储蓄账户(　　)。

A. 只能用于外汇存取，不能进行转账　　B. 既能用于外汇存取，也能进行转账

C. 只能用于本币存取，不能进行转账　　D. 只能用于外汇转账，不能进行存取

A。【解析】外汇结算账户用于转账汇款等资金清算支付，外汇储蓄账户只能用于外汇存取，不能进行转账。

二、其他负债业务

1. 金融债券发行

要点	内容
含义	金融债券指商业银行在金融市场上发行的、按约定还本付息的有价证券

（续表）

要点	内容
商业银行发行金融债券应具备的条件	(1)具有良好的公司治理机制。 (2)核心资本充足率不低于4%。 (3)最近三年连续盈利。 (4)贷款损失准备计提充足。 (5)风险监管指标符合监管机构的有关规定。 (6)最近三年没有重大违法、违规行为。 (7)中国人民银行要求的其他条件等
发行方式	金融债券的发行方式主要有私募、公募、直接发行、间接发行、直接公募、间接公募、行政性发行
发行审批程序	中央银行审核批准各银行和非银行金融机构发行金融债券的工作程序。首先,准备发行金融债券的各银行与非银行金融机构向中国人民银行总行报送金融债券发行申请书及其他文件,然后,中国人民银行总行根据信贷资金的平衡情况及特种贷款的需求情况确定金融债券的年度发行数量和分配数量,向各银行与非银行金融机构下达发行金融债券和发放特种贷款的计划指标。省级非银行金融机构发行金融债券,须先向同级中国人民银行分行提出申请,然后,由该中国人民银行分行在中国人民银行总行下达的计划额度内进行审批
金融债券的特点	(1)发行者有较大的主动权,筹资对象范围广泛,筹资效率较高。 (2)债券的盈利性、流动性较好,有较强的吸引力。 (3)债券到期还本付息,因此筹集的资金稳定,并且不必向中央银行账户缴纳法定存款准备金
中国金融债券发行的特殊性	(1)发行的金融债券大多是筹集专项资金的债券,即发债资金的用途常常有特别限制。 (2)发行的金融债券数量大、时间集中、期次少。 (3)发行方式大多采取直接私募或间接私募,认购者以商业银行为主。 (4)金融债券的发行须经特别审批

2. 债券回购

要点	内容
概念	债券回购是指债券交易的双方在进行债券交易的同时,以契约方式约定在将来某一日期以约定价格(本金和按约定回购利率计算的利息),由债券的"卖方"(正回购方)向"买方"(逆回购方)再次购回该笔债券的交易行为。债券回购的最长期限为1年,利率由双方协商确定
交易方式	债券回购交易方式按照期限不同可以分为: (1)隔日回购。隔日回购是指最初售出者在卖出债券次日即将该债券购回。 (2)定期回购。定期回购是指最初出售者在卖出债券至少两天以后再将同一债券买回。 上海证券交易所规定回购期限为7天、1个月、3个月和6个月四个品种
特点	(1)回购交易是现货交易与远期交易的结合。 (2)回购交易要发生两次券款交割

3. 向中央银行借款

商业银行向中央银行借款有再贴现和再贷款两种途径。

典题精练

【例3・多项选择题】商业银行发行金融债券应具备的条件包括(　　)。

A. 具有良好的公司治理机制　　B. 核心资本充足率不低于8%

C. 最近三年连续盈利　　D. 贷款损失准备计提充足

E. 最近三年没有重大违法、违规行为

ACDE。【解析】按照监管规定,商业银行发行金融债券应具备的条件有:(1)具有良好的公司治理机制。(2)核心资本充足率不低于4%。(3)最近三年连续盈利。(4)贷款损失准备计提充足。(5)风险监管指标符合监管机构的有关规定。(6)最近三年没有重大违法、违规行为。(7)中国人民银行要求的其他条件等。

【例4・判断题】债券回购的最长期限为1年,利率由市场确定。(　　)

A. 正确　　B. 错误

B。【解析】债券回购的最长期限为1年,利率由双方协商确定。

本节速览

个人存款业务	单位存款业务	人民币同业存款业务	外币存款业务
大额存单业务	金融债券	债券回购	向中央银行借款

第二节　资产业务

一、贷款业务

1. 贷款业务概述

要点	内容
贷款的基本要素	贷款的基本要素主要包括借款主体、信贷产品、信贷金额、信贷期限、贷款利率和费率、还款方式、担保方式和提款条件等。 借款主体包括公司客户和个人客户。公司客户具体可分为三类:企业法人、事业法人和国家规定可以作为借款人的其他组织。 贷款期限通常分为提款期、宽限期和还款期。提款期是指从借款合同生效之日开始,至合同规定贷款金额全部提款完毕之日为止,或最后一次提款之日为止,期间借款人可按照合同约定分次提款。宽限期是指从贷款提款完毕之日开始,或最后一次提款之日开始,至第一个还本付息之日为止,介于提款期和还款期之间。还款期是指从借款合同规定的第一次还款日起至全部本息清偿日止的期间。 贷款利率是借款期限内利息金额与本金额的比率,即借款人使用贷款时支付的价格。 费率是指商业银行在贷款利率以外对提供信贷服务要求的收益报酬,一般以信贷产品金额为基数按一定比率计算。费率的类型较多,主要包括担保费、承诺费、承兑费、开证费以及银团贷款安排费、代理费等。

（续表）

要点	内容
贷款的基本要素	贷款的还款方式一般分为一次性还款和分次还款，分次还款又分为定额还款和不定额还款。定额还款包括等额还款和约定还款，其中等额还款中通常包括等额本金还款和等额本息还款等方式。 贷款的提款条件主要包括合法授权、政府批准、资本金要求、监管条件落实等
贷款管理流程	(1)受理与调查。 (2)风险评价与审批。商业银行应按“审贷分离、分级授权、按权限审批”原则明确信贷审批权限、规范信贷审批流程。 (3)合同签订。在合同中，商业银行应与借款人约定具体的贷款金额、期限、利率、用途、支付、还贷保障及风险处置等要素和有关细节。 (4)贷款发放。商业银行应设立独立的责任部门或岗位，负责贷款发放审核，另外应设立独立的责任部门或岗位，负责贷款支付审核和支付操作。 (5)贷后管理。商业银行应加强贷款资金发放后的管理，针对借款人所属行业及经营特点，通过定期与不定期现场检查与非现场监测，分析借款人经营、财务、信用、支付、担保及融资数量和渠道变化等状况，掌握各种影响借款人偿债能力的风险因素。 (6)贷款回收与处置。 (7)不良贷款管理
贷款分类	(1)信用贷款和担保贷款。 ①信用贷款是指以借款人信誉发放的贷款，其最大特点是不需要保证、抵押或质押，仅凭借款人的信用就可以取得贷款。 ②担保贷款是指由借款人或第三方依法提供担保而发放的贷款，包括保证贷款、抵押贷款、质押贷款。保证贷款是指保证人和银行约定，当借款人不履行到期债务或者发生当事人约定的情形时，保证人履行债务或者承担责任的贷款；抵押贷款是指为担保债务的履行，债务人或者第三人不转移财产的占有，将该财产抵押给银行的，借款人不履行到期债务或者发生当事人约定的实现抵押权的情形，银行有权就该财产优先受偿的贷款；质押贷款是指以借款人或者第三人的动产、权利出质给银行，借款人不履行到期债务或者发生当事人约定的实现质权的情形，银行有权就该动产、权利优先受偿的贷款。 (2)按照贷款期限不同，贷款可分为： ①短期贷款。短期贷款一般是指贷款期限在1年以内(含1年)的贷款。 ②中期贷款。中期贷款是指贷款期限在1年以上(不含1年)5年以下(含5年)的贷款。 ③长期贷款。长期贷款是指贷款期限在5年(不含5年)以上的贷款。 (3)按照借款人性质不同，贷款可分为： ①公司贷款。公司贷款一般也称为法人贷款，根据借款人具体性质不同，细分为一般企业法人贷款、事业法人贷款和小企业贷款等。按照贷款用途和风险特征不同，公司贷款还可细分为流动资金贷款、固定资产贷款、项目融资、贸易融资、贴现、透支、保理等。 ②个人贷款。个人贷款还可细分为个人住房贷款、个人消费贷款、个人经营贷款等。

（续表）

要点	内容
贷款分类	(4)按照是否在商业银行资产负债表上反映，信贷业务可分为表内贷款和表外业务。表内贷款是指在商业银行资产负债表上反映的贷款；表外业务是指商业银行从事的，按照通行的会计准则不计入资产负债表内，不影响资产负债总额，但能改变当期损益及营运资金，从而提高银行资产报酬率的经营活动。 (5)按照贷款利率是否变化，贷款可分为固定利率贷款和浮动利率贷款。 (6)按照贷款资金来源和经营模式不同，商业银行贷款可分为自营贷款、委托贷款和特定贷款。自营贷款的风险由银行承担，并由银行收回本金和利息。 (7)按照贷款币种不同，贷款可分为人民币贷款和外币贷款。 (8)按照偿还方式不同，贷款可分为一次还清贷款和分期偿还贷款

2. 个人贷款

个人贷款指商业银行向符合条件的自然人发放的用于个人消费、生产经营等用途的本外币贷款。

根据个人贷款用途的不同，个人贷款产品可以分为个人住房贷款、个人消费贷款和个人经营类贷款等。银保监会非现场监管报表，将信用卡透支归入个人贷款统计项目。

要点	内容
个人住房贷款	个人住房贷款包括自营性个人住房贷款（商业性个人住房贷款）、公积金个人住房贷款（委托性住房公积金贷款）和个人住房组合贷款。其中，公积金个人住房贷款不以营利为目的，实行“低进低出”的利率政策，带有较强的政策性，贷款额度受到限制。故它是一种政策性个人住房贷款
个人消费贷款	各商业银行根据客户和自身经营特点对个人消费贷款进行细化分类，市场上常见的个人消费贷款包括个人汽车贷款、个人教育贷款、个人耐用消费品贷款、个人消费额度贷款、个人旅游消费贷款和个人医疗贷款等
个人经营类贷款	个人经营类贷款指银行向从事合法生产经营的个人发放的，用于定向购买或租赁商用房、机械设备，以及用于满足个人控制的企业（包括个体工商户）生产经营流动资金需求和其他合理资金需求的贷款

3. 公司贷款

根据贷款用途、风险特征不同，公司贷款业务种类包括流动资金贷款、固定资产贷款、项目融资、并购贷款、银团贷款、贸易融资等。

要点	内容
流动资金贷款	流动资金贷款指商业银行向企（事）业法人或国家规定可以作为借款人的其他组织发放的用于借款人日常生产经营周转的本外币贷款。流动资金贷款用途限于借款人日常生产经营周转，即用来弥补营运资金的不足。 借款人申请流动资金贷款应符合的基本条件有借款人依法设立、贷款用途明确合法、借款人具有持续经营能力，有合法的还款来源，借款人信用状况良好，无重大不良信用记录等。 商业银行受理客户的借款申请后，应采取现场与非现场相结合的形式履行尽职调查，形成书面报告，并对其内容的真实性、完整性及有效性负责。 流动资金贷款审批通过后，商业银行应和借款人及其他相关当事人签订书面借款合同及其他相关协议，需担保的应同时签订担保合同

（续表）

要点	内容
固定资产贷款	固定资产贷款指商业银行向企(事)业法人或国家规定可以作为借款人的其他组织发放的,用于借款人固定资产投资的本外币贷款。 客户准入与业务流程如下: (1)业务受理。 (2)尽职调查。固定资产贷款尽职调查的主要内容应包括借款人及项目发起人等相关关系人的情况,贷款项目的情况,贷款担保情况,以及需要调查的其他内容等。尽职调查人员应当确保尽职调查报告内容的真实性、完整性及有效性。 (3)风险审查。商业银行应按照审贷分离、分级审批的原则,规范固定资产贷款审批流程,明确贷款审批权限,确保审批人员按照授权独立审批贷款。 (4)合同签订。 (5)贷款发放与支付。对于固定资产贷款项下借款人单笔支付金额超过项目总投资5%或超过500万元人民币的贷款资金支付,应采用商业银行受托支付方式。 (6)贷后管理。商业银行应定期对借款人和项目发起人的履约情况及信用状况、项目的建设和运营情况、宏观经济变化和市场波动情况、贷款担保的变动情况等内容进行检查与分析,建立贷款质量监控制度和贷款风险预警体系
项目融资	在国内外商业银行实践中,对于投资大、回收期长的大型能源开发、资源开发和基础设施建设类项目,通常都采取项目融资的方式筹措资金。 项目融资指符合以下特征的贷款: (1)贷款用途通常是用于建造一个或一组大型生产装置、基础设施、房地产项目或其他项目,包括对在建或已建项目的再融资。 (2)借款人通常是为建设、经营该项目或为该项目融资而专门组建的企事业法人,包括主要从事该项目建设、经营或融资的既有企事业法人。 (3)还款资金来源主要依赖该项目产生的销售收入、补贴收入或其他收入,一般不具备其他还款来源。 项目融资属于特殊的固定资产贷款。项目融资需要采取以下措施对其风险加以控制和防范: (1)明确识别、评估、管理项目建设期和经营期两类风险的要求。 (2)明确和增加保证商业银行相关权益的措施。 (3)加强项目收入账户管理。 (4)强调银团贷款原则
并购贷款	并购贷款指商业银行向并购方或其子公司发放的,用于支付并购交易价款的贷款。 中国银保监会对商业银行开办并购贷款的风险管理要求包括: (1)有健全的风险管理和有效的内控机制。 (2)资本充足率不低于10%。 (3)商业银行全部并购贷款余额占同期本行一级资本净额的比例不应超过50%。 (4)商业银行对单一借款人的并购贷款余额占同期本行一级资本净额的比例不应超过5%。 (5)并购交易价款中并购贷款所占比例不应高于60%。(对符合并购贷款条件、能产生整合效应的钢铁煤炭兼并重组项目并购交易价款中并购贷款所占比例上限可提高至70%)。 (6)并购贷款期限一般不超过7年。 (7)商业银行应具有与本行并购贷款业务规模和复杂程度相适应的熟悉并购相关法律、财务、行业等知识的专业人员

（续表）

要点	内容
银团贷款	银团贷款是指由两家或两家以上银行基于相同贷款条件，依据同一贷款合同，按约定时间和比例，通过代理行向借款人提供的本外币贷款或授信业务。 银团成员应按照“信息共享、独立审批、自主决策、风险自担”的原则自主确定各自授信行为，并按实际承担份额享有银团贷款项下相应的权利，履行相应的义务。 按照在银团贷款中的职能和分工，银团成员通常分为牵头行、代理行及参加行等角色，也可根据实际规模和需要在银团内部增设副牵头行、联合牵头行等，并按照银团贷款合同履行相应职责。 银团贷款由借款人或银行发起。银团贷款的日常管理工作主要由代理行负责。 银团贷款存续期间，银团会议由代理行负责定期召集，或者根据银团贷款合同的约定由一定比例的银团成员提议召开。银团会议的主要职能是讨论、协商银团贷款管理中的重大事项
贸易融资	贸易融资指银行对进口商或出口商提供的与进出口贸易结算相关的短期融资或信用便利，是企业在贸易过程中运用各种贸易手段和金融工具增加现金流量的融资方式。贸易融资方式主要有：保理、信用证、福费廷、打包放款、出口押汇、进口押汇

典题精练

【例5·单项选择题】（　　）可用于满足个人控制的企业（包括个体工商户）生产经营流动资金的需求和其他合理资金的需求。

A. 个人住房贷款　　B. 个人消费贷款

C. 公司贷款　　D. 个人经营类贷款

D。【解析】个人经营类贷款是指银行向从事合法生产经营的个人发放的，用于定向购买或租赁商用房、机械设备，以及用于满足个人控制的企业（包括个体工商户）生产经营流动资金需求和其他合理资金需求的贷款。

【例6·单项选择题】对于固定资产贷款项下借款人单笔支付金额超过项目总投资（　　）的贷款资金支付，应采用商业银行受托支付方式。

A. 5%或超过500万元人民币　　B. 3%或超过500万元人民币

C. 15%或超过400万元人民币　　D. 5%或超过100万元人民币

A。【解析】对于固定资产贷款项下借款人单笔支付金额超过项目总投资5%或超过500万元人民币的贷款资金支付，应采用商业银行受托支付方式。采用商业银行受托支付的，商业银行应在贷款资金发放前审核借款人相关交易资料是否符合合同约定条件。

【例7·单项选择题】商业银行应按照（　　）的原则规范固定资产贷款审批流程。

A. 审贷分离、分级审批　　B. 审贷分离、联合审批

C. 审贷结合、联合审批　　D. 审贷结合、分级审批

A。【解析】商业银行应按照审贷分离、分级审批的原则，规范固定资产贷款审批流程，明确贷款审批权限，确保审批人员按照授权独立审批贷款。

二、投资业务

1. 债券投资业务

（1）债券投资的目标。商业银行债券投资的目标，主要是平衡流动性和盈利性，并降低资产组合的风险、提高资本充足率。

（2）债券投资对象。商业银行债券投资的对象，与债券市场的发展密切相关。我国商业银行债券投资的对象主要包括国债、地方政府债券、中央银行票据、金融债券、资产支持证券、企业债券和公司债券等。

要点	内容
国债	国债是国家为筹措资金而向投资者出具的书面借款凭证，承诺在一定的时期内按约定的条件，按期支付利息和到期归还本金。国债分为记账式国债和储蓄国债两种。 ①记账式国债有交易所、银行间债券市场、商业银行柜台市场三个发行及流通渠道，二级市场非常发达，交易方便，是商业银行证券投资的主要对象。 ②储蓄国债具有凭证式国债和储蓄国债（电子式）两个品种
地方政府债券	地方政府债券是指省、自治区、直辖市和经省级人民政府批准自办债券发行的计划单列市人民政府发行的、约定一定期限内还本付息的政府债券。地方政府债券包括一般债券和专项债券
中央银行票据	中央银行票据简称央行票据或央票，是指中国人民银行面向全国银行间债券市场成员发行的、期限一般在三年以内的中短期债券。 央行票据具有无风险、流动性高等特点，是商业银行债券投资的重要对象
金融债券	金融债券指依法在中华人民共和国境内设立的金融机构法人在全国银行间债券市场发行的、按约定还本付息的有价证券。 金融债券主要包括政策性金融债券、商业银行债券和其他金融债券
资产支持证券	资产支持证券是资产证券化产生的资产。资产证券化指把缺乏流动性，但具有未来现金流的资产汇集起来，通过结构性重组，将其转变为可以在金融市场上出售和流通的证券，据以融通资金的机制和过程
企业债券和公司债券	在我国，企业债券是按照《企业债券管理条例》规定发行与交易、由国家发展和改革委员会监督管理的债券，在实践中，其发债主体为中央政府部门所属机构、国有独资企业或国有控股企业，因此，它在很大程度上体现了政府信用。公司债券的信用保障是发债公司的资产质量、经营状况、盈利水平和持续盈利能力等。公司债券在证券登记结算公司统一登记托管，可申请在证券交易所上市交易，其信用风险一般高于企业债券

（3）债券投资的收益。债券投资的收益一般通过债券收益率进行衡量和比较。债券收益率指在一定时期内，一定数量的债券投资收益与投资额的比率，通常用年利率来表示。

要点	内容
名义收益率	名义收益率又称为票面收益率，是票面利息与面值的比率，其计算公式是： 名义收益率＝票面利息/面值×100% 名义收益率无法准确衡量债券投资的实际收益

（续表）

要点	内容
即期收益率	即期收益率是债券票面利率与购买价格之间的比率，其计算公式是： 即期收益率 = 票面利息/购买价格 × 100% 即期收益率不能全面反映债券投资的收益
持有期收益率	持有期收益率是债券买卖价格差价加上利息收入后与购买价格之间的比率，其计算公式是： 持有期收益率 =（出售价格 − 购买价格 + 利息）/购买价格 × 100% 持有期收益率比较充分地反映了实际收益率。但是，它是一个事后衡量指标，在作为投资决策的参考时具有很强的主观性
到期收益率	到期收益率是投资购买债券的内部收益率，其计算公式是： $PV = C_1/(1+y)^1 + C_2/(1+y)^2 + \cdots + C_n/(1+y)^n$ 其中，PV 为债券当前全价市场价格；C_n 为第 n 期现金流；y 为到期收益率

（4）债券投资的风险。商业银行债券投资的风险，主要包括信用风险（又称违约风险）、价格风险、利率风险、购买力风险（又称通货膨胀风险）、流动性风险（即变现能力风险）、政治风险、操作风险等。

信用风险指发行债券的借款人不能按时支付债券利息或偿还本金，而给债券投资者带来损失的风险，又称为违约风险。

利率风险指利率的变动导致债券价格与收益率发生变动的风险。

流动性风险即变现能力风险，是指投资者在短期内无法以合理的价格卖掉债券的风险。

2. 衍生产品交易业务

要点	内容
定义	金融衍生产品是一种金融合约，其价值取决于一种或多种基础资产或指数，合约的基本种类包括远期、期货、掉期（互换）和期权。衍生产品还包括具有远期、期货、掉期（互换）和期权中一种或多种特征的混合金融工具
分类	商业银行衍生产品交易业务按照交易目的分为以下两类： （1）套期保值类衍生产品交易。套期保值类衍生产品交易是商业银行主动发起，为规避自有资产、负债的信用风险、市场风险或流动性风险而进行的衍生产品交易。套期保值类衍生产品交易需符合套期会计规定，并划入银行账户管理。 （2）非套期保值类衍生产品交易。非套期保值类衍生产品交易是除套期保值类以外的衍生产品交易，包括由客户发起，商业银行为满足客户需求提供的代客交易和商业银行为对冲前述交易相关风险而进行的交易；商业银行为承担做市义务持续提供市场买卖双边价格，并按其报价与其他市场参与者进行的做市交易；以及商业银行主动发起，运用自有资金，根据对市场走势的判断，以获利为目的进行的自营交易。非套期保值类衍生产品交易划入交易账户管理

（续表）

要点	内容
业务管理	商业银行开办衍生产品交易业务，应当根据“制度先行”的原则，制定内部管理规章制度，且至少包括以下内容： (1)衍生产品交易业务的指导原则、业务操作规程（业务操作规程应当体现交易前台、中台与后台分离的原则）和针对突发事件的应急计划。 (2)新业务、新产品审批制度及流程。 (3)交易品种及其风险控制制度。 (4)衍生产品交易的风险模型指标及量化管理指标。 (5)风险管理制度和内部审计制度。 (6)衍生产品交易业务研究与开发的管理制度及后评价制度。 (7)交易员守则。 (8)交易主管人员岗位责任制度，对各级主管人员与交易员的问责制度和激励约束机制。 (9)对前、中、后台主管人员及工作人员的培训计划。 在进行衍生产品交易时，必须严格执行分级授权和敞口风险管理制度，任何重大交易或新的衍生产品业务都应当经由董事会或其授权的专业委员会或高级管理层审批。在因市场变化或决策失误出现账面浮亏时，应当严格执行止损制度

典题精练

【例8·单项选择题】资产证券化是指把(　　)的资产汇集起来，通过结构性重组，将其转变为可以在金融市场上出售和流通的证券，据以融通资金的机制和过程。

A. 缺乏盈利性，但具有未来现金流　　B. 具有流动性和未来现金流

C. 缺乏流动性，且不具有未来现金流　　D. 缺乏流动性，但具有未来现金流

D。【解析】资产证券化是指把缺乏流动性，但具有未来现金流的资产汇集起来，通过结构性重组，将其转变为可以在金融市场上出售和流通的证券，据以融通资金的机制和过程。

本节速览

个人贷款	公司贷款	项目融资	银团贷款
国债	中央银行票据	资产支持证券	公司债券
名义收益率	即期收益率	持有期收益率	到期收益率
信用风险	利率风险	购买力风险	衍生产品交易

第三节　银行其他业务

一、支付结算业务

1. 国内结算

支付结算指结算客户之间由于商品交易、劳务供应等经济活动而产生的债权债务关系，通过银行实现资金转移而完成的结算过程。支付结算遵循恪守信用、履约付款；谁的钱进谁的账，由谁支配；银行不垫款的原则。

现有的票据和结算方式有:汇票、本票、支票、银行卡及汇兑、托收承付、委托收款和国内信用证等。

(1)票据结算业务。

要点	内容
银行汇票	银行汇票是由出票银行签发的,由其在见票时按照实际结算金额无条件支付给收款人或持票人的票据。银行汇票是一种见票即付、无须提示承兑的票据,票随人走,人到款到,凭票取款,可以背书转让。 银行汇票的特点是方便、灵活,具有较强的流通性和兑现性,是异地结算中备受欢迎、广为应用的结算工具
银行本票	银行本票是银行签发的,承诺自己在见票时无条件支付确定的金额给收款人或者持票人的票据。银行本票一律记名,允许背书转让。 银行本票见票即付,信誉很高。银行本票的提示付款期限为 2 个月。银行本票的通用性强,灵活方便,限于在同一票据交换区域内使用
支票	支票是出票人签发的、委托办理支票存款业务的银行在见票时无条件支付确定的金额给收款人或者持票人的票据。支票分为: ①现金支票。现金支票只能用于支付现金。 ②转账支票。转账支票只能用于转账。 ③普通支票。普通支票既可以用于支取现金,也可以用于转账。 支票不受金额起点限制,提示付款期限自出票日起 10 日。 支票的出票人是银行存款客户,付款人是银行。支票是即期付款,是替代现金的一种支付工具。使用支票结算具有手续方便、使用灵活、结算及时、可以转让等特点。支票结算适用于单位和个人在同一票据交换区的各种款项的结算
商业汇票	商业汇票是出票人签发的,委托付款人在指定付款日期无条件支付确定金额给收款人或持票人的票据。商业汇票按照承兑人的不同,分为商业承兑汇票和银行承兑汇票。商业承兑汇票由银行以外的付款人承兑,银行承兑汇票由银行承兑。 商业汇票的付款期限,最长不得超过 6 个月,提示付款期限自汇票到期日起 10 日。 银行承兑汇票的出票人必须具备的条件有: ①在承兑银行开立存款账户的法人以及其他组织。 ②与承兑银行具有真实的委托付款关系。 ③资信状况良好,具有支付汇票金额的可靠资金来源

(2)非票据结算业务。

要点	内容
汇兑	汇兑是汇款人委托银行将其款项支付给收款人的结算方式。单位和个人的各种款项结算,均可使用汇兑结算方式。 汇兑仅包括汇款人汇款、银行划款、解付款项三个环节,是异地结算中最广为使用的一种方式
托收承付	托收承付也称为异地托收承付,是收款人根据购销合同发货后,委托银行向异地付款人收取款项,付款人向银行承认付款的结算方式。其特点是可以促使销货单位按照合同规定发货,购货单位按照合同规定付款,维护了购销双方的权益。托收承付结算方式适用于异地单位之间订有合同的商品交易及由此产生的劳务供应的款项结算。 托收承付结算方式分为邮划和电划两种,由收款单位选择采用

（续表）

要点	内容
委托收款	委托银行收款指收款人向银行提供收款依据,委托银行向付款人收取款项的结算方式。委托收款方式的特点:方便灵活、适用面广、不受金额起点限制等。委托收款适用于水费、电费、电话费等付款人众多及分散的事业性收费结算,在同城、异地均可办理。 委托收款是收款人委托银行向付款人收取款项的结算方式,分为异地委托收款、同城委托收款和同城特约委托收款

(3)结算账户管理。结算账户按存款人分为单位结算账户和个人结算账户。

要点	内容
单位结算账户	存款人以单位名称开立的银行结算账户为单位结算账户。单位结算账户按用途分为基本存款账户、一般存款账户、专用存款账户和临时存款账户
个人结算账户	个人结算账户是自然人因投资、消费、结算等而开立的可办理支付结算业务的存款账户。银行可通过柜面、远程视频柜员机和智能柜员机等自助机具、网上银行和手机银行等电子渠道为开户申请人开立个人银行账户。个人银行结算账户分为Ⅰ类银行结算账户、Ⅱ类银行结算账户和Ⅲ类银行结算账户(以下分别简称Ⅰ类户、Ⅱ类户和Ⅲ类户)。 ①柜面开户。通过柜面受理银行账户开户申请的,银行可为开户申请人开立Ⅰ类户、Ⅱ类户或Ⅲ类户。 ②自助机具开户。通过远程视频柜员机和智能柜员机等自助机具受理银行账户开户申请,银行工作人员现场核验开户申请人身份信息的,银行可为其开立Ⅰ类户;银行工作人员未现场核验开户申请人身份信息的,银行可为其开立Ⅱ类户或Ⅲ类户。 ③电子渠道开户。通过网上银行和手机银行等电子渠道受理银行账户开户申请的,银行可为开户申请人开立Ⅱ类户或Ⅲ类户

(4)关于现代化支付体系的问题。

支付体系是我国的核心金融基础设施。近年来,随着互联网技术的飞速发展,一些新兴的支付方式得到快速应用。根据《支付指标体系框架》,按照非现金支付工具的提供主体分为银行业金融机构提供的非现金支付工具和非金融机构支付服务组织提供的非现金支付工具。按照非现金支付指令载体划分,非现金支付工具指标分为纸基支付工具指标和电子支付工具指标。按非现金支付工具业务种类划分,支付工具分为票据、银行卡、贷记转账、直接借记、托收承付和国内信用证六类。

国内信用证,是指为满足国内贸易资金结算的需要,由开证行依照申请人的申请开出的,凭符合信用证条款的单据支付的付款承诺。贷记转账,指付款人向收款人主动发起的贷记银行业金融机构收款人账户的付款业务。贷记转账分为定期贷记和普通贷记。直接借记分为定期借记和普通借记。定期借记业务是指收款人委托银行向付款人开户银行定期、批量发出收款指令,付款人开户银行根据付款人授权,直接借记付款人账户确定的金额并将款项划转给收款人的结算方式。普通借记业务是除定期借记业务以外的借记业务。

2. 国际结算

国际结算方式指资金在国际间从付款一方转移到收款一方的方式。它从比较简单的现金结算方式发展到目前比较完善的以银行为中心的非现金结算方式。目前在进出口业务中所采用的结算方式主要有汇款、托收和信用证。汇款方式是顺汇法，托收和信用证方式是逆汇法。

要点	内容
汇款	汇款是银行(汇出行)应汇款人(债务人)的要求，以一定的方式将一定的金额，以其国外联行或代理行作为付款银行(汇入行)，付给收款人(债权人)的一种结算方式。 汇款业务中的四个基本当事人是汇款人、收款人、汇出行和汇入行。 按汇款支付授权的投递方式划分，汇款业务分为电汇、信汇、票汇
托收	托收意指银行按照从出口商那里收到的指示办理： (1)获得金融单据的付款及/或承兑。 (2)凭付款及/或承兑交出单据。 (3)以其他条款和条件交出单据。 委托人、托收行、代收行和付款人是托收方式的基本当事人。除此之外，还可以有提示行和需要时的代理两个其他当事人。 托收结算方式分为光票托收、跟单托收和直接托收
信用证	信用证是银行应进口商请求，开出一项凭证给出口商的，在一定条件下保证付款，或者承兑并付款，或者议付的一种结算方式。 一项约定如果具备了以下三个要素就是信用证： (1)信用证应当是开证行开出的确定承诺文件。 (2)开证行承付的前提条件是相符交单。 (3)开证行的承付承诺不可撤销。 跟单信用证应贯彻独立和分离的原则，即： (1)开证行负第一性付款责任。 (2)信用证是独立文件，与销售合同分离。 (3)信用证是单据化业务。信用证业务是单据买卖。在信用证业务中的所有各方，包括银行和商人所处理的都是单据，而非货物。 开证申请人、开证行和受益人是信用证业务所涉及的基本当事人。除此以外，还可能出现保兑行、通知行、被指定银行、转让行和偿付行等。 在国际贸易中，开证申请人通常是进口商。开证申请人(买方)的权利和义务是：开立信用证的义务、付款责任、得到合格单据的权利

典题精练

【例9·单项选择题】委托银行收款是指收款人向银行提供收款依据，委托银行向(　　)收取款项的结算方式。

A. 借款人　　B. 保证人

C. 付款人　　D. 代理人

C。【解析】委托银行收款是指收款人向银行提供收款依据，委托银行向付款人收取款项的结算方式。委托收款方式具有方便灵活、适用面广、不受金额起点限制等特点，无论单位还是个人都可凭已承兑的商业汇票、债券、存单等付款人债务证明，使用委托收款结算方式。

二、代理业务

要点	内容
代收代付业务	代收代付业务是商业银行利用自身的结算便利，接受客户委托代为办理指定款项收付事宜的业务。 代收代付业务主要有代理各项公用事业收费、代理行政事业性收费和财政性收费、代发工资、代扣住房按揭贷款等。目前主要是委托收款和托收承付两类
代理银行业务	(1)代理中央银行业务。代理中央银行业务是指根据政策、法规应由中央银行承担，但由于机构设置、专业优势等方面的原因，由中央银行指定或委托商业银行承担的业务。代理中央银行业务主要有：代理财政性存款、代理国库、代理金银等业务。 (2)代理政策性银行业务。代理政策性银行业务是指商业银行受政策性银行的委托，对其自主发放的贷款代理结算，并对其账户资金进行监管的一种中间业务。其主要解决政策性银行因服务网点设置的限制而无法办理业务的问题。目前主要代理中国进出口银行和国家开发银行业务。 代理政策性银行业务主要有：代理资金结算、代理现金支付、代理专项资金管理、代理贷款项目管理等业务。根据政策性银行的需求，现主要提供代理资金结算业务和代理专项资金管理业务。 (3)代理商业银行业务。代理商业银行业务是商业银行之间相互代理的业务。代理商业银行业务有：代理结算业务、代理外币清算业务、代理外币现钞业务等。其中代理银行业务主要是代理结算业务，具体包括代理银行汇票业务和汇兑、委托收款、托收承付业务等其他结算业务。代理银行汇票业务最具典型性，其又可分为代理签发银行汇票和代理兑付银行汇票业务
代理证券资金清算业务	代理证券资金清算业务是指商业银行利用其电子汇兑系统、营业机构以及人力资源为证券公司总部及其下属营业部代理证券资金的清算、汇划等结算业务。 代理证券资金清算业务主要包括一级清算业务和二级清算业务。 (1)一级清算业务是指各证券公司总部以法人为单位与证券登记结算公司之间发生的资金往来业务。 (2)二级清算业务，即法人证券公司与下属证券营业部之间的证券资金汇划业务
代理保险业务	商业银行代理保险业务是指商业银行接受保险公司委托，在保险公司授权的范围内，代理保险公司销售保险产品及提供相关服务，并依法向保险公司收取佣金的经营活动。 商业银行代理销售的保险产品应当符合银保监会保险产品审批备案管理的有关要求。保险公司应当针对商业银行客户的保险需求以及商业银行销售渠道的特点，细分市场，开发多样化的、互补的保险产品
其他代理业务	(1)委托贷款业务。内容详见“六、委托贷款”。 (2)代销开放式基金。开放式基金代销业务指银行利用其网点柜台或电话银行、网上银行等销售渠道代理销售开放式基金产品的经营活动。银行向基金公司收取基金代销费用。 (3)代理国债买卖。银行客户可以通过银行营业网点购买、兑付、查询凭证式国债、储蓄国债(电子式)以及柜台记账式国债

典题精练

【例 10 · 单项选择题】下列不属于代理政策性银行业务的是(　　)。

A. 代理资金结算　　B. 代理现金支付

C. 代理财政性存款　　D. 代理专项资金管理

C。【解析】代理政策性银行业务主要包括代理资金结算、代理现金支付、代理专项资金管理、代理贷款项目管理等业务。代理中央银行业务主要包括代理财政性存款、代理国库、代理金银等业务。

三、信用卡业务

信用卡业务指商业银行利用具有授信额度和透支功能的银行卡提供的银行服务。信用卡业务主要包括发卡业务和收单业务。

按照发行对象不同,商业银行发行的信用卡分为个人卡和单位卡。其中,单位卡按照用途分为商务差旅卡和商务采购卡。

按照发行机构不同,目前世界上主要的信用卡分为维萨卡、万事达卡、大莱卡、JCB 卡、运通卡和中国银联卡。

要点	内容
业务准入	1. 信用卡发卡业务准入 根据中国银保监会的规定,境内商业银行开办信用卡发卡业务应当符合的条件有: (1)注册资本为实缴资本,且不低于人民币 5 亿元或等值可兑换货币。 (2)具备办理零售业务的良好基础,最近 3 年个人存贷款业务规模和业务结构稳定,个人存贷款业务客户规模和客户结构良好,银行卡业务运行情况良好,身份证件验证系统和征信系统的连接和使用情况良好。 (3)具备办理信用卡业务的专业系统,在境内建有发卡业务主机、信用卡业务申请管理系统、信用卡账户管理系统、信用卡交易授权系统、信用评估管理系统、信用卡交易监测和伪冒交易预警系统、信用卡客户服务中心系统、催收业务管理系统等专业化运营基础设施,相关设施通过了必要的安全检测和业务测试,能够保障客户资料和业务数据的完整性和安全性。 2. 信用卡收单业务准入 根据中国银保监会的规定,境内商业银行开办信用卡收单业务应当符合的条件有: (1)注册资本为实缴资本,且不低于人民币 1 亿元或等值可兑换货币。 (2)具备开办收单业务的良好业务基础,最近 3 年企业贷款业务规模和业务结构稳定,企业贷款业务客户规模和客户结构较为稳定,身份证件验证系统和征信系统连接和使用情况良好。 (3)具备办理收单业务的专业系统支持,在境内建有收单业务主机、特约商户申请管理系统、商户结算账户管理系统、账务管理系统、特约商户信用评估管理系统、收单交易监测和伪冒交易预警系统、交易授权系统等专业化运营基础设施,相关设施通过了必要的安全检测和业务测试,能够保障客户资料和业务数据的完整性和安全性

（续表）

要点	内容
业务管理	1. 发卡业务管理 (1)发卡管理。对首次申请发卡行信用卡的客户，不得采取全程系统自动发卡方式核发信用卡。发卡银行不得将信用卡发卡营销、领用合同(协议)签约、授信审批、交易授权、交易监测、资金结算等核心业务外包给发卡业务服务机构。 (2)信用卡授信管理。商务采购卡的现金提取授信额度应当设置为零。经持卡人申请开通超授信额度用卡服务后，发卡银行在一个账单周期内只能提供一次超授信额度用卡服务，在一个账单周期内只能收取一次超限费。 (3)信用卡透支额计息方式。目前，我国商业银行采用的信用卡透支计息方式主要有全额罚息、余额计息和容差全额罚息三种。信用卡透支的计结息方式，以及对信用卡溢缴款是否计付利息及其利率标准，由发卡机构自主确定。自 2021 年 1 月 1 日起，信用卡透支利率由发卡机构与持卡人自主协商确定，取消信用卡透支利率上限和下限管理。 2. 收单业务管理 商业银行对信用卡收单业务管理的要求有： (1)收单银行应当明确收单业务的牵头管理部门，承担协调处理特约商户资质审核、登记管理、机具管理、垫付资金管理、风险管理、应急处置等的职责。 (2)收单银行应当加强对特约商户资质的审核，实行商户实名制，不得设定虚假商户。 (3)收单银行应当建立特约商户管理制度，根据商户类型和业务特点对商户实行分类管理，严格控制交易处理程序和退款程序，不得因与特约商户有其他业务往来而降低对特约商户交易的检查要求。同时，应当对特约商户的风险进行综合评估和分类管理，及时掌握其经营范围、场所、法定代表人或负责人、银行卡受理终端装机地址和使用范围等重要信息的变更情况，不断完善交易监控机制。 (4)收单银行应当根据特约商户的业务性质、业务特征、营业情况，对特约商户设定动态营业额上限。 (5)收单银行应当采用严格的技术手段对收单业务移动受理终端的使用进行监控，并不定期进行回访，确保收单业务移动受理终端未超出签约范围跨地区使用。 (6)收单银行不得将特约商户审核和签约、资金结算、后续检查和抽查、受理终端密钥管理和密钥下载工作外包给收单业务服务机构。 (7)收单银行对从事网上交易的商户，应当进行严格的审核和评估，以技术手段确保数据安全和资金安全

典题精练

【例 11 · 判断题】按照发行机构不同，目前世界上主要的信用卡包括维萨卡、万事达卡、大莱卡、JCB 卡、运通卡和中国银联卡。(　　)

A. 正确　　　　B. 错误

A。【解析】按照发行机构不同，目前世界上主要的信用卡包括维萨卡、万事达卡、大莱卡、JCB 卡、运通卡和中国银联卡。

四、理财业务

1. 资产管理业务与理财业务

资产管理业务是指银行、信托、证券、基金、期货、保险资产管理机构、金融资产投资公司等金融机构接受投资者委托，对受托的投资者财产进行投资和管理的金融服务。理财业务是指商业银行接受投资者委托，按照与投资者事先约定的投资策略、风险承担和收益分配方式，对受托的投资者财产进行投资和管理的金融服务。

要点	内容
合格投资者	资产管理产品的投资者分为不特定社会公众和合格投资者两大类。合格投资者是指具备相应风险识别能力和风险承担能力，投资于单只资产管理产品不低于一定金额且符合下列条件的自然人和法人或者其他组织： (1)具有2年以上投资经历，且满足以下条件之一：家庭金融净资产不低于300万元，家庭金融资产不低于500万元，或者近3年本人年均收入不低于40万元。 (2)最近1年末净资产不低于1 000万元的法人单位。 (3)金融管理部门视为合格投资者的其他情形。 合格投资者投资于单只固定收益类产品的金额不低于30万元，投资于单只混合类产品的金额不低于40万元，投资于单只权益类产品、单只商品及金融衍生品类产品的金额不低于100万元
刚性兑付	经金融管理部门认定，存在以下行为的视为刚性兑付： (1)资产管理产品的发行人或者管理人违反真实公允确定净值原则，对产品进行保本保收益。 (2)采取滚动发行等方式，使得资产管理产品的本金、收益、风险在不同投资者之间发生转移，实现产品保本保收益。 (3)资产管理产品不能如期兑付或者兑付困难时，发行或者管理该产品的金融机构自行筹集资金偿付或者委托其他机构代为偿付。 (4)金融管理部门认定的其他情形

2. 理财业务的特点

与商业银行的其他业务相比，理财业务具有以下几个特点：

(1)商业银行资产管理业务运作的不是银行自有资金，而是客户委托资金，资金最终所有者是客户。

(2)客户是理财业务风险的主要承担者。

(3)银行理财业务是“轻资本”业务。

(4)理财业务是一项金融知识技术密集型业务。

3. 理财产品分类

(1)根据募集方式的不同，将理财产品分为公募理财产品和私募理财产品。

(2)根据投资性质的不同，将理财产品分为固定收益类理财产品、权益类理财产品、商品及金融衍生品类理财产品和混合类理财产品。

(3)根据运作方式的不同，将理财产品分为封闭式理财产品和开放式理财产品。

4. 理财业务管理

要点	内容
理财产品销售管理	(1)商业银行销售理财产品，应当加强投资者适当性管理，向投资者充分披露信息和揭示风险，不得宣传或承诺保本保收益，不得误导投资者购买与其风险承受能力不相匹配的理财产品。 (2)商业银行发行理财产品，不得宣传理财产品预期收益率，在理财产品宣传销售文本中只能登载该理财产品或者本行同类理财产品的过往平均业绩和最好、最差业绩，并以醒目文字提醒投资者“理财产品过往业绩不代表其未来表现，不等于理财产品实际收益，投资需谨慎”
理财产品投资运作管理	(1)商业银行理财产品可以投资于国债、地方政府债券、中央银行票据、政府机构债券、金融债券、银行存款、大额存单、同业存单、公司信用类债券、在银行间市场和证券交易所市场发行的资产支持证券、公募证券投资基金、其他债权类资产、权益类资产以及国务院银行业监督管理机构认可的其他资产。 (2)商业银行理财产品不得直接投资于信贷资产，不得直接或间接投资于本行信贷资产，不得直接或间接投资于本行或其他银行业金融机构发行的理财产品，不得直接或间接投资于本行发行的次级档信贷资产支持证券。 (3)金融机构对资产管理产品应当实行净值化管理
理财产品估值管理	金融资产坚持公允价值计量原则，鼓励使用市值计量。符合以下条件之一的，可按照企业会计准则以摊余成本进行计量： (1)资产管理产品为封闭式产品，且所投金融资产以收取合同现金流量为目的并持有到期。 (2)资产管理产品为封闭式产品，且所投金融资产暂不具备活跃交易市场，或者在活跃市场中没有报价、也不能采用估值技术可靠计量公允价值。金融机构前期以摊余成本计量的金融资产的加权平均价格与资产管理产品实际兑付时金融资产的价值的偏离度不得达到5%或以上，如果偏离5%或以上的产品数超过所发行产品总数的5%，金融机构不得再发行以摊余成本计量金融资产的资产管理产品

5. 银行理财子公司及产品

《关于规范金融机构资产管理业务的指导意见》明确要求“主营业务不包括资产管理业务的金融机构应当设立具有独立法人地位的资产管理子公司开展资产管理业务，强化法人风险隔离”;《商业银行理财业务监督管理办法》进一步规定“商业银行应当通过具有独立法人地位的子公司开展理财业务”。从国际和国内的实践经验看，由独立法人机构开展资管业务，将其与银行信贷、自营交易、证券投行和保险等金融业务相对分离，为通行实践。

商业银行设立理财子公司开展资管业务，将有利于强化银行理财业务风险隔离，推动银行理财回归资管业务本源，逐步有序打破刚性兑付，更好地保护投资者合法权益；有利于优化组织管理体系，建立符合资管业务特点的风控制度和激励机制，促进理财业务规范转型；同时，也有助于培育和壮大机构投资者队伍，引导理财资金以合法、规范形式进入金融市场和支持实体经济发展。

典题精练

【例 12 · 判断题】理财业务是一项劳动密集型业务。（　　）

A. 正确　　　　B. 错误

B。【解析】理财业务是一项金融知识技术密集型业务。

五、同业业务

1. 同业业务的定义

同业业务指在中华人民共和国境内依法设立的金融机构之间开展的以投融资为核心的各项业务，主要业务类型包括同业拆借、同业存款、同业借款、同业代付、买入返售（卖出回购）等同业融资业务和同业投资业务。其中，同业投资业务是同业业务中创新较多、风险较大的业务。

（1）同业拆借相关款项在拆出和拆入资金会计科目核算，并在上述会计科目下单独设立二级科目进行管理核算。

（2）按照期限、业务关系和用途，同业存款业务分为结算性同业存款和非结算性同业存款。同业存款相关款项在同业存放和存放同业会计科目核算。

（3）同业借款相关款项在拆出和拆入资金会计科目核算。

（4）受托方同业代付款项在拆出资金会计科目核算，委托方同业代付相关款项在贷款会计科目核算。

同业代付原则上仅适用于银行业金融机构办理跨境贸易结算。境内信用证、保理等贸易结算原则上应通过支付系统汇划款项或通过本行分支机构支付，委托方不得在同一市、县有分支机构的情况下委托当地其他金融机构代付，不得通过同业代付变相融资。

（5）买入返售（卖出回购）相关款项在买入返售（卖出回购）金融资产会计科目核算。三方或以上交易对手之间的类似交易不得纳入买入返售或卖出回购业务管理和核算。

买入返售（卖出回购）业务项下的金融资产应当为银行承兑汇票，债券、央票等在银行间市场、证券交易所市场交易的具有合理公允价值和较高流动性的金融资产。卖出回购方不得将业务项下的金融资产从资产负债表转出。

2. 主要同业业务管理

（1）存放同业。本外币资金存放同业业务（以下简称存放同业）指金融机构与国内同业按约定的利率、期限及金额，以协议的方式将本外币资金存放至同业客户的业务。存放同业业务范围分为信用存放同业业务和存单质押存放同业业务。

（2）同业拆借。同业拆借又称“银行同业拆借”，简称“拆放”或“拆借”，是银行同业间短期的按日计息的借贷。

同业拆借市场包括银行同业拆借市场，以及商业银行与非商业银行金融机构之间的短期资金拆借市场。

按是否有担保划分，同业拆借有信用拆借和抵押拆借；按期限长短划分，同业拆借有7天、1个月、3个月、1年等；按品种交易方式划分，同业拆借有定点交易和无形交易等。

加强对同业拆借的管理，主要应从以下几点着手：

①同业拆借应遵守相互自愿、恪守信用的原则，利率和期限均由拆借双方在协商一致的基础上签订合同确定，但期限最长不得超过1年。

②参加同业拆借的金融机构，其拆出资金限于当日资金多余的头寸和在人民银行的存款，其拆入资金只能用于弥补清算票据交换和联行汇差的头寸不足及解决临时性、季节性周转资金的不足，不得用于发放固定资产贷款。

③要加强对同业拆借市场的检查，对违反规定的，要坚决加以纠正，并给予必要的处罚。

（3）同业借款。同业借款业务期限按照监管部门对金融机构借款期限的有关规定执行，由双方共同协商确定，但最长期限自提款之日起不得超过三年。借款业务不进入全国银行间同业拆借中心的电子交易系统（或人民银行认可的其他同业拆借交易系统）。

要点	内容
非银借款的目的	为适应金融产业细分的要求，加强银行机构与非银行金融机构的业务合作，进一步拓宽银行机构资金运用渠道，丰富金融机构资产业务品种
非银借款的期限	非银借款业务最长期限为3年（含3年），业务到期后不得展期。根据业务期限，非银借款业务可细分为短期非银借款[不超过1年（含1年）]和中长期非银借款[大于1年且不超过3年（含3年）]
非银机构的种类	非银行金融机构包括汽车金融公司、金融租赁公司、资产管理公司、消费金融公司及其他可开展此项业务的金融机构

（4）同业代付。同业代付分为境内同业代付和海外同业代付，业务实质均属贸易融资方式，银行办理同业代付业务应具有真实贸易背景。

办理同业代付业务时，委托行与代付行均应采取有效措施加强贸易背景真实性的审核，其中委托行承担主要审查责任，确保融资款项为国内外贸易结算服务，真正支持实体经济发展。银行开展同业代付业务应加强风险管理。

（5）同业投资。同业投资业务是指金融机构购买或委托其他金融机构购买特定目的载体的投资行为。

开展同业投资业务，应坚持依法合规原则、风险收益匹配原则、集中管理及总量控制原则和实质重于形式原则。

同业投资业务不得接受和提供任何直接或间接、显性或隐性的第三方金融机构信用担保，国家另有规定的除外。

3. 风险管理和监管要求

风险管理和监管要求包括管理体系要求、业务专营与授权管理要求、授信管理要求、担保管理要求、期限要求、会计处理要求和资本管理要求。

商业银行开展同业业务实行专营部门制，由法人总部建立或指定专营部门负责经营。

商业银行应建立健全同业业务授权管理体系，由法人总部对同业业务专营部门进行集中统一授权，同业业务专营部门不得进行转授权，不得办理未经授权或超授权的同业业务。

典题精练

【例13·多项选择题】同业拆借按期限长短可以分为（　　）。

A. 1年　　B. 7天

C. 15天　　D. 1个月

E. 3个月

ABDE。【解析】同业拆借交易多种多样：按是否有担保划分，同业拆借有信用拆借和抵押拆借；按期限长短划分，同业拆借有7天、1个月、3个月、1年等；按品种交易方式划分，同业拆借有定点交易和无形交易等。

六、委托贷款

1. 基本概念

委托贷款业务是商业银行的委托代理业务。商业银行与委托贷款业务相关主体通过合同约定各方权利义务，履行相应职责，收取代理手续费，不承担信用风险。商业银行应按照“谁委托谁付费”的原则向委托人收取代理手续费。

商业银行受理委托贷款业务申请，应具备以下前提：委托人与借款人就委托贷款条件达成一致；委托人或借款人为非自然人的，应出具其有权机构同意办理委托贷款业务的决议、文件或具有同等法律效力的证明。

2. 主要风险点

（1）信用风险。商业银行应综合考虑借款人取得委托贷款后，信用风险敞口扩大对本行授信业务带来的风险影响，并采取相应风险管控措施。

（2）操作风险。商业银行应对委托贷款业务实行分级授权管理，商业银行分支机构不得未经授权或超授权办理委托贷款业务。

3. 监管要求

商业银行作为受托人，按照权责利匹配原则提供服务；委托贷款资金来源应合法合规；委托资金用途应符合法律法规、国家宏观调控和产业政策；商业银行将委托贷款业务与自营业务严格区分。

七、外汇业务

1. 外汇基本概念

外汇是指外币表示的可以用作国际清偿的支付手段和资产，主要有外币现钞，包括纸币、铸币；外币支付凭证或者支付工具，包括票据、银行存款凭证、银行卡等；外币有价证券，包括债券、股票等；特别提款权；其他外汇资产。

人民币汇率实行以市场供求为基础的、有管理的浮动汇率制度。外汇管理主要包括经常项目外汇管理和资本项目外汇管理。

2. 银行主要外汇业务

银行的主要外汇业务包括结售汇、贸易融资、国际结算、外汇理财等。

3. 监管要求

（1）经国务院银行业监督管理机构批准，商业银行可以经营买卖、代理买卖外汇业务，经中国人民银行批准，商业银行可以经营结汇、售汇业务。

（2）银行应制定并完善交易对手信用风险管理机制。

（3）银行应有效防范外汇交易中的操作风险。银行办理结售汇业务，应当遵循“了解业务、了解客户、尽职审查”的原则。

（4）银行应严格控制外汇衍生产品风险。

本节速览

银行汇票	商业汇票	托收承付	委托收款
单位结算账户	个人结算账户	汇款	托收
代理业务	信用卡业务	理财业务	同业业务

同步自测

一、**单项选择题**（在以下各小题所给出的四个选项中，只有一个选项符合题目要求，请将正确选项的代码填入括号内）

1. 按存款的支取方式不同，单位存款一般分为单位活期存款、单位定期存款、单位通知存款、（　　）和保证金存款等。

A. 单位协定存款　　B. 单位临时存款

C. 单位基本存款　　D. 单位议定存款

2. 不论实际存期多长，单位通知存款按存款人提前通知的期限长短，可分为（　　）和七天通知存款两个品种。

A. 一天通知存款　　B. 三天通知存款

C. 十天通知存款　　D. 三十天通知存款

3. 大额存单是银行存款类金融产品，属（　　）存款。

A. 代理性　　B. 附属性

C. 一般性　　D. 专项性

4. 金融债券是（　　）在金融市场上发行的、按约定还本付息的有价证券。

A. 中央银行　　B. 商业银行

C. 政策性银行　　D. 非银行机构

5. 公司贷款一般也称为（　　）。

A. 法人贷款　　B. 单位贷款

C. 企业贷款　　D. 个人贷款

6. 个人贷款用途应符合法律法规规定和国家有关政策，商业银行不得发放（　　）的个人贷款。

A. 无指定用途　　B. 指定用途

C. 单一用途　　D. 综合用途

7. 银团贷款的日常管理工作主要由（　　）负责。

A. 代理行　　B. 经办行

C. 发起行　　D. 牵头行

8. 福费廷是指包买商从（　　）那里无追索地购买已经承兑的，并通常由进口商所在地银行担保的远期汇票或本票的业务。

A. 商业银行　　B. 代理商

C. 出口商　　D. 进口商

9. 同业拆借业务是通过全国统一的同业拆借网络进行的（　　）资金融通行为。

A. 无担保　　B. 无抵押

C. 有担保　　D. 有抵押

10. 同业投资应严格风险审查和资金投向合规性审查，按照（　　）的原则，根据所投资基础资产的性质，准确计量风险并计提相应资本与拨备。

A. 投资人利益优先　　B. 实质重于形式

C. 风险自担　　D. 诚实信用

二、多项选择题(在以下各小题所给出的选项中,至少有两个选项符合题目要求,请将正确选项的代码填入括号内)

1.《中华人民共和国商业银行法》规定,办理储蓄业务,商业银行应当遵守的原则是(　　)。

A. 存款自愿　　B. 取款自由

C. 存款有息　　D. 为存款人保密

E. 一切为了储户利益

2. 教育储蓄存款的存期分为(　　)。

A. 1 年　　B. 2 年

C. 3 年　　D. 5 年

E. 6 年

3. 单位结算账户包括(　　)。

A. 基本存款账户　　B. 一般存款账户

C. 专用存款账户　　D. 临时存款账户

E. 长期存款账户

4. 商业银行代理中央银行业务主要包括(　　)。

A. 代理财政性存款　　B. 代理国库

C. 代理金银　　D. 代理专项资金管理

E. 代理贷款项目管理

5.《关于规范金融机构同业业务的通知》(银发〔2014〕127 号)规定,同业业务的主要业务类型包括(　　)。

A. 同业拆借　　B. 同业存款

C. 同业借款　　D. 同业代付

E. 卖出回购

三、判断题(请判断以下各小题的正误,正确的选 A,错误的选 B)

1. 按非现金支付工具业务种类划分,支付工具分为票据、银行卡、委托收款、托收承付和国内信用证五类。(　　)

A. 正确　　B. 错误

2. Shibor 作为货币市场基准利率,具有基准性高、公信力强等优点。(　　)

A. 正确　　B. 错误

3. 回购交易交割共发生两次,而且第二次交割的信用风险相对较大。(　　)

A. 正确　　B. 错误

4. 商业银行应按“审贷分离、分级授权、按权限审批”原则明确信贷审批权限、规范信贷审批流程。(　　)

A. 正确　　B. 错误

答案详解

一、单项选择题

1. A。【解析】按存款的支取方式不同,单位存款一般分为单位活期存款、单位定期存款、单位通知存款、单位协定存款和保证金存款等。

2. A。【解析】单位通知存款是指单位类客户在存入款项时不约定存期，支取时需提前通知商业银行，并约定支取存款日期和金额方能支取的存款类型。不论实际存期多长，按存款人提前通知的期限长短，可分为一天通知存款和七天通知存款两个品种。

3. C。【解析】大额存单是由银行业存款类金融机构面向非金融机构投资人发行的、以人民币计价的记账式大额存款凭证，是银行存款类金融产品，属一般性存款。

4. B。【解析】金融债券是商业银行在金融市场上发行的、按约定还本付息的有价证券。

5. A。【解析】公司贷款一般也称为法人贷款，根据借款人具体性质不同，细分为一般企业法人贷款、事业法人贷款和小企业贷款等。

6. A。【解析】个人贷款是指商业银行向符合条件的自然人发放的用于个人消费、生产经营等用途的本外币贷款。个人贷款用途应符合法律法规规定和国家有关政策，商业银行不得发放无指定用途的个人贷款。

7. A。【解析】银团贷款的日常管理工作主要由代理行负责。代理行应在银团贷款存续期内跟踪了解项目的进展情况，及时发现银团贷款可能出现的问题，并以书面形式尽快通报银团成员。

8. C。【解析】包买商从出口商那里无追索地购买已经承兑的，并通常由进口商所在地银行担保的远期汇票或本票的业务就叫包买票据，音译为福费廷。

9. A。【解析】同业拆借业务是指经中国人民银行批准，进入全国银行间同业拆借市场的金融机构之间通过全国统一的同业拆借网络进行的无担保资金融通行为。

10. B。【解析】同业投资应严格风险审查和资金投向合规性审查，按照“实质重于形式”的原则，根据所投资基础资产的性质，准确计量风险并计提相应资本与拨备。

二、多项选择题

1. ABCD。【解析】《中华人民共和国商业银行法》规定，办理储蓄业务，应当遵守“存款自愿、取款自由、存款有息、为存款人保密”的原则，除法律规定，商业银行有权拒绝任何单位或者个人查询、冻结储蓄存款。

2. ACE。【解析】教育储蓄存款存期分为1年、3年和6年。

3. ABCD。【解析】单位活期存款账户又称为单位结算账户，包括基本存款账户、一般存款账户、专用存款账户和临时存款账户。

4. ABC。【解析】商业银行代理中央银行业务主要包括代理财政性存款、代理国库、代理金银等业务。D、E项属于代理政策性银行业务的内容。

5. ABCDE。【解析】根据中国人民银行、原中国银监会等五部委发布的《关于规范金融机构同业业务的通知》规定，同业业务是指中华人民共和国境内依法设立的金融机构之间开展的以投融资为核心的各项业务，主要业务类型包括同业拆借、同业存款、同业借款、同业代付、买入返售（卖出回购）等同业融资业务和同业投资业务。

三、判断题

1. B。【解析】按非现金支付工具业务种类划分，支付工具分为票据、银行卡、贷记转账、直接借记、托收承付和国内信用证六类。

2. A。【解析】Shibor作为货币市场基准利率，具有基准性高、公信力强等优点。

3. B。【解析】回购交易在签订回购合同当时就有一次券款的交割，待回购合同到期时，还有一次相反方向的券款交割，交割共发生两次，而且第二次交割已经有第一次券款交割为基础，其信用风险相对较小。

4. A。【解析】商业银行应按“审贷分离、分级授权、按权限审批”原则明确信贷审批权限、规范信贷审批流程。

第四章 银行经营管理与创新

要点导图

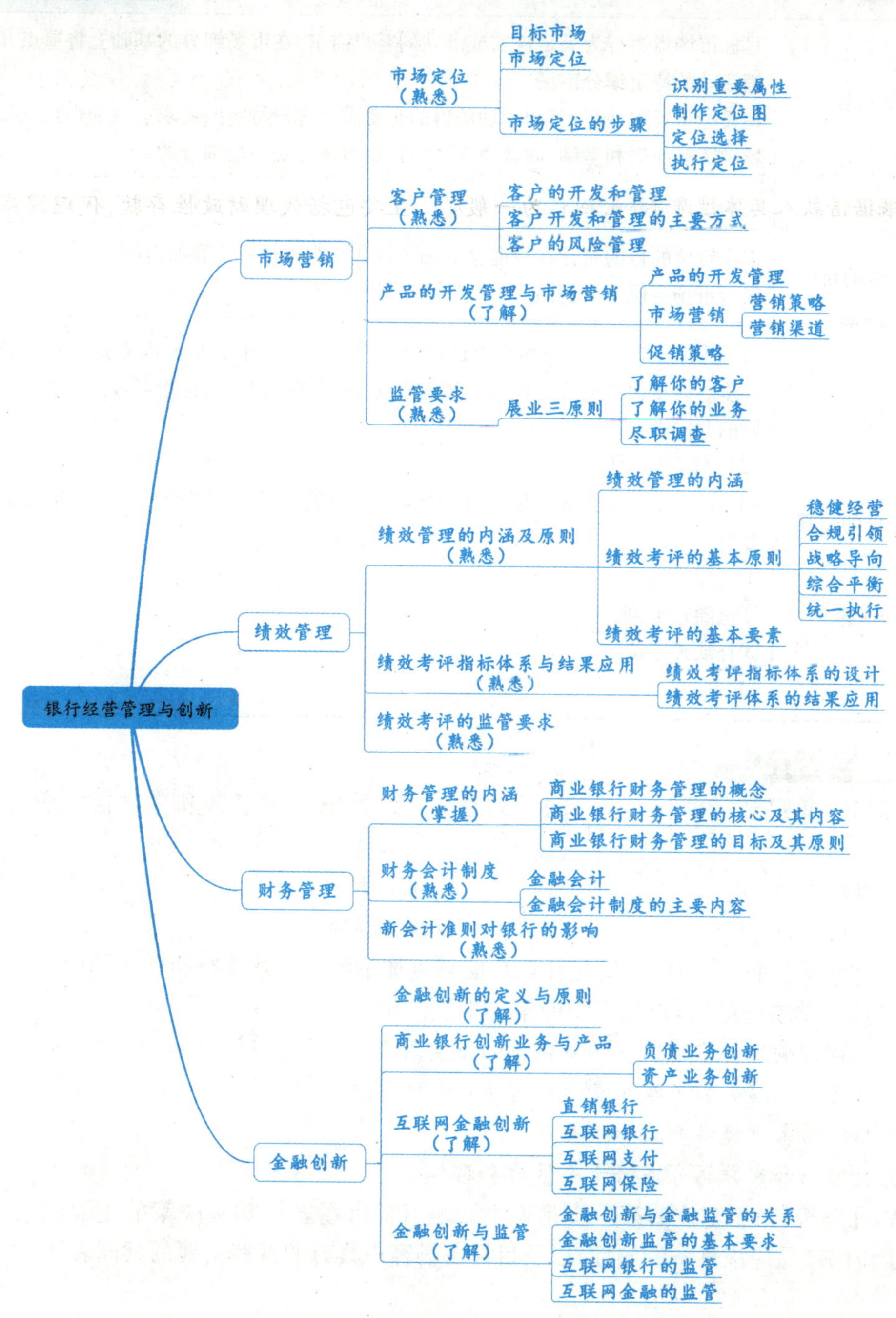

知识解读

第一节　市场营销

一、市场定位

要点	内容
目标市场	目标市场指银行为满足现实或潜在的客户需求，在市场细分的基础上将重点开展营销活动的特定细分市场。 在目标市场中，银行营销活动的目的是要满足客户特定的需求。市场细分是目标市场确定的前提和基础，而选择合适的目标市场则是市场细分的目的
市场定位	市场定位指商业银行设计并确定自身形象，决定向客户提供何种产品的行为过程
市场定位的目的	市场定位的目的是让客户能够更加了解和喜欢银行所代表的内涵。 银行市场定位主要包括产品定位和银行形象定位
市场定位的步骤	(1) 识别重要属性。识别影响目标市场客户购买决策的重要因素是市场定位的第一步。该步包括所要定位的产品应该具备的属性，以及目标市场客户具有的某些重要的共同表征。 (2) 制作定位图。 (3) 定位选择。根据产品的市场规模、产品类型及技术手段等因素，定位方式可分为： ①主导式定位。 ②追随式定位。 ③补缺式定位。 (4) 执行定位

典题精练

【例 1 · 单项选择题】(　　)的目的是让客户能够更加了解和喜欢银行所代表的内涵。

A. 目标市场　　　　B. 市场细分

C. 市场营销　　　　D. 市场定位

D。【解析】市场定位的目的是让客户能够更加了解和喜欢银行所代表的内涵。

【例 2 · 单项选择题】市场定位的第一步是(　　)。

A. 识别影响目标市场客户购买决策的重要因素

B. 让客户能够更加了解和喜欢银行所代表的内涵

C. 持续为客户提供产品和服务

D. 把市场和客户再分成若干个区域和群体

A。【解析】市场定位的第一步是识别影响目标市场客户购买决策的重要因素，包括所要定位的产品应该具备的属性，以及目标市场客户具有的某些重要的共同表征。

二、客户管理

要点	内容
客户的开发和管理	银行的客户分为个人客户和机构客户。客户开发就是银行按照其经营战略和市场定位,寻找潜在客户并将潜在客户变为现实客户的过程,以及向现实客户营销更多金融产品的过程;客户管理则是制定银行客户政策,对银行客户进行跟踪、监控、维护的过程
客户开发和管理的主要方式	(1)维护访问。维护访问的目标是发现需求、满足需求。 (2)扩大销售。作为一种关系策略,扩大销售的明显优势是它能够减少客户寻求其他金融机构服务的需求,排斥竞争者,赢得客户对银行的忠诚。 (3)建立客户追踪制度。追踪活动包括向客户提供信息、约见产品专家、登门访问、电话联系、书信、剪报等
客户的风险管理	1. 要建立客户风险管理机制 客户风险管理机制应主要包括: (1)建立专业化的信息与风险研究机构,针对客户的基本情况,协助客户经理帮助客户分析市场状况、把握行业竞争的总体态势,帮助客户预见、规避和化解风险。 (2)建立客户风险管理负责制度,即根据市场经济的规律和利益驱动的原则,在银行内部实行责权明确、合理确定职能的客户风险管理奖惩责任制,使防范与化解客户风险由外在压力的强制要求,变为内在利益驱动追求的目标。 (3)收集和整理客户系统信息,建立起完备、系统的客户管理信息档案,为银行提供分类研究客户风险的最为直接、可靠的资料,使银行能够在进行售后服务的同时对客户进行连续的动态监控。 (4)及时把握客户需求的变化,包括客户对新产品需求的变化、对风险规避需求的变化等。 2. 要完善客户风险管理手段 客户风险管理手段包括: (1)风险预防。风险预防是通过识别、分析和消除可能导致客户风险发生的各种直接因素和间接因素,达到防患于未然的目的。 (2)风险化解。风险化解就是采取一定的手段来分散、消减和转移风险

三、产品的开发管理与市场营销

1. 产品的开发管理

产品的开发管理不仅是商业银行市场营销的起点,也是商业银行制定和实施其他营销策略的基础和前提。

要点	内容
产品开发的目标	(1)提高现有市场的份额。 (2)吸引现有市场之外的新客户。 (3)以更低的成本提供同样或类似的产品

（续表）

要点	内容
产品开发的方法	(1)仿效法。仿效法花费的人力、物力、资金和时间等代价较低，且简便易行，因此被广泛使用。 (2)交叉组合法。交叉组合法不仅可以了解和占领特殊细分市场，而且可以开拓新的客户群。 (3)创新法。尽管创新法存在开发周期长、准备工作量大和费用较高的缺点，但这种方法却是取得并保持市场领先地位的根本道路

2. 市场营销

要点	内容
营销策略	银行营销策略指银行在复杂的、变化的市场环境中，为了实现特定的营销目标以求得生存发展而制定的全局性、决定性和长期性的规划与决策。商业银行可以通过以下策略达到营销目的： (1)低成本策略。在客户对价格十分敏感的情况下，竞争基本上是在价格上展开的，此时成本领先战略较为奏效。 (2)产品差异策略。当银行运用对客户需求有价值的方法把自己区别于竞争对手，而且竞争对手使用的差异化服务的数目少于有效的差异性服务的数目时，差异化策略就较为奏效。 (3)专业化策略。专业化战略旨在专注于某个服务领域，瞄准特定细分市场，针对特定地理区域。 (4)大众营销策略。大众营销指银行的产品和服务是满足大众化需求，适宜所有的人群。大众营销策略的特点是目标大、针对性不强、效果差。 (5)单一营销策略。单一营销策略又称为一对一的营销。它的特点是针对性强，适宜少数尖端客户，能够为客户提供需要的个性化服务，但营销渠道狭窄，营销成本太高。 (6)情感营销策略。 (7)分层营销策略。分层营销是现代营销最基本的方法。 (8)交叉营销策略
营销渠道	营销渠道即分销渠道是指产品或服务从制造商手中传至消费者手中所经过的各中间商连接起来的通道。 按营销渠道模式分类，营销渠道分为： (1)自营营销渠道。自营营销渠道主要指银行通过广泛设置分支机构开展业务，或派业务人员上门推销银行产品。这种营销渠道将产品直接销售给客户，如果运用得当，可降低银行的流通费用，加快银行产品的流通速度，增加收益。自营营销渠道的缺点是当银行规模一定时，会占用银行较多的人力、物力和财力。 (2)代理营销渠道。代理营销渠道加快了银行产品的分销速度，有利于银行拓展市场，降低营业费用，便于提供更多的市场信息，使客户更容易获得银行服务。 (3)合作营销渠道。典型的合作营销就是银团贷款。

（续表）

要点	内容
营销渠道	按营销渠道场所分类，合作营销分为以下三种： ①网点营销。网点营销主要有全方位网点机构营销渠道、专业性网点机构营销渠道、高端化网点机构营销渠道、法人网点机构营销渠道。 ②电子银行营销。 ③登门拜访营销

3. 促销策略

银行的促销方式主要有广告、人员促销、公共宣传和公共关系、销售促进四种。

公共宣传对促销的作用是增加知名度和美誉度。公共关系的方式包括社会公益赞助活动、艺术和体育投资等。

销售促进的方式包括专有利益、配套服务和促销策略联盟等。银行直接与企业结成策略性联盟可以充分利用联盟对象现有的各种资源，包括人力资源、设备资源等，有助于提高银行产品的竞争优势。

典题精练

【例 3 · 多项选择题】银行产品开发的方法有(　　)。

A. 仿效法　　B. 交叉组合法

C. 历史经验法　　D. 创新法

E. 产品改进法

ABD。【解析】银行应根据新产品的内容和特点，从自身和目标市场出发，选择和确定适当的开发方法。产品开发的方法可主要归纳为以下三种：(1)仿效法。(2)交叉组合法。(3)创新法。

【例 4 · 单项选择题】当银行运用对客户需求有价值的方法把自己区别于竞争对手，而且竞争对手使用的差异化服务的数目少于有效的差异性服务的数目时，(　　)较为奏效。

A. 专业化策略　　B. 产品组合策略

C. 亲情营销策略　　D. 差异化策略

D。【解析】当银行运用对客户需求有价值的方法把自己区别于竞争对手，而且竞争对手使用的差异化服务的数目少于有效的差异性服务的数目时，差异化策略就较为奏效。

四、监管要求

在机构设置和网点建设方面，商业银行总体上要按照《金融许可证管理办法》《中资商业银行行政许可事项实施办法》等法规引导下有序推进机构网点建设。

在客户信息管理方面，商业银行要充分了解自己的客户。“了解你的客户”“了解你的业务”“尽职调查”，合称商业银行“展业三原则”。

商业银行加强客户信息管理工作，要防止客户信息泄露。

在规范产品销售方面，第一，监管部门要求商业银行加强产品体系的梳理，特别对理财等重点产品要加强管理。第二，对商业银行代理销售(如代理保险业务、代理基金业务)要加强管理。第三，商业银行在固定营业场所以外，由外部营销人员向消费者推介个人银行业务或零售银行业务的各类产品和服务的外部营销业务也应向所在地银保监会派出机构报告。

目标市场	市场定位	客户管理	客户追踪制度
扩大销售	维护访问	开发管理	监管要求

第二节　绩效管理

一、绩效管理的内涵及原则

要点	内容
绩效管理的内涵	绩效管理是指银行与所属部门、分支机构、员工之间就绩效目标以及如何实现目标达成共识，并帮助和激励员工取得优异成绩，从而实现银行目标的管理过程。绩效考评和激励管理是绩效管理的核心。 绩效考评即经营业绩的考核与评价，是指银行为实现自身发展战略和落实监管要求，通过建立考评指标、设定考评标准，对考评对象在特定期间的经营成果、风险状况及内控管理进行综合评价，并根据考评结果改进经营管理的过程。 激励管理是指银行运用系统的工具方法，调动员工的积极性、主动性和创造性，激励员工工作动力的管理活动，是促进银行绩效提升的重要手段。绩效管理所应用的工具方法，一般包括关键绩效指标法（KPI）、经济增加值法、平衡计分卡（BSC）、股权激励计划（EPI）等
绩效考评的基本原则	(1)稳健经营。 (2)合规引领。 (3)战略导向。 (4)综合平衡。 (5)统一执行
绩效考评的基本要素	(1)评价目标。绩效评价系统的目标是整个经营管理系统运行的指南和目的，它服从和服务于银行整体经营目标。 (2)评价对象。绩效考评系统有银行本身和银行管理者两个评价对象。 (3)评价指标。 (4)评价标准。 (5)评价报告

二、绩效考评指标体系与结果应用

1. 绩效考评指标体系的设计

一个完整的绩效评价体系包括评价主体、客体、目标、指标、标准、方法、反馈、奖惩等多种要素。其中目标、指标、标准、方法等要素的设置是建立考评指标体系的核心，集中反映了考评主体的经营目标和管理思路。也就是说，经营绩效考评的导向杠杆作用是通过对考评指标、权重分配、目标值、计分方法等要素的设定实现的。

要点	内容
银行绩效考评指标	考评指标的设置关键是突出考评重点,明确经营导向,同时还要考虑公司治理要求、指标间关联性和互补性、“结构优化”与“协调发展”等因素。银行绩效考评指标一般包括以下五大类: (1)合规经营类指标。合规经营类指标用于评价银行业金融机构遵守相关法律法规和规章制度、内部控制建设及执行的情况,包括合规执行、内控评价、违规处罚等方面。 (2)风险管理类指标。风险管理类指标用于评价银行风险状况及变动趋势,包括操作风险指标、信用风险指标、市场风险指标、流动性风险指标、声誉风险指标等。 (3)经营效益类指标。经营效益类指标用于评价银行经营成果、经营效率和价值创造能力,包括利润指标、成本控制指标、风险调整后收益指标等。在经营效益类指标中,银行应以风险调整后收益指标为核心,确定合理的分值和权重。 (4)发展转型类指标。发展转型类指标用于评价银行根据宏观经济政策、结构调整及自身需要,推动业务发展和战略转型的情况,包括业务及客户发展指标、资产负债结构调整指标、收入结构调整指标等。 (5)社会责任类指标。社会责任类指标用于评价银行业金融机构提供金融服务、支持节能减排和环境保护、提高社会公众金融意识的情况,包括服务质量和公平对待消费者、绿色信贷、普惠金融、公众金融教育等
核心指标的设置	经济增加值(EVA)正成为商业银行考评体系中的核心指标。经济增加值公式为: 经济增加值 = 风险调整后利润 - 经济资本占用 × 资本预期回报率
指标权重的设置	权重是一个相对的概念,是针对某一指标而言的。某一指标的权重是指该指标在整体评价中的相对重要程度。权重表示在评价过程中,对评价对象不同侧面的重要程度的定量分配,对各评价因子在总体评价中的作用进行区别对待。评价指标权重标准的制定是指各类权重系数的设计。由于不同评价对象有不同的特点,决定计量权重时要反映出这些特点,适应各种变化
评价标准的设置	评价标准是判断评价对象绩效优劣的基准,实务中也被称为指标值或目标值(与评价目标不同)。指标值或者目标值确定的参考标准有内部和外部之分。内部标准有历史标准、预算标准、经验标准等;外部标准有行业标准、竞争对手标准、标杆标准等。 (1)历史标准是指以过去某一时间的银行实际业绩为标准,如上年实际值、历史同期值、历史最高值、一段历史时期平均值等,历史标准有利于考察商业银行纵向的业绩增长。 (2)预算标准是指商业银行根据发展战略以及环境、经营状况等所制定的目标,预算标准能在一定程度上保证绩效评价的合理性与准确性,并且具有良好的操作性,但预算往往不是对未来态势的准确估计,而是预算制定者和执行者之间讨价还价的结果,容易诱发盈余管理、预算松弛等行为。 (3)外部标准也称相对业绩标准,是指以其他银行的业绩作为标杆或参照系,由此对被评价者做出评价

2. 绩效考评体系的结果应用

综合考评结果可以反映被考评对象的整体经营情况，它通常被应用于以下方面：

（1）战略目标审视。

（2）资源配置。在具体分配过程中，通常将经营费用分为标准费用和绩效费用。标准费用的制定要根据不同地区的具体情况，实行差别标准制，差别标准要准确核定、严格控制。

（3）人力资源管理应用。绩效考评结果主要应用于人力资源规划、薪酬管理（奖金分配、薪酬级档调整）、员工激励、培训与发展、素质模型、绩效考评指标变动及其岗位调整等方面。

（4）制度建设及企业文化建设方面的应用。

典题精练

【例5·单项选择题】在经营效益类指标中，银行应以（　　）为核心，确定合理的分值和权重。

A. 风险调整后收益指标　　B. 利润指标

C. 成本控制指标　　D. 经营效率

A。【解析】经营效益类指标用于评价银行经营成果、经营效率和价值创造能力，包括利润指标、成本控制指标、风险调整后收益指标等。在经营效益类指标中，银行应以风险调整后收益指标为核心，确定合理的分值和权重。

【例6·多项选择题】商业银行的绩效考评结果在人力资源管理应用方面主要应用在（　　）。

A. 人力资源规划　　B. 薪酬管理

C. 员工激励　　D. 培训与发展

E. 素质模型

ABCDE。【解析】在人力资源管理应用方面，绩效考评结果主要应用于人力资源规划、薪酬管理（奖金分配、薪酬级档调整）、员工激励、培训与发展、素质模型、绩效考评指标变动及其岗位调整等方面。

【例7·判断题】经济增加值（EVA）公式为：经济增加值 = 风险调整后利润 + 经济资本占用 × 资本预期回报率。（　　）

A. 正确　　B. 错误

B。【解析】经济增加值公式为：经济增加值 = 风险调整后利润 - 经济资本占用 × 资本预期回报率。

三、绩效考评的监管要求

1. 绩效管理监管要求

（1）考评指标。《银行业金融机构绩效考评监管指引》等规定要求银行业金融机构为落实监管要求和实施自身发展战略，通过建立考评指标、设定考评标准，对考评对象在特定期间的经营成果、风险状况及内控管理进行综合评价，并根据考评结果改进经营管理。

《银行业金融机构绩效考评监管指引》等规定要求银行业金融机构及其分支机构在设置考评指标、确定考评标准和分解考评指标时，应当符合审慎经营和与自身能力相适应的原则:加强存款的基础性工作,强化存款日均贡献考评,不得设立时点性规模考评指标;不得在综合绩效考评指标体系外设定单项或临时性考评指标;不得设定没有具体目标值、单纯以市场份额或市场排名为要求的考评指标;加强对分支机构的绩效考评管理,合理分解考评任务,分支机构不得自行制定考评办法或层层加码提高考评标准及相关要求。

(2)考评机制。银行业金融机构应当根据现代金融企业制度和内部管理体制特点,建立科学合理的绩效考评组织架构,完善工作制度,明确职责分工,强化绩效考评的体制机制保障。绩效考评结果的应用至少应当包括以下方面:评定等级行;确定管理授权;分配信贷资源和财务费用;核定绩效薪酬总额;评价高级管理人员和确定其绩效薪酬。

(3)监督管理。根据《银行业金融机构绩效考评监管指引》等监管要求,监管部门对商业银行绩效管理主要关注点有:

①在激励约束机制方面,是否建立健全对董事和监事的履职评价体系、明确董事和监事的履职标准,高级管理人员绩效考核标准、程序等激励约束机制是否公正透明,绩效考核的标准能否体现保护存款人和投资人利益原则,确保银行短期利益与长期利益相一致,是否对高管违反法律、规章及本行章程造成损失建立问责制度。

②年度经营计划的审慎性。

③绩效考评目标与年度经营计划的吻合性。

④绩效考评指标设置与上级机构考评要求的一致性。

⑤业务归属和会计核算的准确性。

⑥财务数据和管理信息的规范性。

⑦是否将绩效考评管理纳入内部审计,法人机构应每年至少组织开展一次绩效考评专项审计。

⑧是否将商业银行绩效考评实施情况纳入年度监管评价,并与设立机构、开办新业务、高级管理人员任职资格核准等监管激励措施挂钩。

2. 绩效考评和薪酬管理

商业银行薪酬管理通常包括薪酬管理体制、薪酬结构体系、绩效考评和薪酬管理三个方面的基本内容。

从绩效考评结果的应用来看,绩效考评结果已成为各商业银行薪酬发放的主要依据,除了物质报酬之外,很多商业银行也将绩效考评结果同时作为员工个人培训、奖惩、晋升的重要参考,或作为对被考核单位或部门授权调整、资源分配的依据。

绩效管理	合规经营类指标	风险管理类指标	社会责任类指标
经济增加值	历史标准	外部标准	资源配置

第三节　财务管理

一、财务管理的内涵

要点	内容
商业银行财务管理的概念	商业银行财务管理主要指商业银行对各职能部门、分支机构的成本费用和利润进行控制考核，其目的是降低整体经营成本、提高经济效益。 商业银行的财务管理主要包括处理资本来源和成本、管理银行资金、制定费用预算、进行审计、财务控制、进行税收和风险管理等具体内容。总体可以分为： (1)财产管理。 (2)银行内部资金管理。 (3)银行的损益管理。银行损益是一种综合性指标，是银行经营成本的最终反映，银行的损益管理主要包括财务收入管理、财务支出管理、成本费用管理等
商业银行财务管理的核心及其内容	《金融企业财务规则》要求金融企业根据本规则的规定，以及自身发展的需要，建立健全内部财务管理制度，设置财务管理职能部门，配备专业财务管理人员，综合运用规划、预测、计划、预算、控制、监督、考核、评价和分析等方法，筹集资金，营运资产，控制成本，分配收益，配置资源，反映经营状况，防范和化解财务风险，实现持续经营和价值最大化。这也是现代商业银行财务管理的核心要求。 商业银行财务管理的重要内容和工具是其财务报告制度。财务报告制度主要包括财务报表的编制和财务报告的分析审查及评价等内容。商业银行财务报表优点是：有助于银行的决策者通过对其分析及时发现问题，采取措施改进经营，同时也有助于监管部门通过财务报告的检查和分析，及时发现和解决银行的问题。财务分析是对商业银行在某一时点的财务状况和某一时期的经营成果及其原因所做的分析工作。其分析方法主要有各种比率分析法、百分比分析法、趋势分析法、比较分析法、因素分析法等。通常情况下，财务分析的结果提供的信息必然包括对财务状况的总体评价
商业银行财务管理的目标及其原则	商业银行财务管理的目标指在特定的经济体制和财务管理环境中通过对财务工作的科学组织和对资源的合理配置所要达到的具体标准。 商业银行财务管理的原则一般包括： (1)优化原则。 (2)比例原则。 (3)弹性原则。财务管理的弹性原则指在商业银行财务管理中必须在追求准确和节约的同时留有合理的伸缩余地。 (4)平衡原则。在银行财务管理工作中应遵循的平衡性原则表现在：存款与贷款之间的平衡；收入与支出之间的平衡；现金流入量与现金流出量之间的平衡；收益与风险之间的平衡；责权利之间的平衡；负债规模与所有者权益之间的平衡；各种资产之间的配置平衡等

二、财务会计制度

要点	内容
金融会计	金融会计具有核算和经营管理两项主要功能： (1)直接负责财务管理、损益计算和经济核算。 (2)通过反映情况、提供信息、分析预测来实现计划管理、资金管理，对金融机构经营进行控制和调节。

（续表）

要点	内容
金融会计	金融会计的主要特点有： (1)内部控制的严密性。 (2)监督的政策性。 (3)核算方法的独特性。 (4)核算内容的社会性
金融会计制度的主要内容	财政部于2006年重新制定并颁布了《企业会计准则》，这标志着新会计准则体系的形成，该体系由1项会计基本准则和38项具体会计准则组成。其中与银行业密切相关的有： (1)《企业会计准则第22号——金融工具确认和计量》。该准则的内容主要包含金融资产和金融负债的计量、金融资产减值损失的计量两个部分。 (2)《企业会计准则第23号——金融资产转移》。该准则规范了金融资产转移的确认和计量。 (3)《企业会计准则第24号——套期会计》。其主要内容分为套期保值的涵义及其分类、套期会计方法和套期保值的确认与计量。 (4)《企业会计准则第37号——金融工具列报》。金融工具列报包括金融工具列示和金融工具披露。 以上四项准则规范了金融工具的分类和会计核算，构成了金融会计制度的核心内容

典题精练

【例8·单项选择题】财务分析是对商业银行在某一时点的财务状况和某一时期的经营成果及其原因所做的分析工作。通常情况下，财务分析的结果提供的信息必然包括对（　　）的总体评价。

A. 现金流量　　B. 经营成果

C. 发展前景　　D. 财务状况

D。【解析】财务分析是对商业银行在某一时点的财务状况和某一时期的经营成果及其原因所做的分析工作。其分析方法主要包括各种比率分析法、百分比分析法、趋势分析法、比较分析法、因素分析法等。通常情况下，财务分析的结果提供的信息必然包括对财务状况的总体评价。

【例9·单项选择题】（　　）年财政部重新制定并颁布了《企业会计准则》，这标志着新会计准则体系的形成，该体系由1项会计基本准则和38项具体会计准则组成。

A. 2006　　B. 2007

C. 2008　　D. 2009

A。【解析】2006年财政部重新制定并颁布了《企业会计准则》，这标志着新会计准则体系的形成，该体系由1项会计基本准则和38项具体会计准则组成。

三、新会计准则对银行的影响

新会计准则(2017)的影响：

(1)有利于企业加强金融资产和负债管理，夯实资产质量，切实保护投资者和债权人利益。

(2)有利于推动企业加强风险管理,及时预警企业面临的金融风险,有效防范和化解金融风险。

(3)有利于促进企业战略、业务、风控和会计管理的有机融合,全面提高企业管理水平和效率,促进企业转型升级。

(4)有利于提高金融市场透明度,强化金融监管,提升监管效能。

财务管理	平衡原则	弹性原则	优化原则
财务报告制度	金融会计	监督的政策性	新会计准则

第四节　金融创新

一、金融创新的定义与原则

1. 金融创新的定义

广义的金融创新是指金融机构出于提高利润、降低成本、分散风险、提升经营效率、满足市场需求、扩大市场份额等目的,而创造出的原本不存在的新产品、新市场、新技术、新过程、新组织、新制度,或者对既有产品、市场、技术、过程、组织和制度的较大改进与新应用。

狭义的金融创新是指微观金融主体的金融创新,主要是指由于金融管制的放松而引发的一列金融业务和金融工具的创新。

2. 金融创新的原则

(1)合法合规原则。

(2)公平竞争原则。

(3)加强知识产权保护原则。

(4)成本可算原则。

(5)强化业务监测原则。

(6)客户适当性原则。

(7)防范交易对手风险原则。

(8)维护客户利益原则。

二、商业银行创新业务与产品

1. 负债业务创新

要点	内容
大额存单	大额存单是指由银行业存款类金融机构面向非金融机构投资人发行的、以人民币计价的记账式大额存款凭证,是银行存款类金融产品,属一般性存款。 大额存单采用标准期限的产品形式。大额存单发行利率以市场化方式确定:固定利率存单采用票面年化收益率的形式计息,浮动利率存单以上海银行间同业拆借利率(Shibor)为浮动利率基准计息。大额存单自认购之日起计息,付息方式分为到期一次还本付息和定期付息、到期还本。 与定期存款和理财产品相比,大额存单最大的亮点就是可以转让和质押

（续表）

要点	内容
结构性存款	结构性存款是指商业银行吸收的嵌入金融衍生产品的存款，通过与利率、汇率、指数等的波动挂钩或者与某实体的信用情况挂钩，使存款人在承担一定风险的基础上获得相应收益的产品。 结构性存款挂钩的标的虽不尽相同，但其基本构成均为“存款＋期权”，一方面通过存款产生基础收益，另一方面则通过与衍生品标的波动挂钩，从而有在基础收益之上取得更高投资报酬率的可能。 商业银行发行结构性存款应当具备普通类衍生产品交易业务资格，单一投资者的销售起点金额不得低于 1 万元人民币（或等值外币）
理财业务	《商业银行理财业务监督管理办法》将理财业务定义为，指商业银行接受投资者委托，按照与投资者事先约定的投资策略、风险承担和收益分配方式，对受托的投资者财产进行投资和管理的金融服务。 理财子公司净资本管理应当符合两方面标准：一是净资本不得低于 5 亿元人民币，且不得低于净资产的 40%；二是净资本不得低于风险资本，确保理财子公司保持足够的净资本水平。理财子公司董事会应当承担本公司净资本管理的最终责任，高级管理层负责组织实施净资本管理工作

2. 资产业务创新

要点	内容
资产证券化	资产证券化是将缺乏流动性、但有预期收益的资产汇集成资产池，通过抵押担保、结构化等方式进行信用增级，成为在金融市场流通的证券，从而实现融资的过程。 信贷资产证券化是指以信贷资产作为基础资产的证券化，包括住房抵押贷款、汽车贷款、消费信贷、信用卡账款、企业贷款等信贷资产的证券化
可交换债券	可交换债券是指上市公司股份的持有者通过抵押其持有的股票给托管机构而发行的公司债券，该债券的持有人在将来的某个时期内，能按照债券发行时约定的条件用持有的债券换取发债人抵押的上市公司股权。可交换债券是一种内嵌期权的金融衍生品，是可转换债券的一种。可交换债券给筹资者提供了一种低成本的融资工具。可交换债券也为上市公司股东提供了一种新的流动性管理工具
住房反向抵押贷款	住房反向抵押贷款是指拥有房屋产权的老年人将房屋产权抵押给金融机构，由相应的金融机构对借款人的年龄、预计寿命、房屋的现值、未来的增值折旧等情况进行综合评估后，将其房屋的价值化整为零，按月或按年支付现金给借款人，一直延续到借款人去世

典题精练

【例 10 · 单项选择题】以下不属于负债业务创新的是（　　）。

A. 资产证券化　　B. 大额存单

C. 结构性存款　　D. 理财业务

A。【解析】负债创新业务包括大额存单、结构性存款、理财业务。资产证券化业务属于资产业务创新。

三、互联网金融创新

1. 直销银行

目前，我国的直销银行主要业务以卖金融产品为主，包括存款类、银行理财、货币基金等，此外还有账户管理、转账汇款支付等基础功能。

在资产运用方面，直销银行有两种选择：

(1)把资金批发出去，比如通过同业业务，或者购买其他金融机构的产品，或者干脆内部定价转让给总行。

(2)放贷给海量的小客户，后者收益率更高。

由于没有营业网点的经营和管理费用，直销银行可以降低运营成本，从而为客户提供更有竞争力的存贷款价格并收取更低的服务手续费。

2. 互联网银行

相比传统银行而言，互联网银行具有如下不同特征：

(1)互联网银行是银行属性与时代智能技术融合进化的一种可行路径。

(2)互联网银行并没有改变银行的本质属性。

(3)互联网银行是一种提供金融产品和服务的新型渠道模式。

(4)运营成本低，并以此具有了低成本服务长尾客户的能力。

(5)具有全天候服务、全地域覆盖、业务高效处理的能力。

3. 互联网支付

互联网支付是指通过计算机、手机等设备，依托互联网发起支付指令、转移货币资金的服务。网银、移动支付、第三方支付是互联网支付的主要表现形式。

4. 互联网保险

互联网保险业务作为保险销售与服务的一种新形态，深刻影响了保险业态和保险监管。保险机构依托互联网订立保险合同、提供保险服务的保险经营活动。互联网保险业务具有三个特点：一是保险机构通过互联网和自助终端设备销售保险产品或提供保险经纪服务；二是消费者能够通过保险机构自营网络平台的销售页面独立了解产品信息；三是消费者能够自主完成投保行为。

为有效防范风险，保护消费者合法权益，2020 年 12 月，银保监会发布《互联网保险业务监管办法》，厘清了互联网保险业务本质，明确制度适用和衔接政策；规定互联网保险业务经营要求，强化持牌经营原则，定义持牌机构自营网络平台，规定持牌机构经营条件，明确非持牌机构禁止行为；规范保险营销宣传行为，规定管理要求和业务行为标准；全流程规范售后服务，改善消费体验。

四、金融创新与监管

1. 金融创新与金融监管的关系

金融创新与金融监管之间的关系最终体现为金融效率和金融安全的关系。金融效率和金融安全之间既有互补性，又有替代性。

(1)互补性首先表现为金融效率的提高，有助于加强金融安全。其次，这种互补性还表现为，金融安全是金融效率的基础。

(2)金融效率与金融安全之间的替代性表现为，以提高金融效率为目的的盲目地放松管制可能会破坏金融安全，而以提高金融安全水平为目的的过度的管制可能会降低金融效率。

2. 金融创新监管的基本要求

遵循“规范和发展并重、培育市场和防范风险并举”的基本原则，监管部门积极创造有利于金融创新的制度和法律环境，推动金融创新产品与服务市场的培育和发展，促进金融创新活动的公平交易规则的形成，营造公平竞争的市场环境。鼓励经营审慎的银行开展创新活动，强化持续性监管，注重全程的风险控制。

3. 互联网银行的监管

网络银行高度依赖信息网络，系统安全性风险尤为突出，如果系统的可靠性和完整性出现重大缺陷，可能给网络银行带来巨大损失。因此，对于虚拟化、数字化的网络银行来说，必须加强对系统风险和操作风险的监管。一是要加强对系统风险的监管。二是加强对操作风险的监管。

4. 互联网金融的监管

互联网金融市场秩序规范的具体要求有：

(1)加强互联网行业管理。

(2)建立客户资金第三方存管制度。

(3)健全信息披露、风险提示和合格投资者制度。

(4)强化消费者权益保护，着力加强消费者教育，完善合同条款、纠纷解决机制等。

(5)加强网络与信息安全，要求从业机构切实提升技术安全水平，妥善保管客户资料和交易信息。

(6)要求从业机构采取有效措施履行反洗钱义务，并协助公安和司法机关防范和打击互联网金融犯罪。

(7)加强互联网金融行业自律。

(8)规定了监管协调与数据统计监测的内容。

金融创新	互联网银行	互联网支付	互联网保险

同步自测

一、单项选择题(在以下各小题所给出的四个选项中，只有一个选项符合题目要求，请将正确选项的代码填入括号内)

1. (　　)的明显优势在于它能够减少客户寻求其他金融机构服务的需求，排斥竞争者，赢得客户对银行的忠诚。

A. 扩大销售　　B. 维护访问

C. 风险预防　　D. 精准服务

2. (　　)的目标是发现需求、满足需求。

A. 扩大销售　　B. 维护访问

C. 建立客户追踪制度　　D. 风险预防

3. (　　)是商业银行市场营销的起点，也是商业银行制定和实施其他营销策略的基础和前提。

A. 营销渠道建设　　B. 产品的开发管理

C. 应急预案　　D. 精准营销

4. (　　)是通过识别、分析和消除可能导致客户风险发生的各种直接因素和间接因素，达到防患于未然的目的。

A. 风险预防　　B. 风险分散

C. 风险识别　　D. 风险管理

5. 当一家银行的实力范围狭窄、资源有限，或是面对强大的竞争对手时，(　　)可能是它唯一可行的选择。
A. 产品组合策略　　B. 差异化策略
C. 专业化策略　　D. 情感营销策略
6. (　　)是典型的合作营销。
A. 网点营销　　B. 电子银行营销
C. 银团贷款　　D. 登门拜访营销
7. (　　)的目标是整个经营管理系统运行的指南和目的，它服从和服务于银行整体经营目标。
A. 营销评价系统　　B. 效益评价系统
C. 绩效评价系统　　D. 客户评价系统
8. 商业银行的财务管理总体可以分为财产管理、银行内部资金管理和(　　)三部分。
A. 银行的经营管理　　B. 银行的损益管理
C. 银行的投资管理　　D. 银行的投入与产出管理
9. (　　)是指商业银行吸收的嵌入金融衍生产品的存款，通过与利率、汇率、指数等的波动挂钩或者与某实体的信用情况挂钩，使存款人在承担一定风险的基础上获得相应收益的产品。
A. 大额存单　　B. 理财业务
C. 结构性存款　　D. 可交换债券
10. 金融创新的原则不包括(　　)。
A. 合法合规原则　　B. 强化业务监测原则
C. 客户适当性原则　　D. 利益最大化原则

二、多项选择题(在以下各小题所给出的选项中，至少有两个选项符合题目要求，请将正确选项的代码填入括号内)

1. 根据产品的市场规模、产品类型和技术手段等因素，可将商业银行的定位方式分为(　　)。
A. 替代式定位　　B. 主导式定位
C. 追随式定位　　D. 补缺式定位
E. 附属式定位
2. 客户风险管理机制的内容主要包括(　　)。
A. 收集和整理客户系统信息，建立起完备、系统的客户管理信息档案
B. 及时把握客户需求的变化
C. 建立客户风险管理负责制度
D. 建立专业化的信息与风险研究机构
E. 吸引现有市场之外的新客户
3. 商业银行的营销渠道按其模式可以分为(　　)。
A. 自营营销渠道　　B. 代理营销渠道
C. 合作营销渠道　　D. 全民营销渠道
E. 区域营销渠道
4. 商业银行的“展业三原则”包括(　　)。
A. “了解你的员工”　　B. “了解你的客户”
C. “了解你的业务”　　D. “尽职调查”
E. “了解你的产品”

5. 商业银行绩效考评应当坚持的原则有(　　)。

A. 稳健经营　　B. 合规引领

C. 战略导向　　D. 目标导向

E. 统一考核

6. 商业银行的财务管理主要包括(　　)。

A. 处理资本来源和成本　　B. 管理银行资金

C. 制订费用预算　　D. 进行审计

E. 进行税收和风险管理

7. 商业银行财务分析的方法主要包括(　　)。

A. 因素分析法　　B. 比较分析法

C. 趋势分析法　　D. 百分比分析法

E. 比率分析法

8. 金融企业会计的主要特点表现为(　　)。

A. 核算内容的社会性　　B. 核算方法的独特性

C. 监督的政策性　　D. 核算的必要性

E. 内部控制的严密性

三、判断题(请判断以下各小题的正误,正确的选 A,错误的选 B)

1. 一对一营销方式的特点是针对性强,适宜少数尖端客户,能够为客户提供需要的个性化服务,且营销渠道宽,营销成本低。(　　)

A. 正确　　B. 错误

2. 销售促进通过与客户的实际需要相关联,激发客户使用某种产品的兴趣,并以客户的忠诚度作为奖励的依据。(　　)

A. 正确　　B. 错误

3. 在绩效考评体系的资源配置中,绩效费用完全根据分行的经营绩效价值进行考核与配置,以实现价值最大化。(　　)

A. 正确　　B. 错误

4. 在商业银行财务管理中必须在追求准确和节约的同时留有合理的伸缩余地是指财务管理的平衡原则。(　　)

A. 正确　　B. 错误

答案详解

一、单项选择题

1. A。【解析】作为一种关系策略,扩大销售的明显优势在于它能够减少客户寻求其他金融机构服务的需求,排斥竞争者,赢得客户对银行的忠诚。

2. B。【解析】客户开发和管理的主要方式包括维护访问、扩大销售和建立客户追踪制度。其中,维护访问的目标是发现需求、满足需求。

3. B。【解析】产品的开发管理是商业银行市场营销的起点,也是商业银行制定和实施其他营销策略的基础和前提。

4. A。【解析】客户风险管理手段包括风险预防和风险化解。其中,风险预防是通过识别、分析和消除可能导致客户风险发生的各种直接因素和间接因素,达到防患于未然的目的。

5. C。【解析】从根本上来说,专业化策略建立在对产业内一个狭窄的竞争范围的选择上。当一家银行的实力范围狭窄、资源有限,或是面对强大的竞争对手时,专业化策略可能就是它唯一可行的选择。专业化战略旨在专注于某个服务领域,瞄准特定细分市场,针对特定地理区域。

6. C。【解析】银团贷款是典型的合作营销，是指由一家或几家银行牵头，组织多家银行参加，在同一贷款协议中按商定的条件向同一借款人发放的贷款。
7. C。【解析】绩效评价系统的目标是整个经营管理系统运行的指南和目的，它服从和服务于银行整体经营目标。业绩系统要处理好评价系统目标和银行整体目标之间的依存关系。
8. B。【解析】商业银行的财务管理总体可以分成三部分：一是财产管理；二是银行内部资金管理；三是银行的损益管理。
9. C。【解析】结构性存款是指商业银行吸收的嵌入金融衍生产品的存款，通过与利率、汇率、指数等的波动挂钩或者与某实体的信用情况挂钩，使存款人在承担一定风险的基础上获得相应收益的产品。
10. D。【解析】金融创新的原则包括：(1)合法合规原则。(2)公平竞争原则。(3)加强知识产权保护原则。(4)成本可算原则。(5)强化业务监测原则。(6)客户适当性原则。(7)防范交易对手风险原则。(8)维护客户利益原则。

二、多项选择题

1. BCD。【解析】根据产品的市场规模、产品类型和技术手段等因素，可将商业银行的定位方式分为三种：主导式定位、追随式定位、补缺式定位。
2. ABCD。【解析】客户风险管理机制主要包括：(1)收集和整理客户系统信息，建立起完备、系统的客户管理信息档案，为银行提供分类研究客户风险的最为直接、可靠的资料，使银行能够在进行售后服务的同时对客户进行连续的动态监控。(2)及时把握客户需求的变化，包括客户对新产品需求的变化、对风险规避需求的变化等。(3)建立客户风险管理负责制度。(4)建立专业化的信息与风险研究机构。
3. ABC。【解析】按营销渠道模式分类，商业银行营销渠道可分为：(1)自营营销渠道。(2)代理营销渠道。(3)合作营销渠道。
4. BCD。【解析】“了解你的客户(KYC)”“了解你的业务(KYB)”和“尽职调查(DD)”，合称商业银行“展业三原则”。
5. ABC。【解析】商业银行绩效考评应当坚持以下原则：(1)稳健经营。(2)合规引领。(3)战略导向。(4)综合平衡。(5)统一执行。
6. ABCDE。【解析】商业银行的财务管理主要包括处理资本来源和成本、管理银行资金、制订费用预算、进行审计、财务控制、进行税收和风险管理等具体内容。
7. ABCDE。【解析】财务分析是对商业银行在某一时点的财务状况和某一时期的经营成果及其原因所做的分析工作。其分析方法主要包括各种比率分析法、百分比分析法、趋势分析法、比较分析法、因素分析法等。
8. ABCE。【解析】金融企业会计同其他行业比较有自身的特殊性，其主要特点表现为：(1)核算内容的社会性。(2)核算方法的独特性。(3)监督的政策性。(4)内部控制的严密性。

三、判断题

1. B。【解析】单一营销策略，又称一对一的营销。它是针对每一个客户的个体需求而设计不同的产品或服务，有条件地满足单个客户的需要。这种营销方式的特点是针对性强，适宜少数尖端客户，能够为客户提供需要的个性化服务，但营销渠道狭窄，营销成本太高。
2. A。【解析】销售促进作为一种非价格竞争手段，在银行界具有特殊作用。它通过与客户的实际需要相关联，激发客户使用某种产品的兴趣，并以客户的忠诚度作为奖励的依据。
3. A。【解析】在绩效考评体系的资源配置中，绩效费用完全根据分行的经营绩效价值进行考核与配置，以实现价值最大化。
4. B。【解析】财务管理的弹性原则是指在商业银行财务管理中必须在追求准确和节约的同时留有合理的伸缩余地。

第五章 非银行金融机构和业务

要点导图

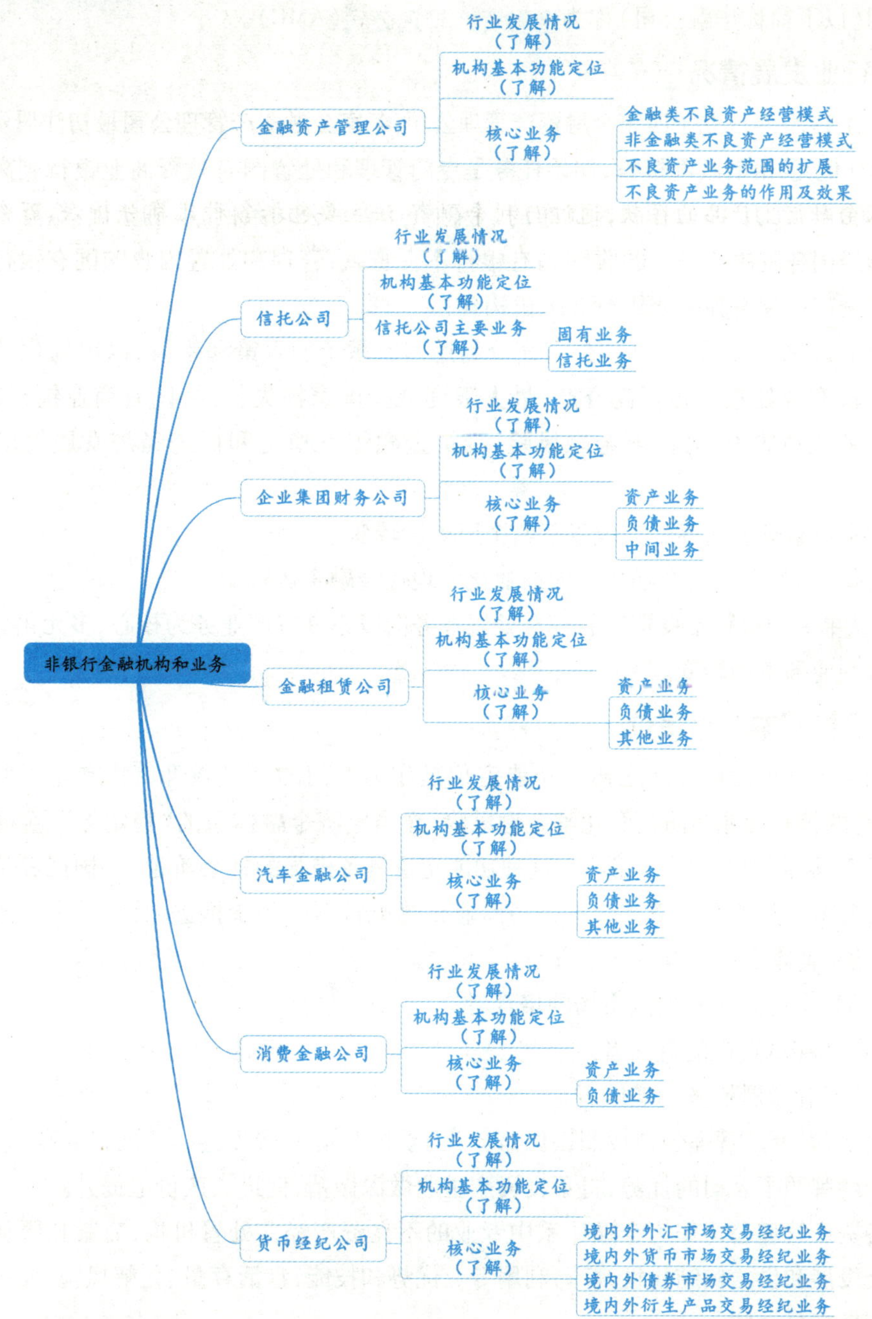

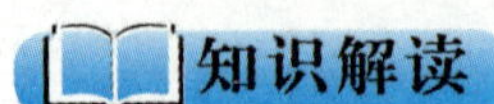

第一节　金融资产管理公司

1999 年我国先后成立的中国信达资产管理公司（以下简称信达公司）、中国东方资产管理公司（以下简称东方公司）、中国长城资产管理公司（以下简称长城公司）和中国华融资产管理公司（以下简称华融公司）称为金融资产管理公司（AMC）。

一、行业发展情况

我国在 1999 年成立了四家金融资产管理公司，各家金融资产管理公司最初注册资本均为人民币 100 亿元，由财政部核拨，初始任务是专门管理和处置国有独资商业银行剥离的不良贷款。2000 年 11 月 10 日国务院颁布的《金融资产管理公司条例》明确指出：金融资产管理公司是指经国务院决定设立的收购国有银行不良贷款，管理和处置因收购国有银行不良贷款形成的资产的国有独资非银行金融机构。

自成立以来，金融资产管理公司充分利用国家赋予的政策和手段，以市场化、专业化、法制化手段有效处置金融不良资产，最大限度减少国家损失，支持国有商业银行改革，帮助国有企业改革脱困，对化解金融风险、维护金融体系稳定和促进经济发展做出了积极贡献。

金融资产管理公司逐步完成以下两个历史性转变：

（1）从政策性非银行金融机构向商业化的现代金融企业转变。

（2）从单一的银行不良资产管理和处置业务向以不良资产业务为核心、多元化金融服务并存发展的业务格局转变。

二、机构基本功能定位

金融资产管理公司成立之初的功能定位是作为专门的金融救助机构和逆周期管理工具，其最初的核心功能是防范和化解金融风险，充当经济金融体系的“稳定器”、金融风险的“防火墙”和金融危机的“救火队”。这种功能定位具备极强的社会价值，是国民经济不可或缺的必要环节。随着金融资产管理公司商业化改革转型的逐步推进，其功能定位的内涵也在不断扩展，具体表现为以下几个方面：

（1）不良资产管理和处置市场的培育者。

（2）各类存量资产的盘活者。

（3）多元化金融服务的实践者。

目前，金融资产管理公司按照银保监会关于“相对集中、聚焦主业”的监管要求，充分发挥综合金融牌照子公司的优势，将不良资产主业做深做精，促进资产价值提升。

金融资产管理公司作为金融体系中专业的不良资产经营处置机构，需紧扣服从服务于经济社会发展和供给侧结构性改革，利用专业优势和技能，盘活存量、化解风险，发挥金融救助和逆周期工具功能。

典题精练

【例1·单项选择题】我国金融资产管理公司最初的注册资本由(　　)核拨。

A. 中国银保监会　　　　B. 中国人民银行

C. 财政部　　　　D. 中国资产管理总公司

C。【解析】我国各家金融资产管理公司最初注册资本均为人民币100亿元,由财政部核拨。

三、核心业务

金融资产管理公司的业务主要包括不良资产业务、中间业务和投资业务等,其中,不良资产业务是核心业务。不良资产业务是指金融资产管理公司根据市场原则购买转让方的不良资产,并通过资产转让、资产重组、追加投资等方式,对收购的债权资产进行经营、管理和处置,最终实现价值提升。金融资产管理公司根据不良资产的特点采用不同的经营模式,主要包括传统类不良资产经营模式和附重组条件类不良资产经营模式两类。按收购不良资产来源分类,主要包括银行不良贷款和其他不良资产以及非银行金融机构的不良债权资产(金融类不良资产)、非金融机构的不良资产(非金融类不良资产)两类。

1. 金融类不良资产经营模式

金融类不良资产是指处于不良状态的资产。不良状态就是在现实条件下不能给持有者带来预期收益的资产状况。除银行不良资产外,金融类不良资产还包含证券、保险、信托等非银行金融机构形成的不良资产。与正常的金融资产相比,金融类不良资产具有低收益和低流动性以及处于贬值、过度积聚的危害性、价值实现具有一定的条件性等特征。

对于金融类不良资产,金融资产管理公司一般采取按原值打折收购并择机进行处置以回收现金这一传统的不良资产经营模式,主要包括收购、管理及处置三个环节。

环节	内容
收购	估值定价是收购环节的核心
管理	分类管理与价值提升是管理环节的核心
处置	金融资产管理公司主要采取的处置方式包括债权重组、债转股、资产置换、以股抵债、以物抵债、正常清收、诉讼追偿、出售、资产证券化和委托处置等以及上述多种方式的组合

2. 非金融类不良资产经营模式

非金融机构所有,但不能为其带来经济利益,或带来的经济利益低于账面价值,已经发生价值贬损的资产,以及各类金融机构作为中间人受托管理其他法人或自然人财产形成的不良资产等其他经监管部门认为的不良资产称为非金融类不良资产。从资产形态来讲,主要包括债权、股权、实物以及其他类型资产。实践中以债权类不良资产为主,通常包括因提供商品、劳务形成的材料款、工程款,企业间形成的往来款以及其他应收款等。

金融资产管理公司主要采取借鉴金融类不良资产债务重组等手段,重点发展了重组型非金业务模式。重组型非金业务模式是在确认债权债务关系的基础上,由金融资产管理公司与原债权和债务企业达成协议,向原债权企业收购债权,同时与债务企业达成重组协议,通过对还款时间、还款金额、还款方式、担保措施、违约责任等一系列履约条件的重新安排,以及日常运营监管措施的实施,实现债权回收目标收益。

3. 不良资产业务范围的扩展

近年来，金融资产管理公司在做好金融不良资产业务的基础上，逐步探索开展非金融不良资产，部分不良资产业务的外延有所扩展，如部分金融资产管理公司积极参与收购违约债券和资产管理产品、国企改革主辅分离、参与地方融资平台债务风险化解等新产品、新业务。

按照监管导向，金融资产管理公司应当重点通过实质性重组业务，为实体企业提供金融服务，支持供给侧结构性改革。实质性重组业务是指金融资产管理公司单独或者联合其他机构运用多种方式对问题机构的资金、资产、人才、技术、管理等要素进行重新配置，构建新的生产经营模式，帮助企业摆脱经营与财务困境，恢复生产经营能力和偿债能力，实现企业价值再造和提升。

4. 不良资产业务的作用及效果

金融不良资产业务的作用及效果表现为以下两个方面：

(1)对实体经济复苏和产业结构调整发挥流动性弥补作用。

(2)对金融风险的防范与化解发挥不可替代的作用。

典题精练

【例2·判断题】金融类不良资产是指银行不良资产。（　　）

A. 正确　　　　B. 错误

B。【解析】金融类不良资产，除银行不良资产外，还包含证券、保险、信托等非银行金融机构形成的不良资产。

本节速览

金融资产管理公司	金融救助机构	不良资产业务	投资业务
中间业务	收购	管理	处置

第二节　信托公司

信托制度起源于中世纪末期的英国。我国信托业自1979年正式恢复经营以来，已经成为仅次于银行业的第二大金融子行业。

一、行业发展情况

1. 信托的定义

信托是指委托人基于对受托人的信任，将其财产权委托给受托人，由受托人按委托人的意愿以自己的名义，为受益人的利益或者特定目的，进行管理或者处分的行为。因此，信托的设立至少包括信托当事人、信托财产、信托目的和信托行为四个构成要素。

构成要素	内容
信托当事人	信托当事人至少包括委托人、受托人和受益人三方，从而区别于只有两方当事人的合同关系
信托财产	信托的设立是以具有确定的信托财产为前提的

（续表）

构成要素	内容
信托目的	《中华人民共和国信托法》要求信托目的具有合法性，只能在法律许可的范围内管理运用财产，不允许利用信托去实现非法的目的
信托行为	形成信托关系应当有信托文件，即设立信托应当采取书面形式。《中华人民共和国信托法》允许以合同、遗嘱和其他法定书面方式设定信托。以合同方式设立信托，则委托人和受托人是信托合同的当事人；以遗嘱设立信托，因遗嘱是单方行为，则不需要受托人的同意

2. 信托的分类标准

分类标准	内容
根据信托目的的性质不同	（1）私益信托，是指为了受益人的私人利益而设立的信托。根据委托人和受益人是否为同一人，私益信托可分为： ①自益信托，是指委托人以自己为唯一受益人而设立的信托，即委托人和受益人为同一人。 ②他益信托，是指委托人以他人或与他人一起为受益人而设立的信托。 （2）公益信托，是指没有特定受益人，为了公共利益而设立的信托
根据受托人是否为营业性信托机构	（1）民事信托，是指以非营业性信托机构或个人作为受托人所从事的信托活动。 （2）营业信托，是指以营业性信托机构作为受托人所从事的信托活动
根据信托的设立是否需要委托人的意思表示	（1）意定信托，是根据委托人的意愿即意思表示而设立的信托。根据意思表示方式的不同，意定信托可分为遗嘱信托、合同信托和其他意定信托。 （2）非意定信托。《中华人民共和国信托法》主要规定了意定信托，对于非意定信托只承认法定信托，不承认默示信托

3. 信托业发展概况

我国信托公司在恢复发展初期，主要开展的是类银行业务，通过吸收信托存款、拆借以及海外发债等各种渠道融资，向企业发放贷款。同时，信托公司也从事进出口贸易、房地产开发、租赁等投资经营活动，扮演着投融资窗口角色。2007 年，原银监会颁布实施新的《信托公司管理办法》和《信托公司集合资金信托计划管理办法》，进一步明确了信托公司功能定位，从制度上解决了长期困扰行业发展的关联交易等一系列问题。2007 年以来，信托业资产规模、盈利能力、抗风险能力均有了长足进步，各类业务发展迅速，制度优势不断显现，不仅行业竞争力不断增强，而且市场影响力和社会认同度也大为提升。

但是，近年来，信托行业也暴露出业务长期偏离本源，发展质量难以提升，风险乱象积累，受托行为有待继续规范，资金投向脱实向虚，社会形象欠佳等问题。信托行业应深刻认识行业转型的必要性和紧迫性，充分认识行业发展转型面临的问题，坚守受托人定位，实现转型发展。

二、机构基本功能定位

《中国银监会办公厅关于信托公司风险监管的指导意见》提出，鼓励信托公司走差异化发展道路，将资产管理、投资银行、受托服务等多种业务有机结合，推动信托公司发展成为风险可控、守法合规、创新不断、具有核心竞争力的现代信托机构，真正做到“受人之托、代人理财”。

信托公司要回归主业，向直接金融、资产管理等收费型业务转型。引导和支持信托公司在风险可控的前提下，广泛探索、推进创新实践，实现差异化经营、特色化发展。其具体内容如下：

(1)探索混合所有制改革，研究符合条件的信托公司上市与并购重组，优化股权结构和激励约束机制，完善现代企业制度。

(2)推动信托公司逐步改造信贷类、通道类业务模式，研究推出债权型信托直接融资工具。

(3)支持开展资产证券化和企业并购重组业务，有效盘活存量资金，为产业升级改造提供资金支持。鼓励信托公司在依法合规、风险可控的前提下，探索开展有利于实体经济和信托公司发展的各类业务。

(4)积极探索信托公司融入“互联网 +”时代的路径和方式，研究建立大数据平台，优化风控手段和产品结构。

典题精练

【例 3 · 多项选择题】根据信托目的的性质不同，信托可以分为(　　)。

A. 私益信托　　　　B. 公益信托

C. 意定信托　　　　D. 非意定信托

E. 民事信托

AB。【解析】根据信托目的的性质不同，信托可以分为私益信托和公益信托。

三、信托公司主要业务

根据《信托公司管理办法》的规定，目前信托公司业务主要分为两大类：固有业务和信托业务。

1. 固有业务

信托公司运用资本金开展的业务称为固有业务。

信托公司固有业务项下可以开展存放同业、拆放同业、贷款、租赁、投资等业务。投资业务限定为金融类公司股权投资、金融产品投资和自用固定资产投资。信托公司不得以固有财产进行实业投资，但中国银保监会另有规定的除外。

信托公司可以开展对外担保业务，但对外担保余额不得超过其净资产的 50%。信托公司不得开展除同业拆入业务以外的其他负债业务，且同业拆入余额不得超过其净资产的 20%，中国银保监会另有规定的除外。

信托公司开展固有业务，不得有下列关联交易行为：

(1)向关联方融出资金或转移财产。

(2)为关联方提供担保。

(3)以股东持有的本公司股权作为质押进行融资。

2. 信托业务

要点	内容
定义	信托公司以营业和收取报酬为目的，以受托人身份承诺信托和处理信托事务的经营行为称为信托业务。信托业务是信托公司的主营业务

（续表）

要点	内容
分类	(1)根据信托财产形态的不同,可以分为资金信托和财产信托,财产信托包括动产信托、不动产信托、有价证券信托、其他财产或财产权信托。 (2)根据受托人职责的不同,可以分为主动管理信托和被动管理信托。 (3)根据委托人人数的不同,可以分为: ①单一信托,是只有一个委托人的信托。 ②集合信托,是有两个或两个以上委托人的信托。 (4)根据信托财产运用方式的不同,可以分为: ①投资类信托,包括证券投资信托、私募股权投资信托等。 ②事务管理类信托,包括股权代持、员工福利计划、股权激励计划、财产权信托中的事务管理类信托等。 ③融资类信托,包括信托贷款、附有回购(及回购选择权)或担保安排的股权融资类信托、信贷资产受让信托等

信托财产管理运用的方式包括以下几点：

(1)信托公司管理运用或处分信托财产,必须恪尽职守,履行诚实、信用、谨慎、有效管理的义务,维护受益人的最大利益。信托公司在处理信托事务时应当避免利益冲突,在无法避免时,应向委托人、受益人予以充分的信息披露,或拒绝从事该项业务。

(2)信托公司管理运用或处分信托财产时,可以依照信托文件的约定,采取投资、出售、存放同业、买入返售、租赁、贷款等方式进行。信托公司不得以卖出回购方式管理运用信托财产。

(3)信托公司应当亲自处理信托事务。信托文件另有约定或有不得已事由时,可委托他人代为处理,但信托公司应尽足够的监督义务,并对他人处理信托事务的行为承担责任。

(4)信托公司应当将信托财产与其固有财产分别管理、分别记账,并将不同委托人的信托财产分别管理、分别记账。信托公司应当依法建账,对信托业务与非信托业务分别核算,并对每项信托业务单独核算。

信托公司开展信托业务,不得有下列行为：

(1)将信托财产挪用于非信托目的的用途。

(2)利用受托人地位谋取不当利益。

(3)以信托财产提供担保。

(4)承诺信托财产不受损失或者保证最低收益。

(5)法律法规和中国银保监会禁止的其他行为。

由信托公司担任受托人,按照委托人意愿,为了受益人的利益,将两个以上(含两个)委托人交付的资金进行集中管理、运用或处分的资金信托业务称为集合资金信托计划(以下简称信托计划)。

信托计划财产独立于信托公司的固有财产,信托公司不得将信托计划财产归入其固有财产;信托公司因信托计划财产的管理、运用或者其他情形而取得的财产和收益,归入信托计划财产;信托公司因依法解散、被依法撤销或者被依法宣告破产等原因进行清算的,信托计划财产不属于其清算财产。

要点	内容
信托公司设立信托计划	信托公司设立信托计划,应当符合以下要求: (1)委托人为合格投资者。 (2)参与信托计划的委托人为唯一受益人。 (3)信托期限不少于1年。 (4)信托资金有明确的投资方向和投资策略,且符合国家产业政策以及其他有关规定。 (5)单个信托计划的自然人人数不得超过50人,但单笔委托金额在300万元以上的自然人投资者和合格的机构投资者数量不受限制。 (6)信托受益权划分为等额份额的信托单位。 (7)信托合同应约定受托人报酬,除合理报酬外,信托公司不得以任何名义直接或间接以信托财产为自己或他人牟利。 (8)中国银保监会规定的其他要求
信托计划的合格投资者	信托计划的合格投资者是指符合下列条件之一,能够识别、判断和承担信托计划相应风险的人: (1)个人或家庭金融资产总计在其认购时超过100万元人民币,且能提供相关财产证明的自然人。 (2)投资一个信托计划的最低金额不少于100万元人民币的自然人、法人或者依法成立的其他组织。 (3)个人收入在最近3年内每年收入超过20万元人民币或者夫妻双方合计收入在最近3年内每年收入超过30万元人民币,且能提供相关收入证明的自然人
信托公司管理信托计划	信托公司管理信托计划,应当遵守以下规定: (1)不得向他人提供担保。 (2)不得将信托资金直接或间接运用于信托公司的股东及其关联人,但信托资金全部来源于股东或其关联人的除外。 (3)不得将不同信托财产进行相互交易。 (4)不得以固有财产与信托财产进行交易。 (5)向他人提供贷款不得超过其管理的所有信托计划实收余额的30%,但中国银保监会另有规定的除外。 (6)不得将同一公司管理的不同信托计划投资于同一项目

典题精练

【例4·单项选择题】信托公司不得以(　　)方式管理运用信托财产。

A. 投资　　B. 卖出回购

C. 买入返售　　D. 贷款

B。【解析】信托公司管理运用或处分信托财产时,可以依照信托文件的约定,采取投资、出售、存放同业、买入返售、租赁、贷款等方式进行。信托公司不得以卖出回购方式管理运用信托财产。

信托当事人	信托行为	私益信托	公益信托
信托业务	固有业务	单一信托	集合信托

第三节　企业集团财务公司

以加强企业集团资金集中管理和提高企业集团资金使用效率为目的，为企业集团成员单位（以下简称成员单位）提供财务管理服务的非银行金融机构称为企业集团财务公司（以下简称财务公司）。

一、行业发展情况

财务公司是我国经济体制和金融体制改革的产物，是我国金融体系中具有中国特色的一类非银行金融机构，设立财务公司是20世纪80年代国家实施“大公司、大集团”战略的配套政策之一。1987年5月7日，中国人民银行批准设立东风汽车工业财务公司（后更名为东风汽车财务有限公司），标志着财务公司在中国诞生。

随着企业集团的壮大和金融业的发展，财务公司行业机构数量不断增加，资产规模不断扩大，资本实力逐年增强，盈利能力稳步提高，经营管理水平不断提升，公司治理结构和内控制度进一步完善，资产质量保持良好，抗风险能力逐步增强，财务公司在支持我国企业集团发展中发挥的作用日益增强。

二、机构基本功能定位

财务公司主要服务集团资金集中管理，通过发挥“集团资金归集平台、集团资金结算平台、集团资金监控平台、集团金融服务平台”等基本功能，促进集团优化资源配置，节约财务成本，保障资金安全，提升运行效率。

财务公司的基本定位包括以下三个方面：

（1）紧紧围绕成员单位业务和产品，促进成员单位业务的拓展和产品的销售。

（2）通过作为内部银行的金融机构地位，提高企业集团内部资金融通的效率，最大限度地降低财务费用。

（3）利用自身金融机构在信息、资金等方面的优势，为成员单位提供全方位的顾问服务。

典题精练

【例5·单项选择题】（　　）的设立标志着财务公司在中国的诞生。

A. 东风汽车工业财务公司　　B. 中国中金财务公司

C. 东风集团投资公司　　D. 中信财务公司

A。【解析】1987年5月7日，中国人民银行批准设立东风汽车工业财务公司，标志着财务公司在中国诞生。

三、核心业务

1. 财务公司可以经营的业务

《企业集团财务公司管理办法》规定，财务公司可以经营下列部分或者全部业务：

(1)对成员单位办理财务和融资顾问、信用鉴证及相关的咨询、代理业务。
(2)对成员单位提供担保。
(3)经批准的保险代理业务。
(4)协助成员单位实现交易款项的收付。
(5)办理成员单位之间的委托贷款及委托投资。
(6)对成员单位办理票据承兑与贴现。
(7)办理成员单位之间的内部转账结算及相应的结算、清算方案设计。
(8)吸收成员单位的存款。
(9)对成员单位办理贷款及融资租赁。
(10)从事同业拆借。
(11)中国银保监会批准的其他业务。

符合条件的财务公司,可以向中国银保监会申请从事下列业务:
(1)经批准发行财务公司债券。
(2)承销成员单位的企业债券。
(3)对金融机构的股权投资。
(4)有价证券投资。
(5)成员单位产品的消费信贷、买方信贷及融资租赁。

2. 资产业务

种类	内容
对成员单位办理贷款	对成员单位办理贷款是指财务公司按一定利率和必须归还等条件向成员单位出借贷款资金的一种信用活动形式。广义的贷款是指贷款、贴现等出贷资金的总称。财务公司可以向成员单位开展全部种类本外币的贷款业务
对成员单位办理融资租赁	财务公司对成员单位办理融资租赁是指财务公司根据成员单位对租赁物和供货人的选择或认可,将其从供货人处取得的租赁物按合同约定出租给成员单位占有、使用,向成员单位收取租金的交易活动
办理成员单位产品的消费信贷业务	财务公司办理成员单位产品的消费信贷业务是财务公司向消费者发放的以消费成员单位产品为目的的贷款。成员单位产品消费信贷为消费者提供信贷资金支持,有利于加快缩短成员单位的货款回收周期,有利于促进成员单位产品的销售,提高企业产品的竞争力,占领市场。财务公司消费信贷业务审批程序快捷有效、办理手续简单方便,能及时满足客户需求
办理成员单位产品的买方信贷	买方信贷是指成员单位与买方企业(经销商)签订购销合同后,应买方申请及成员单位的推荐,由财务公司向购买成员单位产品的买方提供贷款,仅用于购买成员单位产品的信贷业务。成员单位的买方信贷是为买方提供信贷资金支持,有利于加快成员单位资金回笼速度,降低成员单位应收账款风险,有利于协助成员单位拓展销售市场,提高企业产品的竞争力,为核心经销商提供融资便利
成员单位产品的融资租赁	成员单位产品的融资租赁业务是指财务公司根据承租方对成员单位产品和成员单位的选择及认可,从成员单位处取得租赁设备并按合同约定出租给承租人占有、使用,向承租人收取租金的交易活动

（续表）

种类	内容
同业资产业务	财务公司的同业资产业务主要包括以下两种： (1)财务公司同业拆出，是指财务公司与经中国人民银行批准进入全国银行间同业拆借市场的金融机构之间，通过全国统一的同业拆借网络进行的无担保资金融通行为。 (2)买入返售，是指两家金融机构之间按照协议约定先买入金融资产，再按约定价格于到期日将该项金融资产返售的资金融通行为。买入返售业务项下的金融资产应当为银行承兑汇票，债券、央行票据等在银行间市场、证券交易所市场交易的具有合理公允价值和较高流动性的金融资产
投资业务	财务公司投资业务是财务公司资产业务的一部分，是财务公司主业的延伸和派生，包括有价证券投资和金融机构股权投资两大类业务

3. 负债业务

种类	内容
吸收成员单位存款	吸收成员单位存款是财务公司主要负债，也是财务公司货币资金主要来源之一。其品种包括单位活期存款、单位定期存款、单位通知存款和单位协定存款
同业负债业务	(1)卖出回购。卖出回购金融资产是指财务公司(正回购方，即资金融入方)按照回购协议向金融机构(逆回购方，即资金融出方)先卖出金融资产，再按约定价格于到期日将该项金融资产购回的资金融通行为。卖出回购业务项下的金融资产应当为银行承兑汇票、债券、央行票据等在银行间市场、证券交易所市场交易的具有合理公允价值和较高流动性的金融资产。 (2)同业拆入。财务公司开展同业拆入是指财务公司与经中国人民银行批准进入全国银行间同业拆借市场的金融机构之间，通过全国统一的同业拆借市场进行的无担保资金融通行为。财务公司拆入资金的最长期限为7天，拆入资金余额不得超过实收资本的100%。同业拆借业务是财务公司进行短期资金融通、调剂头寸和临时性资金余缺的重要工具
发行金融债券	财务公司发行金融债券是指财务公司为改善资产负债结构，通过发行金融债券融入资金的行为

4. 中间业务

种类	内容
结算业务	(1)外部结算业务，包括代理收付款、信用证结算和托收承付结算。 (2)内部结算业务，包括内部转账、委托收款和资金归集
财务公司票据承兑业务	财务公司票据承兑业务是指财务公司作为汇票付款人，承诺在汇票到期日支付汇票金额给收款人或持票人的票据行为

（续表）

种类	内容
委托贷款	委托贷款是指财务公司作为受托人，根据委托人（成员单位A）的委托，在委托人存放财务公司的资金额度内，向委托人指定的借款人（成员单位B），按照委托人指定的贷款用途、期限、利率和金额等代为发放、到期协助收回贷款本息的业务。委托人须提供合法的资金来源，委托人及借款人均须为成员企业，贷款风险由委托人承担
委托投资	财务公司根据成员单位资产保值增值需要，接受成员单位委托的非经营性资金，针对各成员单位在投资风险、收益、流动性等方面的不同需求设计投资方案，提供股票、债券、证券投资基金等多品种投资管理服务
对成员单位办理财务和融资顾问	对成员单位办理财务和融资顾问是指财务公司根据成员单位的需求，为成员单位的投融资、资本运作、资产管理和债务管理等活动提供咨询、分析、方案设计等服务
对成员单位提供担保	（1）融资性担保，是指财务公司接受成员单位的申请，向债权人出具书面承诺，当申请人（被担保人）对其债权人不能按合同履行债务时，由财务公司按约定承担履行债务责任的一种业务。 （2）非融资性担保，是指财务公司应贸易项下、合约关系、经济关系等交易中一方当事人的要求，向交易的另一方担保该交易项下某种责任或义务的履行所作出的在一定时期内承担一定金额支付责任或经济赔偿责任的书面付款保证承诺。其具体包括预付款保函、投标保函、履约保函、质量及维修保函等

【例6·多项选择题】财务公司投资业务包括（　　）两大类。

A. 有价证券投资　　B. 并购投资

C. 金融机构股权投资　　D. 实业投资

E. 信贷投资

AC。【解析】财务公司投资业务是财务公司资产业务的一部分，是财务公司主业的延伸和派生，包括有价证券投资和金融机构股权投资两大类业务。

企业集团财务公司	资产业务	负债业务	中间业务

第四节　金融租赁公司

经中国银保监会批准，以经营融资租赁业务为主的非银行金融机构称为金融租赁公司。

一、行业发展情况

金融租赁业于20世纪50年代起源于美国，在国际上已经成为与银行信贷、资本市场等并列的重要投融资方式。我国第一家金融租赁公司成立于1986年。

2007 年，经国务院批准允许商业银行设立金融租赁公司。2014 年 3 月原中国银监会修订颁布《金融租赁公司管理办法》，积极引导各种所有制资本进入金融租赁行业。2015 年 9 月，国务院发布《国务院办公厅关于促进金融租赁行业健康发展的指导意见》。随着行业的发展，各金融租赁公司将逐步完成向专业化、特色化、差异化的过渡。

二、机构基本功能定位

金融租赁公司根据承租人对租赁物和供货人的选择或认可，将其从供货人处取得的租赁物按合同约定出租给承租人占有、使用，向承租人收取租金的交易活动称为金融租赁。

金融租赁作为联系实体经济最为紧密的投融资工具之一，在支持产业升级、拓宽中小微企业融资渠道、服务实体经济方面具备以下特殊的功能优势：

（1）推动先进装备销售，带动租赁设备购置需求。

（2）扩大企业对新设备、新技术项目的投资。

（3）促进企业技术进步和盈利模式创新，推动经济结构调整和转型升级。

（4）为企业设备投资提供资金支持，盘活存量资产。

（5）通过扩大先进装备进口和国产设备出口，平衡国际贸易。

典题精练

【例 7 · 多项选择题】金融租赁公司的功能优势有（　　）。

A. 扩大企业对新设备、新技术项目的投资

B. 推动先进装备销售，带动租赁设备购置需求

C. 促进企业技术进步和盈利模式创新，推动经济结构调整和转型升级

D. 为企业设备投资提供资金支持，盘活存量资产

E. 通过扩大先进装备进口和国产设备出口，平衡国际贸易

ABCDE。【解析】金融租赁的功能优势有：一是扩大企业对新设备、新技术项目的投资；二是推动先进装备销售，带动租赁设备购置需求；三是促进企业技术进步和盈利模式创新，推动经济结构调整和转型升级；四是为企业设备投资提供资金支持，盘活存量资产；五是通过扩大先进装备进口和国产设备出口，平衡国际贸易。

三、核心业务

1. 本外币业务

《金融租赁公司管理办法》规定，经中国银保监会批准，金融租赁公司可以经营下列部分或全部本外币业务：

（1）融资租赁业务。

（2）固定收益类证券投资业务。

（3）转让和受让融资租赁资产。

（4）接受承租人的租赁保证金。

（5）同业拆借。

（6）向金融机构借款。

（7）吸收非银行股东 3 个月（含）以上定期存款。

(8)境外借款。

(9)租赁物变卖及处理业务。

(10)经济咨询。

经中国银保监会批准，经营状况良好、符合条件的金融租赁公司可以开办下列部分或全部本外币业务：

(1)发行债券。

(2)在境内保税地区设立项目公司开展融资租赁业务。

(3)资产证券化。

(4)为控股子公司、项目公司对外融资提供担保。

2. 资产业务

种类	内容
融资租赁业务	(1)转租赁，是指以同一物件为标的物的多次融资租赁业务，即金融租赁公司根据最终用户（承租人）对租赁物件的选择，从原始出租人处租入该租赁物件后、再转租给最终用户（承租人）使用的一种租赁交易安排，租赁物件的所有权归原始出租人。 (2)售后回租，是指承租人为了提高资产流动性、均衡税负、改善资产负债表等需要，将自有设备等固定资产以公允价值出卖给金融租赁公司，然后再从金融租赁公司租回使用并按期支付租金的业务形式，其业务特点是承租人和供货人为同一人。 (3)直接融资租赁，是指租赁公司根据承租人对租赁物和供货人的选择或认可，向供货人购买选定设备，提供给承租人使用，承租人按期支付租金的业务形式。租赁期满，设备归承租企业所有。 (4)联合租赁，是指金融租赁公司之间的一种业务合作方式。就是由一家金融租赁公司牵头召集，由若干金融租赁公司参与和承租人签订融资租赁合同，金融租赁公司按出资比例或约定的方式提供资金、承担风险和分享收益
固定收益类证券投资	金融租赁公司从事固定收益证券投资是指金融租赁公司投资于可以在特定的时间内取得固定的收益并预先知道取得收益的数量和时间的证券，如固定利率债券等

3. 负债业务

种类	内容
接受承租人租赁保证金	接受承租人租赁保证金是指在租赁或转租时，除租金照付外，承租人向金融租赁公司一次支付的金额。租赁保证金应视为是某种形式的承租人预付款，是其自行承担该融资租赁项目中的风险的基金
吸收股东3个月以上定期存款	修订后的《金融租赁公司管理办法》放宽了股东存款业务的条件，允许吸收非银行股东3个月（含）以上的定期存款，而此前金融租赁公司仅能吸收股东1年以上定期存款

（续表）

种类	内容
同业拆入	金融租赁公司开展同业拆入是指金融租赁公司与经中国人民银行批准进入全国银行间同业拆借市场的金融机构之间，通过全国统一的同业拆借市场进行的无担保资金融通行为。金融租赁公司拆入资金的最长期限为3个月，拆入资金余额不得超过实收资本的100%。同业拆借业务是金融租赁公司进行短期资金融通、调剂头寸和临时性资金余缺的重要工具
向金融机构借款	向金融机构借款是指金融租赁公司向银行和非银行金融机构借款的行为
境外借款	金融租赁公司境外借款是指金融租赁公司向境外机构借入资金的一种融资方式，包括以下两种方式： (1)境外银行直接认可后发放贷款，并承担风险，内地银行只作结算行。 (2)内地银行进行尽职调查、贷前贷后管理，由境内银行向境外行提供信用保证，然后境外银行将资金借给用款企业，也就是"内保内贷"
发行金融债券	金融租赁公司为改善资产负债结构，通过发行金融债券融入资金的行为称为金融租赁公司发行金融债券

4. 其他业务

种类	内容
资产证券化	将某一单位流动性较差但具有相对稳定的可预期现金收入的金融租赁资产，通过一定的资产结构安排，对资产中风险与收益要素进行分离与重组，进而转换为在金融市场上可以出售和流通的证券，据以融资（变现）的过程称为金融租赁资产证券化。资产证券化不仅可以提高金融租赁公司的流动性，而且通过这种方式还可以合理调整公司的资产结构，提高财务安全性
转让或受让融资租赁资产	金融租赁公司转让或受让金融租赁资产是指金融租赁公司向其他金融租赁公司、银行以及非银行金融机构转让或者从这些机构受让融资租赁资产的行为。金融资产转让或受让融资租赁资产要符合洁净转让原则

典题精练

【例8·单项选择题】承租人和供货人为同一人的金融租赁形式是（　　）。

A. 直接融资租赁　　B. 转租赁

C. 售后回租　　D. 联合租赁

C。【解析】售后回租是指承租人为了提高资产流动性、均衡税负、改善资产负债表等需要，将自有设备等固定资产以公允价值出卖给金融租赁公司，然后再从金融租赁公司租回使用并按期支付租金的业务形式，其业务特点是承租人和供货人为同一人。

直接融资租赁	转租赁	售后回租	联合租赁
固定收益类证券投资	接受承租人租赁保证金	吸收股东3个月以上定期存款	同业拆入
境外借款	发行金融债券	资产证券化	转让或受让融资租赁资产

第五节　汽车金融公司

经中国银保监会批准设立的，为中国境内的汽车购买者及销售者提供金融服务的非银行金融机构称为汽车金融公司。

一、行业发展情况

汽车金融公司始于1919年的美国通用汽车票据承兑公司。我国的汽车金融业务起步较晚。1998年，中国人民银行颁布实施《汽车消费贷款管理办法》，标志着商业银行汽车消费信贷业务正式启动。2003年，《汽车金融公司管理办法》和《汽车金融公司管理办法实施细则》颁布，为汽车金融公司行业的发展奠定了基础。2004年7月，我国第一家汽车金融公司——上汽通用汽车金融有限责任公司正式开业，标志着这类专业化、特色化的新型非银行金融机构成功引入我国。随着修订的《汽车金融公司管理办法》颁布，汽车金融公司走上了快速发展的道路。

二、机构基本功能定位

汽车金融公司作为专业的汽车金融服务机构，依托股东专业化背景，背靠国内大型汽车厂商，形成了独特的金融模式和风险管控技术。其内容主要包括以下两个方面：

(1)汽车金融公司凭借专业化金融服务，个性化金融产品，以市场需求为导向，有效刺激我国的汽车消费需求。

(2)通过汽车金融服务促进汽车制造、销售与汽车金融的有机结合，延长企业价值链纵深发展，促进了我国汽车消费信贷市场竞争主体多元化发展，以创新、灵活、个性化的金融产品，增加了消费者的金融产品选择。

三、核心业务

1. 人民币业务

《汽车金融公司管理办法》规定，经中国银保监会批准，汽车金融公司可以从事下列部分或全部人民币业务：

(1)从事同业拆借。

(2)向金融机构借款。

(3)经批准，发行金融债券。

(4)接受汽车经销商采购车辆贷款保证金和承租人汽车租赁保证金。

(5)提供购车贷款业务。

(6)接受境外股东及其所在集团在华全资子公司和境内股东3个月(含)以上定期存款。

(7)向金融机构出售或回购汽车贷款应收款和汽车融资租赁应收款业务。

(8)提供汽车融资租赁业务(售后回租业务除外)。

(9)提供汽车经销商采购车辆贷款和营运设备贷款,包括展示厅建设贷款和零配件贷款以及维修设备贷款等。

(10)办理租赁汽车残值变卖及处理业务。

(11)从事与购车融资活动相关的咨询、代理业务。

(12)经批准,从事与汽车金融业务相关的金融机构股权投资业务。

2. 资产业务

种类	内容
与汽车消费相关的贷款	(1)购车贷款。自用传统动力汽车贷款最高发放比例为80%,商用传统动力汽车贷款最高发放比例为70%;自用新能源汽车贷款最高发放比例为85%,商用新能源汽车贷款最高发放比例为75%;二手车贷款最高发放比例为70%。其中,对于实施新能源汽车贷款政策的车型范围,可在《汽车贷款管理办法》基础上,根据自愿、审慎和风险可控原则,参考工业和信息化部发布的《新能源汽车推广应用推荐车型目录》执行。贷款期限一般为1~3年,最长不超过5年,其中,二手车贷款的贷款期限不得超过3年。贷款人应建立借款人资信评级系统,审慎确定借款人的资信级别。 (2)向汽车经销商发放汽车贷款,是指汽车金融公司可以提供向汽车经销商发放的采购车辆贷款和营运设备贷款,包括展示厅建设贷款和零配件贷款以及维修设备贷款等
提供汽车融资租赁业务	汽车融资租赁业务是指汽车金融公司根据用车人对汽车的特定要求和对销售商的选择,出资向销售商购买汽车,并租给消费者使用,消费者分期支付租金。在租赁期内,汽车的所有权属于汽车金融公司所有,消费者拥有汽车的使用权

3. 负债业务

种类	内容
接受汽车经销商采购车辆贷款保证金和承租人汽车租赁保证金	(1)接受汽车经销商采购车辆贷款保证金,是指汽车金融公司在发放贷款前,对借款人按贷款金额的一定比例预收一定款项的行为,这部分保证金在贷款发放前缴存。 (2)汽车金融公司接受承租人汽车租赁保证金,是指在汽车融资租赁时,除租金照付外,承租人一次支付的金额称租赁保证金。汽车租赁保证金应视为是某种形式的承租人预付款,是其自行承担该融资租赁项目中的风险的基金
吸收股东3个月以上定期存款	《汽车金融公司管理办法》允许汽车金融公司吸收接受境外股东及其所在集团在华全资子公司和境内股东等非银行股东3个月(含)以上的定期存款
同业拆入	同业拆入是指汽车金融公司与经中国人民银行批准进入全国银行间同业拆借市场的金融机构之间,通过全国统一的同业拆借市场进行的无担保资金融通行为。汽车金融公司拆入资金的最长期限为3个月,拆入资金余额不得超过实收资本的100%。同业拆借业务是汽车金融公司进行短期资金融通、调剂头寸和临时性资金余缺的重要工具

（续表）

种类	内容
向金融机构借款	汽车金融公司向银行和非银行金融机构借款的行为称为向金融机构借款
发行金融债券	汽车金融公司为改善资产负债结构，通过发行金融债券融入资金的行为称为汽车金融公司发行金融债券

4. 其他业务

种类	内容
资产证券化	汽车金融公司资产证券化，是指将汽车金融公司流动性较差但具有相对稳定的可预期现金收入的资产，通过一定的资产结构安排，对资产中风险与收益要素进行分离与重组，进而转换为在金融市场上可以出售和流通的证券，据以融资（变现）的过程。 资产证券化一方面可以提高信贷资产的流动性，缓解汽车金融公司的资金压力和资金来源不足的问题；另一方面通过这种方式还可以合理调整公司的信贷资产结构，提高财务安全性
向金融机构出售或回购汽车贷款应收款和汽车融资租赁应收款业务	（1）汽车金融公司向金融机构出售或回购汽车贷款应收款，是指汽车金融公司向银行或非银行金融机构转让或者从这些机构回购汽车贷款应收款的行为。 （2）汽车金融公司向金融机构出售或回购汽车融资租赁应收款业务，是指汽车金融公司向银行以及非银行金融机构转让或者从这些机构受让汽车融资租赁资产的行为

典题精练

【例 9 · 单项选择题】汽车金融公司发放自用传统动力汽车贷款的金额不得超过借款人所购汽车价格的（　　）。

A. 50%　　B. 70%

C. 80%　　D. 90%

C。【解析】汽车金融公司发放自用传统动力汽车贷款的金额不得超过借款人所购汽车价格的 80%。

本节速览

汽车金融公司	购车贷款	汽车融资租赁	吸收股东 3 个月以上定期存款
同业拆入	发行金融债券	资产证券化	向金融机构出售或回购汽车贷款应收款和汽车融资租赁应收款业务

第六节　消费金融公司

经中国银保监会批准，在中华人民共和国境内设立的，不吸收公众存款，以小额、分散为原则，为中国境内居民个人提供以消费为目的的贷款的非银行金融机构称为消费金融公司。

一、行业发展情况

美国的消费信贷占其国内生产总值的20%以上；欧洲每年消费金融收入可占到国内生产总值的10%以上；目前日本从事个人消费信贷业务的金融公司有4 752家左右，占全部个人消费信贷余额的10%以上。

我国的消费金融公司大致经过了试点阶段和快速发展阶段。2009年，原中国银监会正式发布《消费金融公司试点管理办法》，并经国务院批准，在北京、天津、上海、成都四地各设立一家消费金融公司进行试点。2010年，北银消费金融公司、四川锦程消费金融有限公司、中银消费金融有限公司和捷信消费金融有限公司陆续开业。试点公司积累了大量宝贵的经验，为消费金融公司的快速发展奠定了良好基础。2013年11月，原中国银监会修订《消费金融公司试点管理办法》，经国务院批准，新增包括沈阳、南京、杭州在内的12个城市参与试点，消费金融公司进入快速发展阶段。2015年6月，国务院常务会议决定将消费金融公司试点推广至全国，鼓励符合条件的民间资本、国内外银行业机构和互联网企业发起设立消费金融公司，成熟一家，审批一家，使消费金融公司与商业银行错位竞争、互补发展，更好发挥消费对经济增长的拉动作用。

二、机构基本功能定位

面向中低收入群体，提供除住房和汽车之外的消费金融业务，以“无抵押、无担保”和“小、快、灵”为特色的经营模式，提供便捷的小额消费信贷服务是消费金融公司的基本功能定位。

三、核心业务

1. 人民币业务

《消费金融公司试点管理办法》规定，经中国银保监会批准，消费金融公司可以经营下列部分或者全部人民币业务：

（1）发放个人消费贷款。

（2）接受股东境内子公司及境内股东的存款。

（3）向境内金融机构借款。

（4）经批准发行金融债券。

（5）境内同业拆借。

（6）与消费金融相关的咨询、代理业务。

（7）代理销售与消费贷款相关的保险产品。

（8）固定收益类证券投资业务。

（9）经中国银保监会批准的其他业务。

2. 资产业务

种类	内容
发放个人消费贷款	消费金融公司发放个人消费贷款是指消费金融公司采取信用、抵押、质押担保或保证方式，以货币形式向个人消费者提供的贷款，但个人住房贷款和购车贷款除外。消费金融公司向个人发放消费贷款不应超过客户风险承受能力且借款人贷款余额最高不得超过人民币20万元
固定收益类证券投资	固定收益类证券投资是指消费金融公司投资于可以在特定的时间内取得固定的收益并预先知道取得收益的数量和时间的证券，如固定利率债券、优先股股票等

3. 负债业务

(1)接受股东境内子公司及境内股东的存款。

(2)同业拆借。消费金融公司与经中国人民银行批准进入全国银行间同业拆借市场的金融机构之间，通过全国统一的同业拆借市场进行的无担保资金融通行为称为消费金融公司开展同业拆借。消费金融公司拆入资金的最长期限为3个月，拆入资金余额不得超过实收资本的100%。同业拆借业务是消费金融公司进行短期资金融通、调剂头寸和临时性资金余缺的重要工具。

(3)向金融机构借款。向金融机构借款是指消费金融公司向银行和非银行金融机构借款的行为。

(4)发行金融债券。消费金融公司发行金融债券是指消费金融公司为改善资产负债结构，通过发行金融债券融入资金的行为。

典题精练

【例10·判断题】消费金融公司发放个人消费信贷是指消费金融公司采用信用、抵押、质押担保或保证方式，以货币形式向个人消费者提供的贷款，也包括个人住房贷款和购车贷款。(   )

A. 正确　　B. 错误

B。【解析】消费金融公司发放个人消费信贷是指消费金融公司采用信用、抵押、质押担保或保证方式，以货币形式向个人消费者提供的贷款，但个人住房贷款和购车贷款除外。

本节速览

发放个人消费贷款	固定收益类证券投资	同业拆借	发行金融债券

第七节　货币经纪公司

经批准在中国境内设立的，通过电子技术或其他手段，专门从事促进金融机构间资金融通和外汇交易等经纪服务，并从中收取佣金的非银行金融机构称为货币经纪公司。

一、行业发展情况

货币经纪公司最早起源于英国外汇市场，20 世纪 70 年代在美国开始盛行。

2005 年，国务院批准货币经纪公司试点工作正式启动，同年，银行业监督管理机构颁布了《货币经纪公司试点管理办法》。2005 年 12 月，中国第一家货币经纪公司——上海国利货币经纪有限公司正式获准开业经营。截至目前，我国已有上海国利货币经纪有限公司、上海国际货币经纪有限责任公司、平安利顺国际货币经纪有限责任公司、中诚宝捷思货币经纪有限公司以及天津信唐货币经纪有限责任公司 5 家货币经纪公司。

二、机构基本功能定位

货币经纪公司是资金、债券和外汇等交易的集合点，发挥交易媒介作用，通过掌握的多头和空头需求，撮合最匹配的双方进行交易，而不与双方发生交易，仅仅起中介作用。货币经纪公司只能向金融机构提供有关外汇、货币市场产品、衍生产品等交易的经纪服务，不允许从事自营交易，不允许向自然人提供经纪服务，也不允许商业银行向货币经纪公司投资。

作为专业的信息生产机构，货币经纪公司主要是提供信息服务，克服市场上信息不对称问题，通过规模化、专业化的信息生产创造价值，降低零散的交易商间个别搜寻交易对手所发生的市场交易成本，为交易商提供交易红利，并从这部分红利中分得一定比例来维持公司运营及实现自身盈利，从而提高交易效率，降低交易成本；改善市场流动性和透明度，促进价格发现。

典题精练

【例 11 · 单项选择题】中国首家货币经纪公司是（　　）。

A. 上海国利货币经纪有限公司　B. 上海国际货币经纪有限责任公司

C. 平安利顺国际货币经纪有限责任公司　D. 中诚宝捷思货币经纪有限公司

A。【解析】2005 年 12 月，中国首家货币经纪公司——上海国利货币经纪有限公司正式获准开业经营。

三、核心业务

《货币经纪公司试点管理办法》规定，货币经纪公司及其分公司按照中国银保监会批准经营的业务范围，可以经营境内外外汇市场交易、境内外货币市场交易、境内外债券市场交易和境内外衍生产品交易的全部或部分经纪业务。

种类	内容
境内外外汇市场交易经纪业务	货币经纪公司外汇市场交易经纪业务主要是提供人民币对外币、外币对外币的汇兑交易撮合服务，产品范围包括外汇即期交易、外汇远期交易、外汇掉期交易和外汇期权交易等。货币经纪公司依托完善的全球网络为境内外的金融机构提供最相匹配的交易价格、交易对手和结算服务，为客户提供即时报价和市场信息服务

（续表）

种类	内容
境内外货币市场交易经纪业务	境内外货币经纪公司的货币市场交易经纪业务，包括人民币信用拆借、外币信用拆借以及人民币债券回购等交易的撮合服务，为境内外的银行类金融机构和非银行类金融机构提供撮合服务、即时报价服务、结算服务以及相关市场信息
境内外债券市场交易经纪业务	货币经纪公司境内外债券市场经纪业务主要是提供债券现券买卖、债券远期买卖等金融产品的交易撮合服务。货币经纪公司该项业务的服务对象为商业银行、农村信用联社、证券公司、保险公司、基金公司、信托公司等银行间债券市场活跃的金融机构，为他们寻找最符合要求的交易对手、提供具有竞争力的市场价格和结算服务
境内外金融衍生产品交易经纪业务	金融衍生产品是指其价值依赖于基础资产价值变动的合约。这种合约可以是标准化的，也可以是非标准化的。金融衍生品交易有股指期货、利率期货、汇率期货以及相对应的期权交易三大品种。衍生品交易可分为场内交易和场外交易两种。货币经纪公司境内外衍生品交易经纪业务主要是为参与衍生品交易的各类金融机构提供衍生产品的报价和交易撮合服务，服务对象具体包括各大商业银行、证券公司等已经获批该项业务资格的金融机构

本节速览

境内外外汇市场交易经纪业务	境内外货币市场交易经纪业务	境内外债券市场交易经纪业务	境内外金融衍生产品交易经纪业务

同步自测

一、单项选择题（在以下各小题所给出的四个选项中，只有一个选项符合题目要求，请将正确选项的代码填入括号内）

1. 金融资产管理公司成立之初的功能定位是作为专门的逆周期管理工具和（　　）。

A. 金融管理机构　　B. 金融监督机构

C. 金融救助机构　　D. 金融业务机构

2. 金融资产管理公司的核心业务是（　　）。

A. 不良资产业务　　B. 投资业务

C. 中间业务　　D. 表外业务

3. 信托的设立以具有确定的（　　）为前提。

A. 信托关系　　B. 信托目的

C. 信托财产　　D. 信托行为

4. 下列不属于财产信托的是（　　）。

A. 动产信托　　B. 不动产信托

C. 资金信托　　D. 有价证券信托

5. 信托公司管理信托计划时，向他人提供贷款不得超过其管理的所有信托计划实收余额的（　　），但中国银保监会另有规定的除外。

A. 10%　　B. 20%

C. 30%　　D. 40%

6. 信托公司设立信托计划，信托期限不少于（　　）年。

A. 1　　B. 2

C. 3　　D. 4

7. 财务公司的基本定位不包括(　　)。

A. 最大限度地降低财务费用　　B. 促进成员单位业务的拓展和产品的销售

C. 提供全方位的顾问服务　　D. 提供投资业务

8. 下列不属于财务公司资产业务的是(　　)。

A. 对成员单位办理贷款　　B. 对成员单位办理融资租赁

C. 同业拆入　　D. 投资业务

9. 两家金融机构之间按照协议约定先买入金融资产,再按约定价格于到期日将该项金融资产返售的资金融通行为是(　　)。

A. 买方信贷　　B. 卖方信贷

C. 买入返售　　D. 卖出返售

10. 财务公司进行短期资金融通、调剂头寸和临时性资金余缺的重要工具是(　　)。

A. 贷款业务　　B. 发行金融债券

C. 同业拆借业务　　D. 结算业务

11. 由一家金融租赁公司牵头召集,由若干金融租赁公司参与和承租人签订融资租赁合同,金融租赁公司按出资比例或约定的方式提供资金、承担风险和分享收益的形式是(　　)。

A. 直接融资租赁　　B. 转租赁

C. 售后回租　　D. 联合租赁

12. 允许金融租赁公司吸收非银行股东(　　)个月(含)以上的定期存款。

A. 3　　B. 6

C. 9　　D. 12

13. 金融资产转让或受让融资租赁资产要符合(　　)原则。

A. 利益优先　　B. 洁净转让

C. 客观转让　　D. 权益清晰

14. 购车贷款属于汽车金融公司的(　　)业务。

A. 资产　　B. 负债

C. 中间　　D. 其他

15. 汽车金融公司提供汽车融资租赁业务时,汽车的所有权归(　　)。

A. 汽车金融公司　　B. 消费者

C. 中介公司　　D. 以上都不是

16. (　　)是指经中国银保监会批准,在中华人民共和国境内设立的,不吸收公众存款,以小额、分散为原则,为中国境内居民个人提供以消费为目的的贷款的非银行金融机构。

A. 汽车消费公司　　B. 消费金融公司

C. 货币经纪公司　　D. 金融租赁公司

17. 消费金融公司的客户定位是(　　)。

A. 高收入者　　B. 中收入者

C. 低收入者　　D. 中低收入者

18. 消费金融公司向个人发放消费贷款不应超过客户风险承受能力且借款人贷款余额最高不得超过人民币(　　)万元。

A. 5　　B. 10

C. 15　　D. 20

19. 货币经纪公司最早起源于(　　)。

A. 美国　　B. 英国

C. 中国　　D. 意大利

二、多项选择题（在以下各小题所给出的选项中，至少有两个选项符合题目要求，请将正确选项的代码填入括号内）

1. 金融资产管理公司包括（　　）。
A. 中国信达资产管理公司
B. 中国东方资产管理公司
C. 中国长城资产管理公司
D. 中国华融资产管理公司
E. 中国中信资产管理公司

2. 我国金融资产管理公司商业化改革转型后，其功能定位有（　　）。
A. 不良资产管理市场的培育者
B. 各类存量资产的盘活者
C. 不良资产处置市场的培育者
D. 处置金融不良资产的监管者
E. 多元化金融服务的实践者

3. 金融类不良资产的特点有（　　）。
A. 低收益
B. 低流动性
C. 处于贬值
D. 过度积聚的危害性
E. 价值实现具有一定的条件性

4. 银行不良贷款包括（　　）。
A. 正常贷款
B. 关注贷款
C. 次级贷款
D. 可疑贷款
E. 损失贷款

5. 信托的构成要素有（　　）。
A. 信托当事人
B. 信托目的
C. 信托关系
D. 信托财产
E. 信托行为

6. 根据信托财产运用方式的不同，信托业务可以分为（　　）。
A. 资金信托
B. 财产信托
C. 融资类信托
D. 投资类信托
E. 事务管理类信托

7. 信托业务的禁止性规定有（　　）。
A. 利用受托人地位谋取不当利益
B. 将信托财产挪用于非信托目的的用途
C. 承诺信托财产不受损失或者保证最低收益
D. 以信托财产提供担保
E. 法律法规和中国银保监会禁止的其他行为

8. 财务公司的基本功能有（　　）。
A. 集团资金归集平台
B. 集团资金结算平台
C. 集团资金投资平台
D. 集团资金监控平台
E. 集团金融服务平台

9. 财务公司开展（　　）业务时，需要向中国银保监会申请。
A. 经批准发行财务公司债券
B. 承销成员单位的企业债券
C. 对金融机构的股权投资
D. 有价证券投资
E. 成员单位产品的消费信贷、买方信贷及融资租赁

10. 财务公司的负债业务包括（　　）。
A. 吸收成员单位存款
B. 同业负债业务
C. 委托贷款
D. 结算业务
E. 发行金融债券

11. 财务公司对成员单位办理财务和融资顾问，主要是为成员单位的(　　)活动提供咨询、分析、方案设计等服务。

A. 投融资　　B. 资本运作

C. 并购重组　　D. 资产管理

E. 债务管理

12. 下列属于汽车金融公司负债业务的有(　　)。

A. 接受承租人汽车租赁保证金　　B. 吸收股东3个月以上定期存款

C. 同业拆入　　D. 向金融机构借款

E. 发行金融债券

13. 消费金融公司的核心业务有(　　)。

A. 发放个人消费贷款　　B. 向境内金融机构借款

C. 同业拆借　　D. 代理销售与消费贷款相关的保险产品

E. 固定收益类证券投资业务

14. 货币经纪公司只能向金融机构提供有关(　　)等交易的经纪服务。

A. 外汇　　B. 货币市场产品

C. 贷款　　D. 衍生产品

E. 融资

三、判断题(请判断以下各小题的正误，正确的选A，错误的选B)

1. 金融资产管理公司最初的核心功能是防范和化解金融风险。(　　)

A. 正确　　B. 错误

2. 信托当事人至少包括委托人、受托人和受益人三方。(　　)

A. 正确　　B. 错误

3. 信托公司管理、运用信托计划财产，应当恪尽职守，履行诚实、信用、谨慎、有效管理的义务，维护委托人的最大利益。(　　)

A. 正确　　B. 错误

4. 财务公司主要服务中小企业。(　　)

A. 正确　　B. 错误

5. 财务公司不可以向成员单位开展全部种类本外币的贷款业务。(　　)

A. 正确　　B. 错误

6. 委托贷款的贷款风险由受托人承担。(　　)

A. 正确　　B. 错误

7. 财务公司对成员单位提供担保包括融资性担保和非融资性担保。(　　)

A. 正确　　B. 错误

8. 金融租赁公司拆入资金的最长期限为6个月，拆入资金余额不得超过实收资本的100%。(　　)

A. 正确　　B. 错误

9. 汽车金融公司拆入资金的最长期限为6个月。(　　)

A. 正确　　B. 错误

10. 消费金融公司不可以发行金融债券。(　　)

A. 正确　　B. 错误

11. 货币经纪公司是资金、债券和外汇等交易的集合点，发挥交易媒介作用。(　　)

A. 正确　　B. 错误

答案详解

一、单项选择题

1. C。【解析】金融资产管理公司成立之初的功能定位是作为专门的逆周期管理工具和金融救助机构。
2. A。【解析】金融资产管理公司的业务主要包括不良资产业务、投资业务和中间业务等，其中，不良资产业务是核心业务。
3. C。【解析】信托的设立以具有确定的信托财产为前提。
4. C。【解析】根据信托财产形态的不同，可以分为资金信托和财产信托，财产信托包括动产信托、不动产信托、有价证券信托、其他财产或财产权信托。
5. C。【解析】信托公司管理信托计划应当遵守的规定之一是：向他人提供贷款不得超过其管理的所有信托计划实收余额的30%，但中国银保监会另有规定的除外。
6. A。【解析】信托公司设立信托计划，信托期限不少于1年。
7. D。【解析】财务公司的基本定位包括以下几个方面：一是通过作为内部银行的金融机构地位，提高企业集团内部资金融通的效率，最大限度地降低财务费用；二是紧紧围绕成员单位业务和产品，促进成员单位业务的拓展和产品的销售；三是利用自身金融机构在信息、资金等方面的优势，为成员单位提供全方位的顾问服务。
8. C。【解析】同业拆入属于财务公司的负债业务，其他三个选项属于财务公司的资产业务。
9. C。【解析】买入返售是指两家金融机构之间按照协议约定先买入金融资产，再按约定价格于到期日将该项金融资产返售的资金融通行为。
10. C。【解析】同业拆借业务是财务公司进行短期资金融通、调剂头寸和临时性资金余缺的重要工具。
11. D。【解析】联合租赁就是由一家金融租赁公司牵头召集，由若干金融租赁公司参与和承租人签订融资租赁合同，金融租赁公司按出资比例或约定的方式提供资金、承担风险和分享收益。
12. A。【解析】修订后的《金融租赁公司管理办法》放宽了股东存款业务的条件，允许吸收非银行股东3个月(含)以上的定期存款。
13. B。【解析】金融租赁公司转让或受让金融租赁资产是指金融租赁公司向其他金融租赁公司、银行以及非银行金融机构转让或者从这些机构受让融资租赁资产的行为。金融资产转让或受让融资租赁资产要符合洁净转让原则。
14. A。【解析】购车贷款属于汽车金融公司的资产业务。
15. A。【解析】汽车融资租赁业务中，在租赁期内，汽车的所有权属于汽车金融公司所有，消费者拥有汽车的使用权。
16. B。【解析】消费金融公司是指经中国银保监会批准，在中华人民共和国境内设立的，不吸收公众存款，以小额、分散为原则，为中国境内居民个人提供以消费为目的的贷款的非银行金融机构。
17. D。【解析】消费金融公司基本功能定位是：面向中低收入群体，提供除住房和汽车之外的消费信贷服务。
18. D。【解析】消费金融公司向个人发放消费贷款不应超过客户风险承受能力且借款人贷款余额最高不得超过人民币20万元。
19. B。【解析】货币经纪公司最早起源于英国外汇市场。

二、多项选择题

1. ABCD。【解析】金融资产管理公司是指1999年我国先后成立的中国信达资产管理公司、中国东方资产管理公司、中国长城资产管理公司和中国华融资产管理公司。
2. ABCE。【解析】随着我国金融资产管理公司商业化改革转型的逐步推进，其功能定位也在不断扩展，主要有：一是不良资产管理和处置市场的培育者；二是各类存量资产的盘活者；三是多元化金融服务的实践者。
3. ABCDE。【解析】与正常的金融资产相比，金融类不良资产具有低收益和低流动性以及处于贬值、过度积聚的危害性、价值实现具有一定的条件性等特征。

4. CDE。【解析】不良贷款主要包括贷款五级分类中划分为次级、可疑、损失类的银行贷款，以及银行认定的包括表外项目中的直接信用替代项目在内的其他各类不良资产。

5. ABDE。【解析】信托的设立至少包括以下四个构成要素：一是信托当事人；二是信托目的；三是信托财产；四是信托行为。

6. CDE。【解析】根据信托财产运用方式的不同，信托业务可以分为融资类信托、投资类信托和事务管理类信托。

7. ABCDE。【解析】信托公司开展信托业务，不得有下列行为：(1)利用受托人地位谋取不当利益。(2)将信托财产挪用于非信托目的的用途。(3)承诺信托财产不受损失或者保证最低收益。(4)以信托财产提供担保。(5)法律法规和中国银保监会禁止的其他行为。

8. ABDE。【解析】财务公司主要服务集团资金集中管理，通过发挥“集团资金归集平台、集团资金结算平台、集团资金监控平台、集团金融服务平台”等基本功能，促进集团优化资源配置，节约财务成本，保障资金安全，提升运行效率。

9. ABCDE。【解析】符合条件的财务公司，可以向中国银保监会申请从事下列业务：(1)经批准发行财务公司债券。(2)承销成员单位的企业债券。(3)对金融机构的股权投资。(4)有价证券投资。(5)成员单位产品的消费信贷、买方信贷及融资租赁。

10. ABE。【解析】财务公司的负债业务包括吸收成员单位存款、同业负债业务和发行金融债券。

11. ABDE。【解析】财务公司对成员单位办理财务和融资顾问是指财务公司根据成员单位的需求，为成员单位的投融资、资本运作、资产管理和债务管理等活动提供咨询、分析、方案设计等服务。

12. ABCDE。【解析】汽车金融公司的负债业务有：接受汽车经销商采购车辆贷款保证金和承租人汽车租赁保证金；吸收股东3个月以上定期存款；同业拆入；向金融机构借款；发行金融债券。

13. ABCDE。【解析】根据《消费金融公司试点管理办法》的规定，题干中的选项均属于消费金融公司的核心业务。

14. ABD。【解析】货币经纪公司只能向金融机构提供有关外汇、货币市场产品、衍生产品等交易的经纪服务。

三、判断题

1. A。【解析】金融资产管理公司成立之初的功能定位是作为专门的逆周期管理工具和金融救助机构，其最初的核心功能是防范和化解金融风险，充当经济金融体系的“稳定器”、金融风险的“防火墙”和金融危机的“救火队”。

2. A。【解析】信托当事人，至少包括委托人、受托人和受益人三方，从而区别于只有两方当事人的合同关系。

3. B。【解析】信托公司管理、运用信托计划财产，应当恪尽职守，履行诚实、信用、谨慎、有效管理的义务，维护受益人的最大利益。

4. B。【解析】财务公司主要服务集团资金集中管理。

5. B。【解析】财务公司可以向成员单位开展全部种类本外币的贷款业务。

6. B。【解析】委托贷款的贷款风险由委托人承担。

7. A。【解析】财务公司对成员单位提供担保包括融资性担保和非融资性担保。

8. B。【解析】金融租赁公司拆入资金的最长期限为3个月，拆入资金余额不得超过实收资本的100%。

9. B。【解析】汽车金融公司拆入资金的最长期限为3个月。

10. B。【解析】根据《消费金融公司试点管理办法》的规定，消费金融公司经批准可以发行金融债券。

11. A。【解析】货币经纪公司是资金、债券和外汇等交易的集合点，发挥交易媒介作用，通过掌握的多头和空头需求，撮合最匹配的双方进行交易，而不与双方发生交易，仅仅起中介作用。

第六章 内部控制、合规管理与审计

要点导图

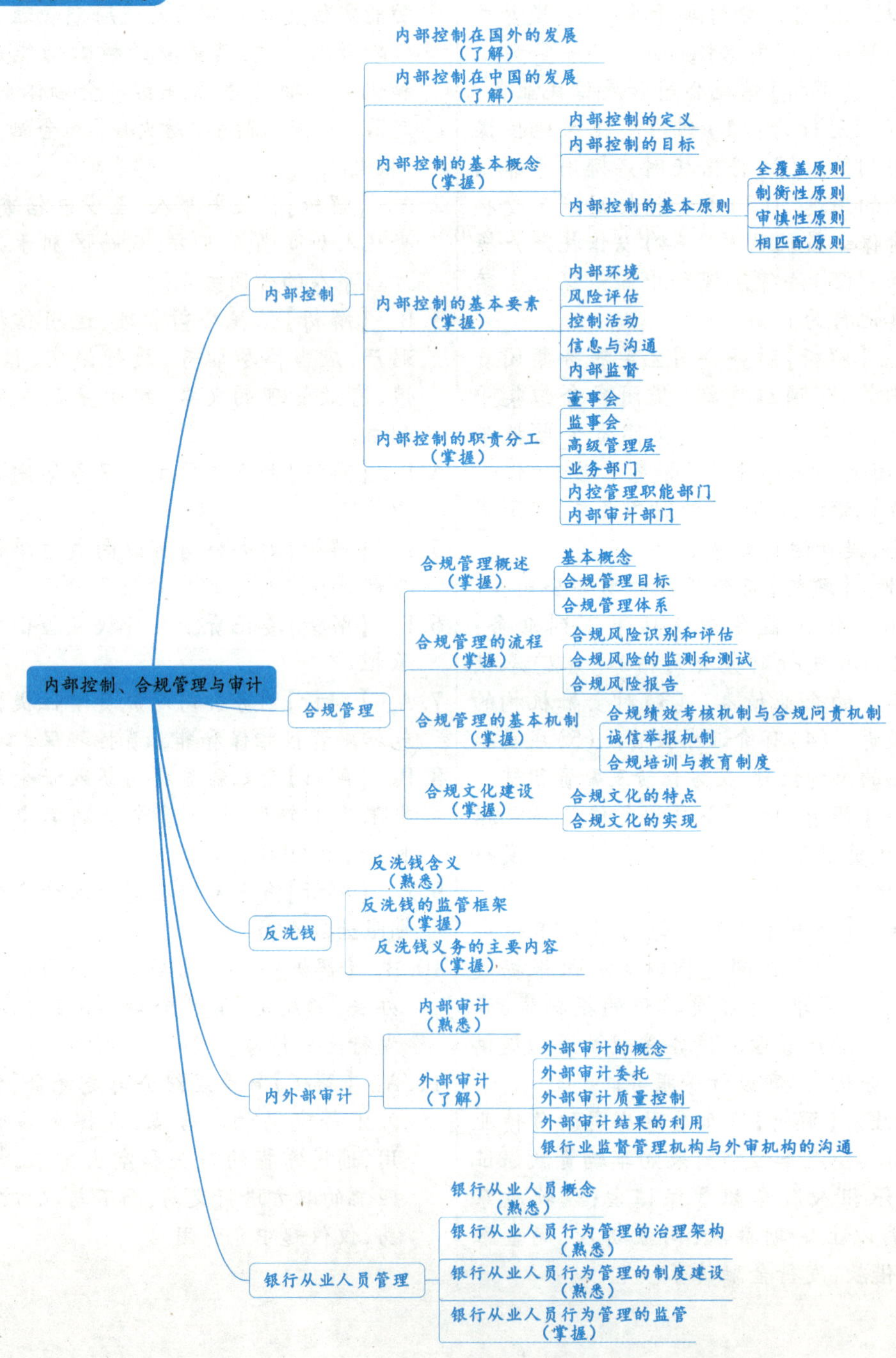

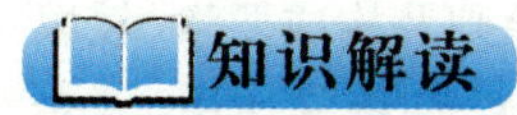

第一节　内部控制

一、内部控制在国外的发展

阶段	特点
内部牵制阶段	19世纪中叶至20世纪初期，随着产业革命完成，企业竞争加剧，急需强化内部管理，控制作为管理职能之一，逐步发展成由组织结构、职务分离、业务程序、处理手续等因素构成的内部牵制系统。内部牵制阶段主要强调安全是制衡的结果，通过前中后台分离、不相容岗位与职务分离，实现查错防弊的目的
内部控制制度阶段	一般认为，20世纪40年代至70年代属于内部控制制度阶段，在此阶段，审计理论主导内部控制的发展
内部控制结构阶段	20世纪70年代以后，内部控制的研究重点逐步从一般含义向具体内容延伸。该阶段最主要的特点是将控制环境作为一项重要的要素内容与会计制度、控制程序一起纳入内部控制结构之中
内部控制整体框架阶段	1992年COSO委员会发布了《内部控制——整体框架》，在内部控制整体框架中： (1)明确了内部控制的三大目标：财务报告的可靠性、发展的效果和效率、相关法律法规的遵循。 (2)提出了内部控制的五个要素，包括控制环境、风险评估、控制活动、信息与沟通和内部监督，这构成了内部控制的整体框架
全面风险管理阶段	COSO委员会于2004年进一步发布了《企业风险管理——整合框架》，将风险管理框架分为内部环境、目标设定、事项识别、风险评估、风险应对、控制活动、信息与沟通、监控八大要素。 巴塞尔银行监管委员会从银行角度对内部控制进行了系统研究，在1998年发布了《银行机构内部控制体系框架》和《内控体系的评价框架》。内部控制进入全面风险管理阶段，以全面风险为导向，引入全面风险管理，强调内部控制与风险管理结合

二、内部控制在中国的发展

在我国，现代意义上的内部控制是在改革开放后才逐步发展起来的。1986年，财政部颁布的《会计基础工作规范》是新中国成立后最早提及内部控制的规范文件。1996年，财政部发布了《独立审计准则第9号——内部控制和审计风险》，认为内部控制结构包括控制环境、会计系统和控制程序三个要素。1999年修订的《中华人民共和国会计法》第一次以法律的形式对建立健全内部控制提出原则性要求，之后财政部又连续制定发布了《内部会计控制规范——基本规范》等7项内部会计控制规范，为内部控制在我国实施奠定了基本的法律框架。

在2008年、2010年，财政部、证监会、审计署、原中国银监会、原中国保监会等五部委联合发布了《企业内部控制基本规范》和《企业内部控制配套指引》。《企业内部控制基本规范》建立了内部控制的总体框架和基本要求，明确了内控建设的目标、原则及构成要素，较以往的会计控制更为系统全面，在企业内部控制规范体系中处于最高层次，起统领作用。《企业内部控制配套指引》是《企业内部控制基本规范》的具体化，包括：

（1）应用指引，就企业如何围绕五要素建立健全内部控制提供指引，包括组织架构、发展战略等18项具体业务环节或领域。

（2）评价指引，就企业管理层对本企业进行内部控制自我评价提供指引。

（3）审计指引，为会计师事务所执行企业内部控制有效性审计提供指引。

每类指引既自成一体，又相互衔接，连同《企业内部控制基本规范》，形成了具有统一性、公认性和权威性的中国企业内部控制规范体系，标志着适应我国实际情况、融合国际先进经验的中国企业内部控制规范体系基本建成，在我国企业内部控制建设史上具有里程碑意义。

银行业监督管理机构于2014年修订发布了新版《商业银行内部控制指引》，明确了商业银行内部控制目标、原则、职责及措施，同时还从内控评价、内控监测和监管约束等方面引导银行强化内控管理。

典题精练

【例1·单项选择题】（　　）阶段主要强调安全是制衡的结果，通过前中后台分离、不相容岗位与职务分离，实现查错防弊的目的。

A. 内部牵制　　B. 内部控制制度

C. 内部控制结构　　D. 内部控制整体框架

A。【解析】内部牵制阶段主要强调安全是制衡的结果，通过前中后台分离、不相容岗位与职务分离，实现查错防弊的目的。

三、内部控制的基本概念

要点	内容
定义	我国于2008年颁布的《企业内部控制基本规范》将内部控制定义为：由企业董事会、监事会、经理层和全体员工实施的、旨在实现控制目标的过程。2014年《商业银行内部控制指引》明确表明：内部控制是商业银行董事会、监事会、高级管理层和全体员工参与的，通过制定和实施系统化的制度、流程和方法，实现控制目标的动态过程和机制
目标	（1）保证商业银行风险管理的有效性。 （2）保证商业银行发展战略和经营目标的实现。 （3）保证国家有关法律法规及规章的贯彻执行。 （4）保证商业银行业务记录、会计信息、财务信息和其他管理信息的真实、准确、完整和及时。 在上述四个控制目标中，商业银行经营管理合法合规、风险管理有效、财务会计等相关信息真实完整是内部控制的基础目标，建立和实施内部控制不仅要满足基础目标，还要最终保证商业银行发展战略和经营目标的实现
基本原则	根据《商业银行内部控制指引》的规定，银行建立与实施内部控制应当遵循全覆盖原则、制衡性原则、审慎性原则和相匹配原则

典题精练

【例 2 · 多项选择题】商业银行的内部控制目标有(　　)。

A. 保证国家有关法律法规及规章的贯彻执行

B. 保证商业银行发展战略和经营目标的实现

C. 保证商业银行风险管理的有效性

D. 保证商业银行盈利的顺利实现

E. 保证商业银行业务记录、会计信息、财务信息和其他管理信息的真实、准确、完整和及时

ABCE。【解析】《商业银行内部控制指引》确定了商业银行内部控制的四项目标：一是保证国家有关法律法规及规章的贯彻执行；二是保证商业银行发展战略和经营目标的实现；三是保证商业银行风险管理的有效性；四是保证商业银行业务记录、会计信息、财务信息和其他管理信息的真实、准确、完整和及时。

四、内部控制的基本要素

1. 内部环境

构成银行内部控制环境的因素分为外部环境和内部环境，外部环境对内部控制的影响更多体现在约束和规范，但不能把它作为内部控制系统的组成部分，因为它超出了银行的控制范围，而内部环境是直接造成内部控制形式和内容差异的根本原因，并被视为内部控制的基本构成要素。内部环境是影响、制约银行内部控制制度建立与执行的各种内部因素的总称，是银行实施内部控制的基础，一般包括组织架构、人力资源政策、企业文化等。

要点	内容
组织架构	组织架构在内部环境中居于基础地位，它包括治理结构、内部机构设置和权责分配
人力资源	人力资源是指银行在建立和完善组织架构的基础上，如何充分发挥"人"的作用。银行应当制定有利于可持续发展的人力资源政策，将职业道德修养和专业胜任能力作为选拔和聘用员工的重要标准，保证从业人员具备必要的专业资格和从业经验，加强员工培训。此外，商业银行应当制定规范员工行为的相关制度，明确对员工的禁止性规定，加强对员工行为的监督和排查，建立员工异常行为举报、查处机制
企业文化	作为软实力，企业文化在经营发展中的深层次影响和决定作用日益显现，商业银行应当培育良好的企业内控文化，引导员工树立合规意识、风险意识，提高员工的职业道德水准，规范员工行为
规章制度	规章制度既是各项经营管理活动开展的依据，也是内部控制落实的重要载体。商业银行应当建立健全内部控制制度体系，对各项业务活动和管理活动制定全面、系统、规范的业务制度和管理制度，并定期进行评估

2. 风险评估

风险评估是指商业银行及时识别、系统分析经营活动中与实现内部控制目标相关的风险，合理确定风险应对策略。风险评估主要包括目标设定、风险识别、风险分析和风险应对，是实施内部控制的重要环节。

要点	内容
目标设定	商业银行应当根据设定的控制目标，全面系统持续地收集相关信息，结合实际情况，及时进行风险评估。这里所指的控制目标主要包括经营管理合法合规、财务会计、风险管理有效等相关信息真实完整以及发展战略和经营目标的实现，在实践中须结合实际进一步细化
风险识别	商业银行应当采用科学的风险管理技术和方法，充分识别和评估经营中面临的风险，密切关注内外部主要风险因素，不仅包括企业内部因素（人力资源、自主创新、运营管理、财务等），还包括企业外部因素（科技、经济、法律、社会、自然环境等）。这些风险因素应在实施内部控制过程中，通过日常或定期的评估程序与方法加以识别。在识别基础上，商业银行应当合理确定各项业务活动和管理活动的风险控制点，采取适当的控制措施，执行标准统一的业务流程和管理流程，确保规范运作。同时，对各类主要风险要进行持续监控
风险分析	商业银行在识别风险的基础上，采用定性与定量相结合的方法，按照风险发生的可能性及其影响程度等，对识别的风险进行分析和排序，确定关注重点和优先控制的风险的过程称为风险分析。商业银行进行风险分析，应当充分吸收专业人员，组成风险分析团队，按照严格规范的程序开展工作，确保风险分析结果的准确性
风险应对	风险应对是指风险应对策略的选择，根据风险分析结果，结合风险承受度，权衡风险与收益，确定风险应对策略。风险应对策略包括风险规避、风险降低、风险分担和风险承受四种基本类型

3. 控制活动

结合具体业务和事项，为确保管理层的指令得以实现，所运用的控制政策、程序及措施称为控制活动。商业银行应根据风险评估结果，通过手工控制与自动控制、预防性控制与发现性控制相结合的方法，运用相应控制措施，将风险控制在可承受度之内，是实施内部控制的具体方式和载体。控制措施主要包括不相容职务分离控制、会计系统控制、运营控制、授权审批控制、绩效考评控制等。

要点	内容
不相容职务分离控制	不相容职务分离控制要求商业银行应当全面系统地分析、梳理业务流程和管理活动中所涉及的不相容岗位，实施相应的分离措施，形成相互制约的岗位安排。银行内部控制的基本控制手段是不相容职务分离。 不相容职务是指那些不能由一个部门或人员兼任，否则可能发生弄虚作假或舞弊行为的职务。一般情况下，业务活动通常可分为申请、审批、执行、记录四个步骤，如果每一个步骤都由相对独立的人员或部门分别实施或执行，就能够保证不相容职务分离。一般应当加以分离的不相容职务有业务执行与相应记录、授权审批与业务执行、业务执行与监督审核、财务保管与相应记录、授权批准与监督检查等

（续表）

要点	内容
会计系统控制	会计系统控制主要是对企业发生的经济业务事项进行确认、计量和报告过程所实施的控制。 商业银行应当严格执行会计准则与制度，及时准确地反映各项业务交易，确保财务会计信息真实、可靠、完整。同时，应当建立有效的核对、监控制度，对各种账证、报表定期进行核对，对现金、有价证券等有形资产和重要凭证及时进行盘点
运营控制	(1)商业银行应当建立与其战略目标相一致的业务连续性管理体系，明确组织结构和管理职能，制订业务连续性计划，组织开展演练和定期的业务连续性管理评估，有效应对运营中断事件，保证业务持续运营。 (2)定期开展运营情况分析，发现存在的问题，及时查明原因并加以改进
授权审批控制	授权审批控制要求银行各级人员必须经过适当的授权才能执行有关经济业务，未经授权和批准不得处理有关业务，授权审批控制是企业内部控制的重要控制手段。商业银行应当根据各分支机构和各部门的经营能力、管理水平、风险状况和业务发展需要，建立相应的授权体系，明确各级机构、部门、岗位、人员办理业务和事项的权限，并实施动态调整。 授权一般分为： (1)常规授权，是指企业在日常经营管理活动中按照既定的职责和程序进行的授权。 (2)特别授权，是指企业在特殊情况、特定条件下进行的授权。 对于特别授权，要对其范围、权限、程序和责任进行严格界定和控制，防止特别授权滥用。此外，对于重大的业务和事项，商业银行应当实行集体决策审批，任何个人不得单独进行决策或者擅自改变集体决策
绩效考评控制	绩效考评控制要求银行建立和实施绩效考评制度，科学设置考核指标体系，对内部各责任单位和全体员工的业绩进行定期考核和客观评价，将考评结果作为确定员工薪酬以及职务晋升、评优、降级、调岗、辞退等的依据。 商业银行应当建立科学的绩效考评体系、合理设定内部控制考评标准，对考评对象在特定期间的内部控制管理活动进行评价，并根据考评结果改进内部控制管理。同时，应当对内控管理职能部门和内部审计部门建立区别于业务部门的绩效考评方式，以利于其有效履行内部控制管理和监督职能

商业银行还应当建立重大风险预警机制和突发事件应急处理机制，明确风险预警标准，对可能发生的重大风险或突发事件，制定应急预案、明确责任人员、规范处置程序，确保突发事件得到及时妥善的处理。

4. 信息与沟通

信息与沟通是指商业银行及时、准确、完整地收集整理与经营管理相关的各种内外部信息，并借助信息技术，促使这些信息以恰当的方式在各个层级之间进行及时传递、有效沟通和正确使用的过程。信息与沟通贯穿于内部控制体系的内部环境、风险评估、控制活动、内部监督全过程，为内部控制有效运行提供信息保证，从而有助于提高企业内部控制的效率和效果。

要点	内容
信息与沟通的基本要求	(1)信息收集，收集内容有： ①内部信息，是指来源于银行内部，由各项经营活动产生的信息，如经营信息、财务信息、人员信息等。 ②外部信息，是指由银行外部产生，对生产经营有一定影响作用的信息，如行业信息、监管信息等。 (2)信息加工，对所收集的零散的、非系统的信息进行合理筛选、核对、整合，确保信息的准确性、及时性和相关性，提高信息的有用性。 (3)信息传递，银行应当将内部控制相关信息在企业内部各管理层级、责任单位、业务环节之间，以及银行与外部投资者、债权人、客户、供应商、中介机构和监管部门等有关方面之间进行沟通和反馈。信息沟通过程中发现的问题，应当及时报告并加以解决
信息技术的运用	(1)通过信息系统强化内部控制，减少人为因素，提升“机控”水平，提高控制效率效果。商业银行应当建立健全信息系统控制，通过内部控制流程与业务操作系统和管理信息系统的有效结合，加强对业务和管理活动的系统自动控制。 (2)加强对信息系统的开发与维护、访问与变更、数据输入与输出、文件储存与保管、网络安全等方面的控制，保证信息系统安全稳定运行。商业银行应当建立贯穿各级机构、覆盖所有业务和全部流程的管理信息系统和业务操作系统，及时、准确记录经营管理信息，确保信息的完整、连续、准确和可追溯。同时，还应当加强对信息的安全控制和保密管理，对各类信息实施分等级安全管理，对信息系统访问实施权限管理，确保信息安全
反舞弊及客户投诉	(1)商业银行应当建立反舞弊机制，坚持惩防并举、重在预防的原则，明确反舞弊工作的重点领域、关键环节和有关机构在反舞弊工作中的职责权限，规范舞弊案件的举报、调查、处理、报告和补救程序。 (2)商业银行应当建立举报投诉制度和举报人保护制度，设置举报专线，明确举报投诉处理程序、办理时限和办结要求，确保举报、投诉成为企业有效掌握信息的重要途径。 (3)商业银行应当建立健全客户投诉处理机制，制订投诉处理工作流程，定期汇总分析投诉反映事项，查找问题，有效改进服务和管理

5. 内部监督

内部监督是商业银行对内部控制建立与实施情况进行监督检查，评价内部控制的有效性，及时发现内部控制缺陷并加以改进的过程。内部监督是内部控制体系中不可或缺的重要组成部分，是内部控制得到有效实施的有力保障，在内部控制构成要素中，具有十分重要的作用。

要点	内容
内部控制评价	商业银行内部控制评价是对商业银行内部控制体系建设、实施和运行结果开展的调查、测试、分析和评估等系统性活动。商业银行内部控制评价应当由董事会指定的部门组织实施。商业银行开展内部控制评价,应重点做好以下几个方面: (1)在评价实施方面,商业银行应当根据业务经营情况和风险状况确定内部控制评价的频率,至少每年开展一次。当商业银行发生重大的并购或处置事项、营运模式发生重大改变、外部经营环境发生重大变化,或其他有重大实质影响的事项发生时,应当及时组织开展内部控制评价。 (2)在评价质量控制方面,商业银行应当建立内部控制评价质量控制机制,对评价工作实施全流程质量控制,确保内部控制评价客观公正。 (3)在评价对象方面,商业银行应当对纳入并表管理的机构进行内部控制评价,包括商业银行及其附属机构。 (4)在评价结果运用方面,商业银行应当强化内部控制评价结果运用,可将评价结果与被评价机构的绩效考评和授权等挂钩,并作为被评价机构领导班子考评的重要依据。 (5)在评价标准制订方面,商业银行应当制定内部控制缺陷认定标准,根据内部控制缺陷的影响程度和发生的可能性划分内部控制缺陷等级,并明确相应的纠正措施和方案。 (6)在评价结果报告方面,商业银行年度内部控制评价报告经董事会审议批准后,于每年4月30日前报送国务院银行业监督管理机构或对其履行法人监管职责的属地银行业监督管理机构。商业银行分支机构应将其内部控制评价情况,按上述时限要求,报送属地银行业监督管理机构
内部控制监督	商业银行内部审计部门、内控管理职能部门和业务部门均承担内部控制监督检查的职责,根据分工协调配合,构建覆盖各级机构、各个产品、各个业务流程的监督检查体系。 对于监督发现的内部控制缺陷,按以下步骤操作: (1)建立报告和信息反馈制度,相关监督部门按照规定报告路线及时报告董事会、监事会、高级管理层或相关部门。 (2)建立内部控制问题整改机制,明确整改责任部门,规范整改工作流程,确保整改措施落实到位。 (3)建立内部控制管理责任制,强化责任追究。董事会、高级管理层应当对内部控制的有效性分级负责,并对内部控制失效造成的重大损失承担管理责任;内部审计部门、内控管理职能部门应当对未适当履行监督检查和内部控制评价职责承担直接责任;业务部门应当对未执行相关制度、流程,未适当履行检查职责,未及时落实整改承担直接责任

典题精练

【例3·单项选择题】下列属于商业银行企业内部风险因素的是(　　)。

A. 自主创新　　B. 经济

C. 法律　　D. 社会

A。【解析】商业银行应当采用科学的风险管理技术和方法，充分识别和评估经营中面临的风险，密切关注内外部主要风险因素，既包括人力资源、运营管理、自主创新、财务等企业内部因素，也包括经济、法律、社会、科技、自然环境等企业外部因素。

【例4·判断题】对于重大的业务和事项，商业银行应当实行特别授权，任何个人不得单独进行决策或者擅自改变集体决策。(　　)

A. 正确　　B. 错误

B。【解析】对于重大的业务和事项，商业银行应当实行集体决策审批，任何个人不得单独进行决策或者擅自改变集体决策。

五、内部控制的职责分工

要点	职责分工
董事会	(1)负责保证商业银行建立并实施充分有效的内部控制体系，保证商业银行在法律和政策框架内审慎经营。 (2)负责监督高级管理层对内部控制体系的充分性与有效性进行监测和评估。 (3)负责明确设定可接受的风险水平，保证高级管理层采取必要的风险控制措施
监事会	(1)负责监督董事会、高级管理层完善内部控制体系。 (2)负责监督董事会、高级管理层及其成员履行内部控制职责
高级管理层	(1)负责执行董事会决策。 (2)负责根据董事会确定的可接受的风险水平，制定系统化的制度、流程和方法，采取相应的风险控制措施。 (3)负责组织对内部控制体系的充分性与有效性进行监测和评估。 (4)负责建立和完善内部组织机构，保证内部控制的各项职责得到有效履行
业务部门	业务部门是内部控制的“第一道防线”。其主要职责包括： (1)负责参与制定与自身职责相关的业务制度和操作流程。 (2)负责组织开展监督检查。 (3)负责严格执行相关制度规定。 (4)负责按照规定时限和路径报告内部控制存在的缺陷，并组织落实整改
内控管理职能部门	内部控制管理职能部门与风险合规部门是内部控制的“第二道防线”。商业银行应当指定专门部门作为内控管理职能部门，牵头内部控制体系的统筹规划、组织落实和检查评估
内部审计部门	内部审计部门是内部控制的“第三道防线”。商业银行内部审计部门履行内部控制的监督职能，负责对商业银行内部控制的充分性和有效性进行审计，及时报告审计发现的问题，并监督整改

【例5·判断题】内部审计部门是内部控制的“第三道防线”。(　　)

A. 正确　　B. 错误

A。【解析】内部审计部门是内部控制的“第三道防线”。

本节速览

内部控制	内部环境	风险评估	控制活动
信息与沟通	内部监督	董事会	高级管理层

第二节　合规管理

一、合规管理概述

1. 基本概念

要点	内容
合规	合规是指商业银行的各项经营活动与法律、规则和准则相一致。合规的前提是界定和确认规则与准则的范围
合规风险	合规风险指商业银行因没有遵守法律、规则和准则可能遭受法律制裁、监管处罚、重大财务损失和声誉损失的风险。合规风险所导致的损失后果有多种表现形式,既可能是遭受到法律制裁,也可能是在财务上蒙受损失
合规管理	商业银行的合规管理实质上是围绕实现商业银行合规目标进行的一种管理活动。银行合规管理作为商业银行一项核心的管理活动也就是商业银行在日常经营活动中主动识别、评估、监测和报告合规风险,并且主动采取适当纠正措施,控制和管理银行合规风险,以避免因违规经营而导致法律制裁、监管处罚、重大财务损失和声誉损失等的动态循环过程。 合规管理贯穿于商业银行管理的全过程中,涵盖了商业银行业务的各个方面。合规管理的主要内容包括识别、评估合规风险并制定合规管理规划和相关政策程序,组织、指导各相关部门实施合规管理的政策和程序,督促、监控银行的合规工作,定期对银行的合规工作进行考核评价,发现并纠正其中的偏差和不足等

2. 合规管理目标

根据《商业银行合规风险管理指引》第五条的规定,商业银行合规风险管理的目标是通过建立健全合规风险管理框架,实现对合规风险的有效识别和管理,促进全面风险管理体系建设,确保依法合规经营。因此,合规管理的最终目标是合规。商业银行开展合规管理的目的是通过管理,让银行各项行为合乎各类规则和准则的要求,确保商业银行通过该项管理能够有效地控制合规风险,避免商业银行因为违规行为而遭受法律制裁,或者蒙受财物损失,或者导致声誉损失,从而保证实现银行的最大利益。

3. 合规管理体系

合规风险管理体系，不仅是商业银行实施全面风险管理战略的有机组成部分，也是商业银行构建有效内部控制机制的基础和核心，更是银行安全稳健运营的重要基础。《商业银行合规风险管理指引》明确规定了合规风险管理体系应该具体包括的基本要素：合规政策、合规管理部门的组织结构和资源、合规风险管理计划、合规风险识别和管理流程、合规培训与教育制度。只有以上所有要素都极为稳健并能协调运转，银行机构才能有效管理当前及未来所面临的合规责任和合规风险。

（1）董事会和管理层的管理职责。商业银行的董事会对构建高效合规风险管理体系以确保银行合规负有最终责任。银行合规风险管理体系的有效性在很大程度上取决于董事会和高级管理层所采取的措施。

要点	管理职责
董事会	①审议批准商业银行的合规政策，并监督合规政策的实施。 ②审议批准高级管理层提交的合规风险管理报告，并对商业银行管理合规风险的有效性做出评价，以使合规缺陷得到及时有效的解决。 ③授权董事会下设的风险管理委员会、审计委员会或专门设立的合规管理委员会对商业银行合规风险管理进行日常监督。 ④商业银行章程规定的其他合规管理职责。 负责日常监督商业银行合规风险管理的董事会下设委员会应通过与合规负责人单独面谈和其他有效途径，了解合规政策的实施情况和存在的问题，及时向董事会或高级管理层提出相应的意见和建议，监督合规政策的有效实施
监事会	监事会应监督董事会和高级管理层合规管理职责的履行情况
高级管理层	①制定书面的合规政策，并根据合规风险管理状况以及法律、规则和准则的变化情况适时修订合规政策，报经董事会审议批准后传达给全体员工。 ②贯彻执行合规政策，确保发现违规事件时及时采取适当的纠正措施，并追究违规责任人的相应责任。 ③任命合规负责人，并确保合规负责人的独立性。 ④明确合规管理部门及其组织结构，为其履行职责配备充分和适当的合规管理人员，并确保合规管理部门的独立性。 ⑤识别商业银行所面临的主要合规风险，审核批准合规风险管理计划，确保合规管理部门与风险管理部门、内部审计部门以及其他相关部门之间的工作协调。 ⑥每年向董事会提交合规风险管理报告，报告应提供充分依据并有助于董事会成员判断高级管理层管理合规风险的有效性。 ⑦及时向董事会或其下设委员会、监事会报告任何重大违规事件。 ⑧合规政策规定的其他职责。 《商业银行合规风险管理指引》还特别强调合规负责人作为高管层组成之一的重要责任，即应全面协调商业银行合规风险的识别和管理，监督合规管理部门根据合规风险管理计划履行职责，定期向高级管理层提交合规风险评估报告。合规负责人不得分管业务条线

（2）合规政策。商业银行的合规政策，是规定银行合规风险管理的基本方针和指导思

想，以及合规风险管理体系的总体框架等有关银行合规经营基本理念的纲领性文件，是商业银行构建合规风险管理体系以及制定合规管理程序、合规管理流程、合规手册、员工行为准则等合规指南的重要依据。商业银行的合规政策至少应包括：

①合规管理部门与风险管理部门、内部审计部门等其他部门之间的协作关系。

②设立业务条线和分支机构合规管理部门的原则。

③合规管理部门的功能和职责。

④合规管理部门的权限，包括享有与银行任何员工进行沟通并获取履行职责所需的任何记录或档案材料的权利等。

⑤合规负责人的合规管理职责。

⑥保证合规负责人和合规管理部门独立性的各项措施，包括确保合规负责人和合规管理人员的合规管理职责与其承担的任何其他职责之间不产生利益冲突等。

（3）合规部门。商业银行董事会和高级管理层在合规风险管理体系建设初期的首要任务就是任命合规负责人、组建合规管理部门。

要点	内容
合规部门的基本职责	根据《商业银行合规风险管理指引》第十八条的规定，合规管理部门应在合规负责人的管理下协助高级管理层有效识别和管理商业银行所面临的合规风险，履行以下几个方面的基本职责： ①审核评价商业银行各项政策、程序和操作指南的合规性，组织、协调和督促各业务条线和内部控制部门对各项政策、程序和操作指南进行梳理和修订，确保各项政策、程序和操作指南符合法律、规则和准则的要求。 ②持续关注法律、规则和准则的最新发展，正确理解法律、规则和准则的规定及其精神，准确把握法律、规则和准则对商业银行经营的影响，及时为高级管理层提供合规建议。 ③制订并执行风险为本的合规管理计划，包括特定政策和程序的实施与评价、合规风险评估、合规性测试、合规培训与教育等。 ④协助相关培训和教育部门对员工进行合规培训，包括新员工的合规培训，以及所有员工的定期合规培训，并成为员工咨询有关合规问题的内部联络部门。 ⑤积极主动地识别和评估与商业银行经营活动相关的合规风险，包括为新产品和新业务的开发提供必要的合规性审核和测试，识别和评估新业务方式的拓展、新客户关系的建立以及客户关系的性质发生重大变化等所产生的合规风险。 ⑥收集、筛选可能预示潜在合规问题的数据，如消费者投诉的增长数、异常交易等，建立合规风险监测指标，按照风险矩阵衡量合规风险发生的可能性和影响，确定合规风险的优先考虑序列。 ⑦组织制定合规管理程序以及合规手册、员工行为准则等合规指南，并评估合规管理程序和合规指南的适当性，为员工恰当执行法律、规则和准则提供指导。 ⑧实施充分且有代表性的合规风险评估和测试，包括通过现场审核对各项政策和程序的合规性进行测试，询问政策和程序存在的缺陷，并进行相应的调查，合规性测试结果应按照商业银行的内部风险管理程序，通过合规风险报告路线向上报告，以确保各项政策和程序符合法律、规则和准则的要求。 ⑨保持与监管机构日常的工作联系，跟踪和评估监管意见和监管要求的落实情况

（续表）

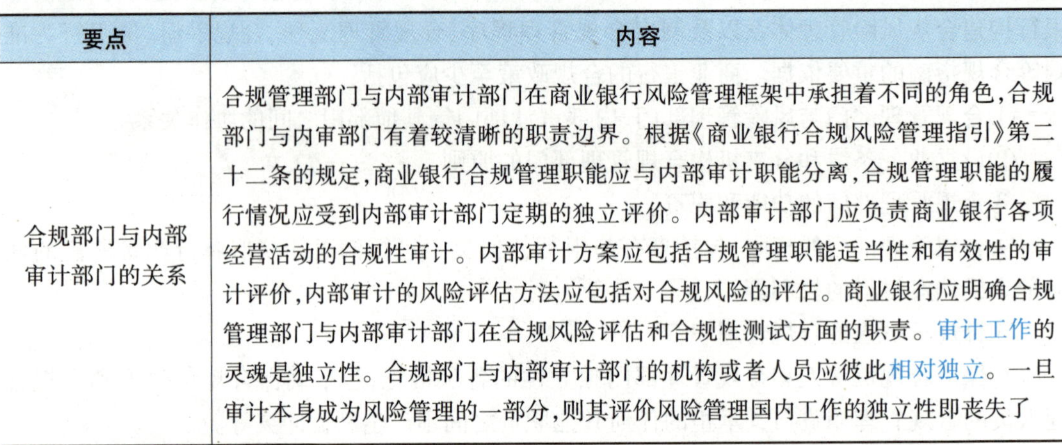

要点	内容
合规部门与内部审计部门的关系	合规管理部门与内部审计部门在商业银行风险管理框架中承担着不同的角色，合规部门与内审部门有着较清晰的职责边界。根据《商业银行合规风险管理指引》第二十二条的规定，商业银行合规管理职能应与内部审计职能分离，合规管理职能的履行情况应受到内部审计部门定期的独立评价。内部审计部门应负责商业银行各项经营活动的合规性审计。内部审计方案应包括合规管理职能适当性和有效性的审计评价，内部审计的风险评估方法应包括对合规风险的评估。商业银行应明确合规管理部门与内部审计部门在合规风险评估和合规性测试方面的职责。审计工作的灵魂是独立性。合规部门与内部审计部门的机构或者人员应彼此相对独立。一旦审计本身成为风险管理的一部分，则其评价风险管理国内工作的独立性即丧失了

典题精练

【例 6 · 单项选择题】合规管理的最终目标是（　　）。

A. 盈利　　B. 安全

C. 合规　　D. 合法

C。【解析】合规是合规管理的最终目标。

二、合规管理的流程

商业银行合规风险管理实质上就是银行内部主动管理合规风险的一个动态过程。商业银行的合规风险管理流程一般包括对合规风险的识别、评估、测试、应对、监控以及合规风险报告等。

流程	内容
合规风险识别和评估	对银行内部合规风险的存在或发生的可能性以及合规风险产生的原因等进行分析判断，并且通过收集和整理银行所有的合规风险点做成合规风险列表，以便进一步对合规风险进行评估和监测等系统性活动称为合规风险识别。合规风险识别是合规风险管理的第一个阶段，是对合规风险的定性分析，是整个合规风险管理的基础。在合规风险识别的基础上，应用一定的方法估计和测定发生因合规风险而可能导致法律制裁、监管处罚、重大财务损失和声誉损失等相关风险损失概率和损失大小，以及对银行整体运营产生影响的程度称为合规风险评估和测试。合规风险评估和测试的目的是确定合规风险对银行影响的大小，以决定是否需要采取应对措施加以监控以及应对措施采取到何种程度最为适宜等重要问题。 合规风险的识别和评估工作应当与银行设定的经营管理目标紧密结合，与银行的内部控制环境相匹配，并得到银行各业务部门或业务条线以及银行上下各个层面的配合和支持。 合规风险的识别和评估也必须是一个连续的和动态的过程，当环境和条件发生变化时，应及时对合规风险进行再识别和再评估，以确保任何新的和以前未曾予以控制的合规风险得到识别和控制

（续表）

流程	内容
合规风险的监测和测试	在整个合规风险管理过程中，风险的监测和测试属于合规风险管理的验证阶段。 合规风险的监测和测试就是要在银行内部对与合规法律、规则和准则有关的风险暴露进行追踪、核查
合规风险报告	合规风险报告是指合规管理部门等依照银行内部合规风险管理程序，并按规定的报告路线，及时、全面、完整地向管理层提供定性和定量描述的银行经营过程中所涉及的合规风险状况的报告。 合规风险报告是银行合规部门的一项重要职责，合规负责人应定期就合规事项向银行高级管理层报告。银行业监督管理机构要求商业银行应当明确合规风险报告路线以及合规风险报告的要素、格式和频率等。 合规风险报告侧重于在内部及外部沟通合规风险状况，合规风险报告一般发生在合规风险管理部门内部、合规风险管理部门与业务部门和银行其他职能部门之间，以及合规风险管理部门与银行高层之间。合规风险报告是银行合规风险管理框架中显而易见的、格外重要的纽带

典题精练

【例7·判断题】合规风险识别是合规风险管理的第一个阶段，是对合规风险的定量分析，也是整个合规风险管理的基础。（　　）

A. 正确　　　　B. 错误

B。【解析】合规风险识别是合规风险管理的第一个阶段，是对合规风险的定性分析，也是整个合规风险管理的基础。

三、合规管理的基本机制

机制	内容
合规绩效考核机制与合规问责机制	银行合规管理的绩效考核和问责通常分为两个层面： （1）对经营管理部门管理层和工作人员的考核问责。 （2）对合规部门管理层和工作人员的问责。 根据《商业银行合规风险管理指引》第十五条的规定，商业银行应建立对管理人员合规绩效的考核制度。商业银行的绩效考核应体现倡导合规和惩处违规的价值观念。 根据《商业银行合规风险管理指引》第十六条的规定，商业银行应建立有效的合规问责制度，严格对违规行为的责任认定与追究，并采取有效的纠正措施，及时改进经营管理流程，适时修订相关政策、程序和操作指南。商业银行应该完善公司治理结构，加快推进流程银行改革。通过权利制衡、内外透明的监督制约机制，加强合规管理绩效考核、确保激励约束机制的公平性、建立权责清晰匹配的岗位职责体制，从机制上保证合规文化被全体员工自觉遵循，促使员工主动提高对银行的忠诚度，这对银行的长远、可持续发展有着至关重要的作用

（续表）

机制	内容
诚信举报机制	诚信举报机制是指通过制度安排、技术保障等措施，鼓励内部员工基于个人的良知、伦理与道德判断或公共利益的考虑，对其认为是违反了法律法规、监管规定或诚信道德准则的行为和主体进行举报。 根据《商业银行合规风险管理指引》第十七条的规定，商业银行应建立诚信举报制度，鼓励员工举报违法、违反职业操守或可疑的行为，并充分保护举报人。 银行从业人员能否恪守诚信准则，是能否有效防范合规风险的重要手段。而诚信举报机制是促进员工遵规守法的一个制度保障。建立诚信举报机制，有利于降低信息不对称所带来的道德风险，有利于员工之间的相互约束，有利于合规文化的形成
合规培训与教育制度	合规培训与教育可以分为两个方面： (1)对经营管理部门管理层和工作人员的教育与培训。 (2)对合规部门职员的教育与培训。 合规管理部门应在合规负责人的管理下协助高级管理层有效识别和管理商业银行所面临的合规风险，履行的基本职责包括协助相关培训和教育部门对员工进行合规培训，包括新员工的合规培训，以及所有员工的定期合规培训，并成为员工咨询有关合规问题的内部联络部门。 商业银行应为合规管理部门配备有效履行合规管理职能的资源。合规管理人员应具备与履行职责相匹配的资质、经验、专业技能和个人素质。商业银行应定期为合规管理人员提供系统的专业技能培训，尤其是在正确把握法律、规则和准则的最新发展及其对商业银行经营的影响等方面的技能培训。银行内部尤其是银行高管应认识到合规教育培训是帮助强化良好合规性与成功业务之间联系的战略手段，有利于提高员工认识合规的重要性，使他们进一步理解与应用外部法规与内部行为规范，掌握与自身业务密切相关的知识与价值。同时，还能减少因不懂法而导致成本极高的错误出现的可能性，也是加强合规文化建设的有效手段之一。 合规培训与教育包括对新员工的入职培训和对所有员工的定期培训，还应该有根据不同风险需求、员工层次以及监管要求等设计的具有针对性的培训。在组织方式上，合规培训与教育可以采取包括计算机或网络培训、视频或案例研究、电话会议培训、内部交流等，通过内网、互联网、刊物等媒体工具，多角度、全方位提升员工对企业文化和行为守则的认知。同时，银行应为员工参加合规培训提供足够的资金和时间上的支持，通过各种方式的渗透，使合规成为所有员工自然而然的价值导向

典题精练

【例8·单项选择题】合规培训与教育不包括（　　）。

A. 新员工的入职培训

B. 所有员工的定期培训

C. 临时性业务培训

D. 根据不同风险需求、员工层次及监管要求等设计的具有针对性的培训

C。【解析】合规培训与教育包括对新员工的入职培训、所有员工的定期培训，还应该有根据不同风险需求、员工层次以及监管要求等设计的具有针对性的培训。

四、合规文化建设

银行业作为高风险行业，合规经营始终是银行存在和发展的前提，是银行实现稳健经营的关键所在，只有合规经营才能使银行风险始终处于可承受和控制的范围之内。因此，合规文化应成为银行企业文化的核心构成要素，合规风险管理机制在合规文化的配合下方能有效发挥作用。

合规文化是指银行机构为避免遭受法律制裁、监管处罚、重大财务损失或声誉损失，自上而下地建立起一种普遍意识、道德标准和价值取向，以从精神方面确保其各项经营管理活动始终符合法律法规、自律组织约定以及内部规章的要求。合规文化的内涵包括诚实、守信、正直等职业道德与行为操守，以及银行对社会负责、银行对员工负责、员工对银行负责、员工对其他员工负责等价值观念取向。

要点	内容
合规文化的特点	(1)合规文化的核心是法律意识。 (2)合规文化体现了价值取向。 (3)合规文化必须通过制度传达。 (4)合规文化是银行的自身需求
合规文化的实现	合规文化是银行员工在长期发展过程中形成的遵章守纪的思想观念、价值标准、道德规范和行为方式。合规是商业银行所有员工的共同责任，并应从商业银行高层做起，确立全员主动合规、合规创造价值等合规理念，在全行推行诚信与正直的职业操守和价值观念，提高全体员工的合规意识，促进商业银行自身合规与外部监管的有效互动。 (1)树立“合规从高层做起”的理念。 (2)树立“主动合规”理念。 (3)树立“合规人人有责”的理念。 (4)树立“合规创造价值”的理念。 (5)树立“有效互动”的理念

典题精练

【例9·多项选择题】商业银行合规文化的特点有(　　)。

A. 合规文化的核心是道德观念　　B. 合规文化是银行的外部需求

C. 合规文化体现了价值取向　　D. 合规文化必须通过制度传达

E. 合规文化是制度建设的需要

CD。【解析】合规文化的特点有：合规文化的核心是法律意识；合规文化是银行的自身需求；合规文化体现了价值取向；合规文化必须通过制度传达。

本节速览

合规风险	合规管理	合规风险识别和评估	合规风险报告
合规绩效考核机制	合规问责机制	诚信举报机制	合规文化

第三节 反洗钱

一、反洗钱含义

反洗钱，是指为了预防通过各种方式掩饰、隐瞒毒品犯罪、黑社会性质的组织犯罪、恐怖活动犯罪、走私犯罪、贪污贿赂犯罪、破坏金融管理秩序犯罪、金融诈骗犯罪等犯罪所得及其收益的来源和性质的洗钱活动，而采取的客户身份识别、客户身份资料和交易记录保存、大额交易和可疑交易报告等一系列预防和控制措施。

二、反洗钱的监管框架

《中华人民共和国反洗钱法》明确了我国反洗钱监管的整体框架。人民银行作为国务院反洗钱行政主管部门负责全国的反洗钱监督管理工作。国务院有关部门、机构在各自的职责范围内履行反洗钱监督管理职责。

要点	内容
金融机构反洗钱监管	对于金融机构的反洗钱监管工作，由人民银行和金融监督管理机构共同负责。 国务院金融监督管理部门，在职责范围内负责所监管机构的反洗钱工作
特定非金融机构反洗钱监管	特定非金融机构也是反洗钱义务的履行主体，在我国主要包括贵金属、房地产、会计师、律师等行业

三、反洗钱义务的主要内容

1. 客户身份识别制度

要点	内容
客户身份识别的内容	商业银行等金融机构应该了解实际控制客户的自然人和交易的实际受益人，核对客户的有效身份证件或者其他身份证明文件，登记客户身份基本信息，并留存有效身份证件或者其他身份证明文件的复印件或者影印件。存在代理关系时，银行还应当核对代理人的有效身份证件或者身份证明文件，登记代理人的姓名或者名称、联系方式、身份证件或者身份证明文件的种类、号码
客户身份识别的情形	(1)银行等机构在以开立账户等方式与客户建立业务关系，为不在本机构开立账户的客户提供现金汇款、现钞兑换、票据兑付等一次性金融服务且交易金额单笔人民币1万元以上或者外币等值1 000美元以上的，应当识别客户身份。 (2)银行等为自然人客户办理人民币单笔5万元以上或者外币等值1万美元以上现金存取业务，应当识别客户身份。 (3)银行等金融机构提供保管箱服务时，应了解保管箱的实际使用人。 (4)银行等金融机构为客户向境外汇出资金时，应当登记汇款人的姓名或者名称、账号、住所和收款人的姓名、住所等信息，在汇兑凭证或者相关信息系统中留存上述信息，并向接收汇款的境外机构提供汇款人的姓名或者名称、账号、住所等信息。汇款人没有在本金融机构开户，金融机构无法登记汇款人账号的，可登记并向接收汇款的境外机构提供其他相关信息，确保该笔交易的可跟踪稽核。境外收款人住所不明确的，金融机构可登记接收汇款的境外机构所在地名称。

（续表）

机制	内容
客户身份识别的情形	接收境外汇入款的金融机构，发现汇款人姓名或者名称、汇款人账号和汇款人住所三项信息中任何一项缺失的，应要求境外机构补充。如汇款人没有在办理汇出业务的境外机构开立账户，接收汇款的境内金融机构无法登记汇款人账号的，可登记其他相关信息，确保该笔交易的可跟踪稽核。境外汇款人住所不明确的，境内金融机构可登记资金汇出地名称。 (5)信托公司在设立信托时，应当核对委托人的有效身份证件或者其他身份证明文件，了解信托财产的来源，登记委托人、受益人的身份基本信息，并留存委托人的有效身份证件或者其他身份证明文件的复印件或者影印件。 (6)金融资产管理公司、金融资产投资公司、财务公司、金融租赁公司、汽车金融公司、货币经纪公司在与客户签订金融业务合同时，应当核对客户的有效身份证件或者其他身份证明文件，登记客户身份基本信息，并留存有效身份证件或者其他身份证明文件的复印件或者影印件
持续识别要求	出现以下情况时，银行等金融机构应当重新识别客户： (1)客户要求变更姓名或者名称、身份证件或者身份证明文件种类、身份证件号码、注册资本、经营范围、法定代表人或者负责人的。 (2)客户行为或者交易情况出现异常的。 (3)客户姓名或者名称与国务院有关部门、机构和司法机关依法要求金融机构协查或者关注的犯罪嫌疑人、洗钱和恐怖融资分子的姓名或者名称相同的。 (4)客户有洗钱、恐怖融资活动嫌疑的。 (5)金融机构获得的客户信息与先前已经掌握的相关信息存在不一致或者相互矛盾的。 (6)先前获得的客户身份资料的真实性、有效性、完整性存在疑点的，以及金融机构认为应重新识别客户身份的其他情形
委托第三方进行客户身份识别的要求	银行等金融机构委托金融机构以外的第三方识别客户身份的，金融机构应当承担未履行客户身份识别义务的责任，同时应当符合下列要求： (1)能够证明第三方按反洗钱法律、行政法规和本办法的要求，采取了客户身份识别和身份资料保存的必要措施。 (2)第三方为本金融机构提供客户信息，不存在法律制度、技术等方面的障碍。 (3)本金融机构在办理业务时，能立即获得第三方提供的客户信息，还可在必要时从第三方获得客户的有效身份证件、身份证明文件的原件、复印件或者影印件

2. 客户身份资料和交易记录保存制度

银行业金融机构应当按照安全、准确、完整、保密的原则，妥善保存客户身份资料和交易记录，确保能足以重现每项交易，以提供识别客户身份、监测分析交易情况、调查可疑交易活动和查处洗钱案件所需的信息。

要点	内容
保存范围	银行业金融机构应当保存的客户身份资料包括记载客户身份信息、资料以及反映金融机构开展客户身份识别工作情况的各种记录和资料，包括关于每笔交易的数据信息、业务凭证、账簿以及有关规定要求的反映交易真实情况的合同、业务凭证、单据、业务函件和其他资料
保存时限	银行业金融机构应当按照下列期限保存客户身份资料和交易记录：对于客户身份资料，自业务关系结束当年或者一次性交易记账当年计起至少保存5年；对于交易记录，自交易记账当年计起至少保存5年
保密要求	《中华人民共和国反洗钱法》明确规定，对依法履行反洗钱职责或者义务获得的客户身份资料和交易信息，应当予以保密；非依法律规定，不得向任何单位和个人提供
资料移交	银行业金融机构破产或者解散时，应当将客户身份资料和交易记录移交国务院银行业监督管理机构指定的机构

3. 大额交易和可疑交易报告制度

大额交易和可疑交易报告是反洗钱制度的核心。

要点	内容
大额交易	银行等金融机构应当在大额交易发生之日起5个工作日内以电子方式提交大额交易报告。客户通过在境内金融机构开立的账户或者境内银行卡所发生的大额交易，由开立账户的金融机构或者发卡银行报告；客户通过境外银行卡所发生的大额交易，由收单机构报告；客户不通过账户或者银行卡发生的大额交易，由办理业务的金融机构报告。 银行等金融机构应当向反洗钱监测中心报告下列大额交易： (1)当日单笔或者累计交易人民币5万元以上(含5万元)、外币等值1万美元以上(含1万美元)的现金缴存、现金支取、现金结售汇、现钞兑换、现金汇款、现金票据解付及其他形式的现金收支。 (2)非自然人客户银行账户与其他的银行账户发生当日单笔或者累计交易人民币200万元以上(含200万元)、外币等值20万美元以上(含20万美元)的款项划转。 (3)自然人客户银行账户与其他的银行账户发生当日单笔或者累计交易人民币50万元以上(含50万元)、外币等值10万美元以上(含10万美元)的境内款项划转。 (4)自然人客户银行账户与其他的银行账户发生当日单笔或者累计交易人民币20万元以上(含20万元)、外币等值1万美元以上(含1万美元)的跨境款项划转。 累计交易金额以客户为单位，按资金收入或者支出单边累计计算并报告。中国人民银行另有规定的除外
可疑交易报告	银行等金融机构发现或者有合理理由怀疑客户、客户的资金或者其他资产、客户的交易或者试图进行的交易与洗钱、恐怖融资等犯罪活动相关的，不论所涉资金金额或者资产价值大小，应当提交可疑交易报告。金融机构应当在按本机构可疑交易报告内部操作规程确认为可疑交易后，及时以电子方式提交可疑交易报告，最迟不超过5个工作日。 (1)交易监测标准。银行等金融机构应当制定本机构的交易监测标准，并对其有效性负责。交易监测标准包括并不限于客户的身份、行为，交易的资金来源、金额、频率、流向、性质等存在异常的情形，并应当参考以下因素：

（续表）

要点	内容
可疑交易报告	①中国人民银行及其分支机构发布的反洗钱、反恐怖融资规定及指引、风险提示、洗钱类型分析报告和风险评估报告。 ②公安机关、司法机关发布的犯罪形势分析、风险提示、犯罪类型报告和工作报告。 ③本机构的资产规模、地域分布、业务特点、客户群体、交易特征，洗钱和恐怖融资风险评估结论。 ④中国人民银行及其分支机构出具的反洗钱监管意见以及中国人民银行要求关注的其他因素。 (2)交易监测方式。银行等金融机构应当对通过交易监测标准筛选出的交易进行人工分析、识别，并记录分析过程；不作为可疑交易报告的，应当记录分析排除的合理理由；确认为可疑交易的，应当在可疑交易报告理由中完整记录对客户身份特征、交易特征或行为特征的分析过程。 可疑交易如果明显涉嫌洗钱、恐怖融资等犯罪活动，严重危害国家安全或者影响社会稳定或者具有其他情节严重或者情况紧急的情形的，银行等金融机构应当在向中国反洗钱监测分析中心提交可疑交易报告的同时，以电子形式或书面形式向所在地中国人民银行或者其分支机构报告，并配合反洗钱调查

本节速览

反洗钱	客户身份识别制度	大额交易制度	可疑交易报告制度

第四节 内外部审计

一、内部审计

内部审计与国家审计（政府审计）、社会审计（事务所审计、独立审计）并列为三大类审计。内部审计至今已经历了三个发展阶段：古代内部审计、近代内部审计和现代内部审计。1941 年被认为是现代内部审计的开始。1941 年，维克托·Z. 布林克完成了他在纽约大学的博士学位的论文，并凭借该论文成为美国“内部审计”这个学科的“开山鼻祖”。

1. 内部审计的概念

2001 年 1 月，国际内部审计师协会发布的新版《国际内部审计专业实务框架》，将内部审计的定义更新为：内部审计是一种独立、客观的确认和咨询活动，旨在增加价值和改善组织的运营；它通过应用系统的、规范的方法，评价并改善风险管理、控制及治理过程的效果，帮助组织实现其目标。2013 年 8 月，中国内部审计协会以公告形式发布了新修订的《中国内部审计准则》，并于 2014 年 1 月 1 日起施行。新的准则将内部审计定义为：一种独立、客观的确认和咨询活动，它通过运用系统、规范的方法，审查和评价组织的业务活动、内部控制和风险管理的适当性和有效性，以促进组织完善治理、增加价值和实现目标。

《银行业金融机构内部审计指引》将内部审计定义为：是一种独立、客观的监督、评价和咨询活动，是银行内部控制的重要组成部分；内部审计旨在通过系统化和规范化的方法，审查评价并改善银行经营活动、风险状况、内部控制和公司治理效果，促进稳健发展。银行业监督管理机构将审计监督条线作为第一道防线（业务管理条线）、第二道防线（风险合规和内部控制条线）后的第三道防线，要求各部门分工明确、职责清晰、有机配合、无缝对接。

我国银行普遍实行分支行制。按照代理理论的观点，银行管理层和各分支行是一种委托代理关系。上级行是委托人，分支行是代理人。委托人和代理人的权责一般都有明确规定，并已形成一定制度。

2. 内部审计的主要工作方法

目前，银行内部审计主要有现场审计与非现场审计两种审计方式。在审计信息化程度逐年提高的基础上，有的银行增加了现场走访与自行查核等新方式，从而使内部审计效率不断提高，有效性不断增强。

工作方法	内容
现场审计	现场审计是内部审计中最传统和最主要的工作方式。它根据风险导向审计的要求，紧密结合银行经营管理的实际情况，通过对各项业务风险状况的分析和评估，对经营管理中的热点、难点问题进行审计评价或调查，以实现内部审计目标。现场审计主要包括： (1)全面审计，一般以 3 年为一个周期对分支机构开展一次全面审计。 (2)离任审计，是对辖内离任董事和高级管理人员在任职期间所承担的经济责任履职情况进行审查、监督和总体评价。 (3)专项审计，是按年度审计项目计划，对辖内分支机构的重点关注业务领域或项目有计划进行专项审计
非现场审计	非现场审计是基于现代信息处理手段和传递方式迅速发展起来的一种审计监督方式，具有全面性、时效性、低成本、高效率等优势，已成为内部审计的主要审计方式之一。非现场审计监测范围主要包括管辖范围内的机构概览、业务异动分析、内部控制评价、内部控制报告、后续跟踪、日常信息收集与监测等。通过非现场审计监测，银行可以实现对银行整体及分支机构经营状况和业务的动态跟踪与持续性监控，及时发现问题并发出预警信号
现场走访	(1)内部分行走访。 (2)监管机构走访
自行查核	由内部审计部门确定全行自行查核关键风险点，各分支机构定期组织查核，对照整改。内部审计部门对各分支机构发现的问题，按照查核方式、任务、条线、机构、人员等进行多维度的汇总分析，再要求分支机构举一反三，进行内控考核、评价

3. 内部审计的目标及主要事项

要点	内容
银行内部审计的目标	(1)保证国家有关经济金融法律法规、方针政策、监管部门规章的贯彻执行。 (2)在银行业金融机构风险框架内，促使风险控制在可接受水平。 (3)改善银行业金融机构的运营，增加价值

（续表）

工作方法	内容
银行内部审计事项	(1)经营管理的合规性及合规部门工作情况。 (2)内部控制的健全性和有效性。 (3)风险状况及风险识别、计量、监控程序的适用性和有效性。 (4)信息系统规划设计、开发运行和管理维护的情况。 (5)会计记录和财务报告的准确性和可靠性。 (6)与风险相关的资本评估系统情况。 (7)机构运营绩效和管理人员履职情况等

4. 内部审计的组织架构和相关职权

按照监管要求，银行应以制度形式明确董事会、审计委员会、首席审计官（或称总审计师）和内部审计部门、人员职责以及相应权限，并赋予内部审计部门履行职责所必需的权限。银行建立的内部审计管理体系应当是独立垂直的，审计预算、人员薪酬、主要负责人任免由董事会或其专门委员会决定。

要点	内容
董事会	董事会对内部审计的适当性和有效性承担最终责任，负责建立和维护健全有效的内部审计体系，批准内部审计章程、中长期审计规划和年度工作计划等，为独立、客观开展内部审计工作提供必要保障，并对审计工作情况进行考核监督
审计委员会	董事会应下设审计委员会。审计委员会负责人应当具备相应的独立性、良好的职业操守和专业胜任能力，并应由独立董事担任。审计委员会对董事会负责，负责审查银行内部控制，监督内部控制的有效实施和内部控制自我评价情况，协调内部控制审计及其他相关事宜等
首席审计官	银行可设立一名首席审计官负责全系统的审计工作。首席审计官由董事会任命并纳入银行高级管理人员任职资格核准范围，其岗位变动要事前向监管部门报告。首席审计官负责组织实施内部审计章程、中长期审计规划和年度工作计划，及时向董事会和高级管理层主要负责人报告审计工作情况，并对内部审计的整体质量负责
内部审计部门	内部审计部门对董事会和审计委员会负责，制定内部审计程序，评价风险状况和管理情况，落实年度审计工作计划，开展后续审计，监督整改情况，对审计项目质量负责，做好档案管理。内部审计部门的相关职权包括： (1)有权列席或参加与其职责有关的会议。 (2)有权及时、全面了解经营管理信息，并就有关问题向审计对象和相关人员进行调查、质询、取证。 (3)认为必要时有权向董事会直接汇报审计发现。 (4)对发现问题具有处理建议权和必要的处罚权。 (5)对拒绝接受或不配合内部审计、拒绝提供或提供虚假资料、打击报复或陷害审计人员的，有权向上级报告，要求及时予以制止并作出处理

（续表）

要点	内容
内部审计人员	原则上，银行内部审计人员按员工总人数的1%配备，并建立内部岗位轮换制。银行业监督管理机构还对内部审计人员应具备的专业从业资格，从专业水平、从业经验、道德准则三个方面提出了基本要求。内部审计部门应建立内部审计人员后续培训制度，鼓励内部审计人员取得注册会计师、注册内部审计师、注册信息系统审计师等执业资格，以保证内部审计人员的专业胜任能力

5. 内部审计的质量控制

（1）内部审计部门可就风险管理、内部控制等有关问题提供咨询服务，但为确保其独立性，不应直接参与或负责内部控制设计和经营管理决策与执行。

（2）内部审计部门应在年度风险评估的基础上确定审计重点，审计频率和程度应与银行业务性质、复杂程度、风险状况、管理水平相一致。对每一营业机构的风险评估每年至少一次，审计每两年至少一次。

（3）董事会可聘请外部机构对内部审计部门的尽职情况进行评价，并保证外部检查人员独立于评价对象、具备专业胜任能力以及与评价对象没有利益冲突。

（4）内部审计部门应加强科技手段和信息技术在审计工作中的运用，建立完善非现场内部审计监测体系及内部审计操作系统、信息管理系统。

（5）内部审计部门根据工作需要，经董事会批准后，可将部分内部审计项目外包，但需事先对外包机构的独立性、客观性和专业胜任能力进行评估。作为一项原则，有的国家不允许将内部审计外包给银行的外部审计师。银行业监督管理部门则明确，银行的战略管理、核心管理以及内部审计等职能不宜外包。

6. 内部审计的报告制度

要点	内容
内部	审计委员会应按季度向董事会报告审计工作情况，并通报高级管理层和监事会。首席审计官和内部审计部门在审计事项结束后，应及时向董事会和高级管理层主要负责人报送包括审计概况、审计依据、审计结论、审计决定、审计建议、审计对象反馈意见等内容的项目审计报告；按季度向董事会和高级管理层主要负责人报告审计工作情况；每年至少一次向董事会提交包括履职情况、审计发现和建议等内容的审计工作报告
外部	银行董事会和高级管理层应建立完善与银行业监督管理机构的沟通和报告制度，就重大审计发现及时报告。内部审计部门应就以下事项向国务院银行业监督管理机构或其派出机构报告： （1）向董事会提交的全面审计工作报告。 （2）内部审计部门开展异地审计的，应同时将审计报告抄报审计对象所在地的国务院银行业监督管理机构派出机构。 （3）内部审计部门发现重大问题并报告董事会后，在问题未得到认真查处整改的情况下，应直接向监管机构报告相关情况。 （4）外部中介机构对银行的审计报告

7. 内部审计工作的考核与问责

（1）董事会应建立激励约束机制，对内部审计相关各方的尽职、履职情况进行考核评价，建立内部审计工作问责制度，明确内部审计责任追究、免责的认定标准和程序。

(2)董事会应对违反职业道德规范和其他违法行为的内部审计部门负责人和直接责任人追究责任。

(3)董事会和高级管理层应采取有效措施，确保内部审计成果得以充分利用。高级管理层对未按要求进行整改的问题，应督促整改，追究相关人员责任，并承担未对审计发现采取纠正措施所产生的责任和风险。

8. 银行分支机构高管人员及相关人员需关注的相关内部审计事项

(1)认真学习和遵守有关银行业经营活动的法律、行政法规、部门规章及其他规范性文件、经营规则、自律性组织的行业准则、行为守则和职业操守，切实贯彻和执行本行的各项规章制度，做到依法合规经营。

(2)熟悉和掌握本行有关内部审计的组织框架和相关制度、流程，自觉接受和认真配合内部审计工作，不得拒绝、拖延提供与内部审计事项有关的资料，不得提供不真实、不完整的资料，及时、全面执行审计处理意见。对审计结论有异议的，可以向做出审计结论的审计机构的上级机构进行复议。

(3)认真执行《银行业金融机构董事(理事)和高级管理人员任职资格管理办法》的有关规定，高级管理人员离任后，及时向其离任机构所在地监管机构报送离任审计报告。离任审计报告至少应当包括对以下情况及其所负责任(包括领导责任和直接责任)的评估结论：

①本人是否涉及所任职机构或分管部门经营中的重大关联交易，以及重大关联交易是否依法披露。

②所任职机构或分管部门是否发生重大案件、重大损失或重大风险。

③贯彻执行国家法律法规、各项规章制度的情况。

④所任职机构或分管部门的内部控制、风险管理是否有效。

⑤所任职机构或分管部门的经营是否合法合规。

离任审计报告还应当包括被审计对象是否存在违法、违规、违纪行为和受处罚、受处分等不良记录的信息。

典题精练

【例10·单项选择题】内部审计中最传统和最主要的工作方式是(　　)。

A. 现场审计　　B. 非现场审计

C. 现场走访　　D. 自行查核

A。【解析】现场审计是内部审计中最传统和最主要的工作方式。

【例11·多项选择题】银行业监督管理机构对内部审计人员应具备的专业从业资格，从(　　)方面提出了基本要求。

A. 专业水平　　B. 从业经验

C. 教育背景　　D. 任职条件

E. 道德准则

ABE。【解析】银行业监督管理机构对内部审计人员应具备的专业从业资格，从专业水平、从业经验、道德准则三个方面提出了基本要求。

二、外部审计

要点	内容
外部审计的概念	独立于政府机关和企事业单位以外的国家审计机构所进行的审计，以及独立执行业务会计师事务所接受委托进行的审计称为外部审计。 外部审计与内部审计的总体目标一致，两者均是审计监督体系的有机组成部门。内部审计具有预防性、经常性和针对性，是外部审计的基础，对外部审计能起到辅助和补充作用；而外部审计对内部审计又能起到支持和指导作用。但是，外部审计机构与内部审计机构在独立性、强制性、权威性方面又有较大差别，实际上是对企业内部虚假、欺骗行为的一个重要而系统的检查，因此起着鼓励诚实的作用。 《银行业金融机构外部审计监管指引》将外部审计定义为：外部审计机构对银行业金融机构的年度财务报告审计；外部审计机构是指接受银行业金融机构委托对其进行外部审计的会计师事务所。银行的董事会应对外部审计负最终责任，银行应当建立健全委托外审机构的相关规章制度。需要说明的是，我国银行监督管理部门对银行进行的检查，不属于审计，更谈不上是外部审计，而只是经济监督形式
外部审计委托	银行业监督管理机构要求，银行应当委托具有独立性、专业胜任能力和声誉良好的外审机构从事审计业务。对合格外审机构的评估包括但不限于以下因素： (1)在形式和实质上均保持独立性。 (2)具有良好的职业声誉，无重大不良记录。 (3)具有完善的内部管理制度和健全的质量控制体系。 (4)熟悉金融法规、银行业金融机构业务及流程、内部控制制度以及各种风险管理政策。 (5)具有与委托银行业金融机构资产规模、业务复杂程度等相匹配的规模、资源和风险承受能力。 (6)拥有足够数量的具有银行业金融机构审计经验的注册会计师，具备审计银行业金融机构的专业胜任能力。 外审机构存在下列情况之一的，银行不宜委托其从事外部审计业务： (1)与被审计机构存在关联关系，可能影响审计独立性的。 (2)专业胜任能力、从事银行业金融机构审计的经验、风险承受能力明显不足的。 (3)存在欺诈和舞弊行为，在执业经历中受过行政处罚、刑事处罚且未满三年的
外部审计质量控制	(1)银行应当了解外部审计程序及质量控制体系，配合外审机构开展审计工作，与外审机构充分沟通，为外审机构实施适当的审计程序提供便利，及时将审计过程中出现的重大事项报告银行业监管机构。 (2)为有助于避免外部审计师长期审计同一家银行造成的客观性和独立性削弱，外审机构同一签字注册会计师对同一家银行业金融机构进行外部审计的服务年限不得超过五年；超过五年的，银行业金融机构应当要求外审机构更换签字注册会计师。 (3)银行应当对外审机构的审计报告质量及审计业务约定书的履行情况进行评估。发现外审机构存在未履行诚信、勤勉、保密义务造成严重不良后果以及审计报告存在严重质量问题等情形的，应予以特别关注，并可以终止委托其审计工作。 (4)为提高外部审计的独立性，银行不宜委托负责其外部审计的外审机构提供咨询服务。《企业内部控制基本规范》也要求，为企业内部控制提供咨询的会计师事务所，不得同时为同一企业提供内部控制审计服务

（续表）

要点	内容
外部审计结果的利用	(1)银行应当重视并积极整改外部审计发现的问题,并将整改结果报送银行业监管机构。 (2)银行应当在收到外审机构出具的审计报告和管理建议书后及时将副本报送银行业监管机构。 (3)银行应当建立外部审计结果、整改建议等审计信息系统,充分利用外部审计相关信息
银行业监督管理机构与外审机构的沟通	(1)银行应健全委托外部审计的管理制度和流程,畅通与外部审计沟通交流的渠道和机制,重视外部审计的意见和建议,尤其应对外部审计的风险提示和对内部控制的意见进行认真分析和评估,并对相关问题及时进行整改。 (2)银行应加强与外部审计机构的信息交流,定期举行三方会谈,及时交流有关信息,也可直接与外部审计机构进行沟通,及时发现和解决银行存在的相关问题。 (3)银行应当完整保存委托外部审计机构过程中的档案,银行业监管机构可以对上述档案进行检查,可以对外审机构的审计报告质量进行评估,并对存在重大疑问的事项要求银行委托其他外审机构进行专项审计。 (4)银行应积极配合外部审计工作,为外部审计机构提供必要的审计便利,不得阻碍外部审计工作正常开展,不得对外部审计出具审计意见施加影响,确保外部审计的独立性。银行的审计委员会应定期审阅外部审计报告,并与外部审计机构举行双方会谈,就审计情况进行充分沟通。 (5)银行发现外审机构如存在审计结果严重失实、严重舞弊行为以及严重违背中国注册会计师审计准则,存在应发现而未发现的重大问题的,可以要求银行立即评估委托该外审机构的适当性。对因上述原因被终止委托的外审机构,银行两年内不得委托其从事审计业务。 (6)银行或外审机构单方要求终止审计委托时,银行应当及时报告银行业监管机构,不得因外部审计机构出具保留意见、否定意见或无法出具审计意见等非标准审计意见而终止审计委托。银行业监管机构应对终止审计委托的情况进行相关调查,保证银行外部审计质量不因终止委托而受到影响,切实保护外部审计机构正常履行审计职责

典题精练

【例12·单项选择题】外审机构同一签字注册会计师对同一家银行业金融机构进行外部审计的服务年限不得超过(　　)年。

A.1　　B.2

C.4　　D.5

D。【解析】外审机构同一签字注册会计师对同一家银行业金融机构进行外部审计的服务年限不得超过五年;超过五年的,银行业金融机构应当要求外审机构更换签字注册会计师。

内部审计	现场审计	非现场审计	自行查核
董事会	内部审计人员	外部审计	外部审计质量控制

第五节　银行从业人员管理

一、银行从业人员概念

按照《银行业金融机构从业人员行为管理指引》，银行业金融机构从业人员（以下简称从业人员）是指按照《中华人民共和国劳动合同法》规定，与银行业金融机构签订劳动合同的在岗人员，银行业金融机构董（理）事会成员、监事会成员及高级管理人员，以及银行业金融机构聘用或与劳务派遣机构签订协议从事辅助性金融服务的其他人员。

二、银行从业人员行为管理的治理架构

银行业金融机构应建立覆盖全面、授权明晰、相互制衡的从业人员行为管理体系，并明确董事会、监事会、高级管理层和相关职能部门在从业人员行为管理中的职责分工。

要点	内容
董事会	银行业金融机构董事会对从业人员的行为管理承担最终责任，培育依法合规、诚实守信的从业人员行为管理文化；审批本机构制定的行为守则及其细则；监督高级管理层实施从业人员行为管理。董事会可授权下设相关委员会履行其部分职责
监事会	监事会负责对董事会和高级管理层在从业人员行为管理中的履职情况进行监督评价
高级管理层	高级管理层承担从业人员行为管理的实施责任，执行董事会决议，建立覆盖全面的从业人员行为管理体系，明确相关行为管理部门的职责范围；制定行为守则及其细则，并确保实施；每年将从业人员行为评估结果向董事会报告；建立全机构从业人员管理信息系统
从业人员管理部门	银行业金融机构应明确从业人员行为管理的牵头部门，负责全机构从业人员的行为管理。除牵头部门外的风险管理、内控合规、内部审计、人力资源和监察部门等行为管理相关部门应根据从业人员行为管理的职责分工，积极配合牵头部门对从业人员的行为进行监测、识别、记录、处理和报告

三、银行从业人员行为管理的制度建设

要点	内容
行为守则和行为细则	银行业金融机构制定的行为守则及其细则应要求全体从业人员遵守法律法规、恪守工作纪律,包括但不限于:自觉抵制并严禁参与非法集资、地下钱庄、洗钱、商业贿赂、内幕交易、操纵市场等违法行为,不得在任何场所开展未经批准的金融业务,不得销售或推介未经审批的产品,不得代销未持有金融牌照机构发行的产品,不得利用职务和工作之便谋取非法利益,未经监管部门允许不得向社会或其他单位和个人泄露监管工作秘密信息等
评估和监测	银行业金融机构的行为管理牵头部门应每年制定从业人员行为的年度评估规划,定期评估全体从业人员行为,并将评估结果向高级管理层报告。 银行业金融机构的行为管理牵头部门应完善从业人员行为的长期监测机制,并建立针对重点问题、关键岗位的不定期排查机制。针对监测和排查中发现的问题,应予以记录并及时提出处理建议
招聘和任职	银行业金融机构应开展从业人员行为的定期评估、建立长期监测和不定期排查机制,发现问题及时处理,在招聘中评估其与业务相关的行为,并将从业人员行为的评估结果作为薪酬发放和职位晋升的重要依据。 银行业金融机构在招聘和任职程序中评估从业人员与业务相关的行为,重点考察是否有不当行为记录;在招录董事(理事)和高级管理人员时,应向银行业监督管理机构申请在银行业金融机构从业人员处罚信息系统中查询有关行政处罚信息
从业人员管理信息系统	银行业金融机构应建立与本机构业务复杂程度相匹配的从业人员管理信息系统,持续收集从业人员的基本情况、行为评价、处罚等相关信息,支持对从业人员行为开展动态监测
举报和问责	银行业金融机构应建立举报制度,鼓励从业人员积极抵制、堵截和检举各类违法违规违纪和危害所在机构声誉的行为。银行业金融机构应及时对违反行为守则及其细则的从业人员进行处理和责任追究,并视情况追究负有管理职责的相关责任人的责任。对于涉嫌刑事犯罪的行为,银行业金融机构应及时移送司法机关,不得以纪律处分代替法律制裁

四、银行从业人员行为管理的监管

银行业监督管理机构应加强银行业金融机构从业人员行为管理的评估、监管和信息收集。对于不能满足从业人员行为管理相关要求的银行业金融机构,银行业监督管理机构可以要求其制定整改方案,责令限期改正,并视情况采取相应的监管措施。

从业人员	治理框架	制度建设	行为管理

同步自测

一、单项选择题（在以下各小题所给出的四个选项中，只有一个选项符合题目要求，请将正确选项的代码填入括号内）

1. 内部控制结构阶段最主要的特点就是将（　　）作为一项重要的要素内容与会计制度、控制程序一起纳入内部控制结构之中。

A. 控制措施　　B. 控制环境

C. 控制模型　　D. 内部审计

2. COSO 于 1992 年发布的《内部控制——整体框架》，在内部控制整体框架中，明确的内部控制目标不包括（　　）。

A. 财务报告的可靠性　　B. 发展的效果和效率

C. 相关法律法规的遵循　　D. 内部监督的完整性

3. 2008 年我国颁布的《企业内部控制基本规范》将内部控制定义为"由企业董事会、监事会、经理层和全体员工实施的、旨在实现（　　）的过程"。

A. 控制效果　　B. 控制目标

C. 控制结果　　D. 控制效率

4. 对于商业银行来说，内部控制的最终目标是（　　）。

A. 保证银行利益的实现　　B. 保证银行风险管理的实施

C. 促进银行发展战略顺利实现　　D. 促进银行又好又快发展

5. （　　）是建立和实施内部控制的核心理念。

A. 全覆盖　　B. 相互制衡

C. 审慎性　　D. 相匹配

6. （　　）是直接造成内部控制形式和内容差异的根本原因。

A. 内部环境　　B. 外部环境

C. 法律环境　　D. 风险环境

7. （　　）是各项经营管理活动开展的依据，同时也是内部控制落实的重要载体。

A. 治理结构　　B. 企业文化

C. 人力资源　　D. 规章制度

8. （　　）是企业内部控制的重要控制手段。

A. 不相容职务分离控制　　B. 授权审批控制

C. 会计系统控制　　D. 运营控制

9. 信息与沟通的基本要求不包括（　　）。

A. 信息收集　　B. 信息加工

C. 信息评价　　D. 信息传递

10. 商业银行内部控制评价应当由（　　）组织实施。

A. 监事会　　B. 董事会

C. 理事会　　D. 董事会指定的部门

11. 商业银行应当根据业务经营情况和风险状况确定内部控制评价的频率，至少每年开展（　　）次。

A. 1　　B. 2

C. 3　　D. 4

12. (　　)是内部控制的"第二道防线"。

A. 高级管理层　　B. 业务部门

C. 内控管理职能部门　　D. 内部审计部门

13. 商业银行因没有遵守法律、规则和准则可能遭受法律制裁、监管处罚、重大财务损失和声誉损失的风险是(　　)。

A. 合规风险　　B. 声誉风险

C. 操作风险　　D. 法律风险

14. (　　)是商业银行构建有效内部控制机制的基础和核心。

A. 合规风险制度　　B. 合规风险管理体系

C. 合规风险办法　　D. 合规风险

15. 商业银行合规风险管理的基本方针和指导思想是(　　)。

A. 合规制度　　B. 合规体系

C. 合规法律　　D. 合规政策

16. 合规部门的基本职责之一是制定并执行(　　)为本的合规管理计划。

A. 效率　　B. 利益

C. 管理　　D. 风险

17. 合规部门与内部审计部门的关系是(　　)。

A. 相互独立　　B. 相互联系

C. 相互制约　　D. 相互平衡

18. 商业银行合规文化的核心是(　　)。

A. 法律意识　　B. 价值取向

C. 制度建设　　D. 道德观念

19. (　　)旨在通过系统化和规范化的方法,审查评价并改善银行经营活动、风险状况、内部控制和公司治理效果,促进稳健发展。

A. 合规文化　　B. 内部审计

C. 外部审计　　D. 风险管控

20. (　　)对内部审计的适当性和有效性承担最终责任。

A. 董事会　　B. 监事会

C. 高级管理层　　D. 内部审计人员

21. 商业银行审计委员会负责人应由(　　)担任。

A. 董事长　　B. 独立董事

C. 监事　　D. 总经理

22. 商业银行董事会应建立(　　)机制,对内部审计相关各方的尽职、履职情况进行考核评价。

A. 内部审计　　B. 激励约束

C. 问责　　D. 外部审计

二、多项选择题(在以下各小题所给出的选项中,至少有两个选项符合题目要求,请将正确选项的代码填入括号内)

1. 内部控制的发展阶段有(　　)。

A. 内部牵制阶段　　B. 内部控制制度阶段

C. 内部控制结构阶段　　D. 内部控制整体框架阶段

E. 全面风险管理阶段

2. 商业银行内部控制的基本原则有(　　)。

A. 全覆盖原则　　B. 制衡性原则

C. 客观性原则　　D. 审慎性原则

E. 相匹配原则

3. 商业银行的内部控制措施主要包括(　　)。

A. 不相容职务分离控制　　B. 授权审批控制

C. 会计系统控制　　D. 运营控制

E. 职位考评控制

4. 授权审批控制中的“授权”一般分为(　　)。

A. 短期授权　　B. 长期授权

C. 常规授权　　D. 特别授权

E. 自动授权

5. 下列属于银行内部信息的是(　　)。

A. 经营信息　　B. 财务信息

C. 行业信息　　D. 监管信息

E. 人员信息

6. 商业银行开展内部控制评价,应重点做好(　　)方面工作。

A. 评价对象　　B. 评价实施

C. 评价标准制定　　D. 评价质量控制

E. 评价结果报告

7. 商业银行监事会的职责有(　　)。

A. 监督董事会、高级管理层完善内部控制体系

B. 执行董事会决策

C. 监督董事会、高级管理层及其成员履行内部控制职责

D. 组织对内部控制体系的充分性与有效性进行监测和评估

E. 建立和完善内部组织机构

8. 商业银行的合规风险管理流程一般包括对合规风险的(　　)。

A. 识别　　B. 评估

C. 测试　　D. 应对

E. 监控

9. 合规管理的基本机制包括(　　)。

A. 合规绩效考核机制与合规问责机制　　B. 合规内控机制

C. 诚信举报机制　　D. 合规培训与教育制度

E. 合规文化制度

10. 合规培训与教育的组织方式包括(　　)。

A. 计算机或网络培训　　B. 电话会议培训

C. 视频研究　　D. 案例研究

E. 内部交流

11. 商业银行合规文化的实现途径有( )。

A. 树立"合规从高层做起"的理念　　B. 树立"主动合规"的理念

C. 树立"合规人人有责"的理念　　D. 树立"合规创造价值"的理念

E. 树立"有效互动"的理念

12. 下列属于银行内部审计事项的有( )。

A. 经营管理的合规性及合规部门工作情况

B. 内部控制的健全性和有效性

C. 风险状况及风险识别、计量、监控程序的适用性和有效性

D. 信息系统规划设计、开发运行和管理维护的情况

E. 会计记录和财务报告的准确性和可靠性

13. 内部审计的特征有( )。

A. 预防性　　B. 经常性

C. 独立性　　D. 权威性

E. 针对性

三、判断题(请判断以下各小题的正误,正确的选 A,错误的选 B)

1. 合法合规是商业银行得以生存和健康持续发展的基础前提。 ( )

A. 正确　　B. 错误

2. 内部控制的基本原则是为实现内部控制目标,在建立和实施内部控制过程中,都应遵循的具有普遍性和指导性的要求。 ( )

A. 正确　　B. 错误

3. 风险应对是指风险应对策略的选择,根据风险分析结果,结合风险承受度,权衡风险与收益,确定风险应对策略。 ( )

A. 正确　　B. 错误

4. 银行的信息与沟通是指银行内部信息的沟通。 ( )

A. 正确　　B. 错误

5. 对于监督发现的内部控制缺陷,首先应建立内部控制管理责任制,强化责任追究。( )

A. 正确　　B. 错误

6. 在整个合规风险管理过程中,风险的监测和测试属于合规风险管理的结束阶段。 ( )

A. 正确　　B. 错误

7.《商业银行合规风险管理指引》要求,合规风险管理体系的基本要素不包括合规培训与教育制度。 ( )

A. 正确　　B. 错误

8. 商业银行应加强合规文化建设,并将合规文化建设融入企业文化建设全过程。 ( )

A. 正确　　B. 错误

9. 全面审计一般以 2 年为一个周期。 ( )

A. 正确　　B. 错误

10. 银行建立的内部审计管理体系应当是独立垂直的,审计预算、人员薪酬、主要负责人任免由董事会或其专门委员会决定。 ( )

A. 正确　　B. 错误

11. 内部审计部门不允许将内部审计项目外包。 （ ）

A. 正确 B. 错误

12. 内部审计对外部审计起支持和指导作用。 （ ）

A. 正确 B. 错误

答案详解

一、单项选择题

1. B。【解析】内部控制结构阶段最主要的特点就是将控制环境作为一项重要的要素内容与会计制度、控制程序一起纳入内部控制结构之中。

2. D。【解析】COSO 于 1992 年发布《内部控制——整体框架》，在内部控制整体框架中，明确了内部控制的三大目标：财务报告的可靠性、发展的效果和效率、相关法律法规的遵循。

3. B。【解析】2008 年我国颁布的《企业内部控制基本规范》将内部控制定义为"由企业董事会、监事会、经理层和全体员工实施的、旨在实现控制目标的过程"。

4. C。【解析】内部控制的最终目标就是为了促进商业银行发展战略的顺利实现。

5. B。【解析】相互制衡是建立和实施内部控制的核心理念，更多体现为不相容机构、岗位或人员的互相分离和制约。

6. A。【解析】内部环境是直接造成内部控制形式和内容差异的根本原因，并被视为内部控制的基本构成要素。

7. D。【解析】规章制度是各项经营管理活动开展的依据，同时也是内部控制落实的重要载体。

8. B。【解析】授权审批控制要求银行各级人员必须经过适当的授权才能执行有关经济业务，未经授权和批准不得处理有关业务，授权审批控制是企业内部控制的重要控制手段。

9. C。【解析】信息与沟通的基本要求：一是信息收集，二是信息加工，三是信息传递。

10. D。【解析】商业银行内部控制评价是对商业银行内部控制体系建设、实施和运行结果开展的调查、测试、分析和评估等系统性活动。商业银行内部控制评价应当由董事会指定的部门组织实施。

11. A。【解析】商业银行应当根据业务经营情况和风险状况确定内部控制评价的频率，至少每年开展一次。

12. C。【解析】内部控制管理职能部门是内部控制的"第二道防线"。

13. A。【解析】合规风险是指商业银行因没有遵守法律、规则和准则可能遭受法律制裁、监管处罚、重大财务损失和声誉损失的风险。

14. B。【解析】合规风险管理体系，是商业银行实施全面风险管理战略的有机组成部分，是商业银行构建有效内部控制机制的基础和核心，更是银行安全稳健运营的重要基础。

15. D。【解析】商业银行的合规政策，是规定银行合规风险管理的基本方针和指导思想，以及合规风险管理体系的总体框架等有关银行合规经营基本理念的纲领性文件，是商业银行构建合规风险管理体系以及制定合规管理程序、合规管理流程、合规手册、员工行为准则等合规指南的重要依据。

16. D。【解析】合规部门的基本职责之一是制定并执行风险为本的合规管理计划，包括特定政策和程序的实施与评价、合规风险评估、合规性测试、合规培训与教育等。

17. A。【解析】合规部门与内部审计部门的关系是相互独立。

18. A。【解析】合规文化的核心是法律意识。

19. B。【解析】内部审计旨在通过系统化和规范化的方法，审查评价并改善银行经营活动、风险状况、内部控制和公司治理效果，促进稳健发展。

20. A。【解析】董事会对内部审计的适当性和有效性承担最终责任。

21. B。【解析】董事会应下设审计委员会。审计委员会负责人应当具备相应的独立性、良好的职业操守和专业胜任能力，并应由独立董事担任。

22. B。【解析】董事会应建立激励约束机制，对内部审计相关各方的尽职、履职情况进行考核评价，建立内部审计工作问责制度，明确内部审计责任追究、免责的认定标准和程序。

二、多项选择题

1. ABCDE。【解析】一般认为，内部控制发展大致经历五个阶段，分别为：内部牵制、内部控制制度、内部控制结构、内部控制整体框架、全面风险管理阶段。

2. ABDE。【解析】根据《商业银行内部控制指引》的规定，银行建立与实施内部控制应当遵循以下四项原则：全覆盖原则；制衡性原则；审慎性原则；相匹配原则。

3. ABCD。【解析】商业银行的内部控制措施主要包括不相容职务分离控制、授权审批控制、会计系统控制、运营控制、绩效考评控制等。

4. CD。【解析】授权一般分为常规授权和特别授权。

5. ABE。【解析】内部信息是指来源于银行内部，由各项经营活动产生的信息，如经营信息、财务信息、人员信息等；外部信息是指由银行外部产生，对生产经营有一定影响作用的信息，如行业信息、监管信息等。

6. ABCDE。【解析】商业银行开展内部控制评价，应重点做好六个方面的工作：一是评价对象方面；二是评价实施方面；三是评价标准制定方面；四是评价质量控制方面；五是评价结果运用方面；六是评价结果报告方面。

7. AC。【解析】监事会负责监督董事会、高级管理层完善内部控制体系；负责监督董事会、高级管理层及其成员履行内部控制职责。

8. ABCDE。【解析】商业银行的合规风险管理流程一般包括对合规风险的识别、评估、测试、应对、监控以及合规风险报告等。

9. ACD。【解析】合规管理的基本机制包括合规绩效考核机制与合规问责机制、诚信举报机制、合规培训与教育制度。

10. ABCDE。【解析】合规培训与教育的组织方式包括计算机或网络培训、电话会议培训、视频或案例研究、内部交流等。

11. ABCDE。【解析】商业银行合规文化的实现途径有：树立“合规从高层做起”的理念、树立“主动合规”的理念、树立“合规人人有责”的理念、树立“合规创造价值”的理念、树立“有效互动”的理念。

12. ABCDE。【解析】银行内部审计事项有：(1)经营管理的合规性及合规部门工作情况。(2)内部控制的健全性和有效性。(3)风险状况及风险识别、计量、监控程序的适用性和有效性。(4)信息系统规划设计、开发运行和管理维护的情况。(5)会计记录和财务报告的准确性和可靠性。(6)与风险相关的资本评估系统情况。(7)机构运营绩效和管理人员履职情况等。

13. ABE。【解析】内部审计具有预防性、经常性和针对性，是外部审计的基础，对外部审计能起辅助和补充作用。

三、判断题

1. A。【解析】商业银行的设立、存续和发展，首先要满足外部相关法律法规、制度规范等监管要求，保证在法律允许的经营范围内开展经营活动，严禁违法经营、非法获利，合法合规是商业银行得以生存和健康持续发展的基础前提。

2. A。【解析】内部控制的基本原则是为实现内部控制目标，在建立和实施内部控制过程中，都应遵循的具有普遍性和指导性的要求。

3. A。【解析】风险应对是指风险应对策略的选择，根据风险分析结果，结合风险承受度，权衡风险与收益，确定风险应对策略。

4. B。【解析】银行的信息与沟通是指商业银行及时、准确、完整地收集整理与经营管理相关的各种内外部信息，并借助信息技术，促使这些信息以恰当的方式在各个层级之间进行及时传递、有效沟通和正确使用的过程。

5. B。【解析】对于监督发现的内部控制缺陷，首先要建立报告和信息反馈制度，相关监督部门按照规定报告路线及时报告董事会、监事会、高级管理层或相关部门。

6. B。【解析】在整个合规风险管理过程中，风险的监测和测试属于合规风险管理的验证阶段。

7. B。【解析】《商业银行合规风险管理指引》要求，合规风险管理体系应包括的基本要素包含合规培训与教育制度。

8. A。【解析】《商业银行合规风险管理指引》第六条明确规定：商业银行应加强合规文化建设，并将合规文化建设融入企业文化建设全过程。

9. B。【解析】全面审计一般以3年为一个周期对分支机构开展一次全面审计。

10. A。【解析】银行建立的内部审计管理体系应当是独立垂直的，审计预算、人员薪酬、主要负责人任免由董事会或其专门委员会决定。

11. B。【解析】内部审计部门根据工作需要，经董事会批准后，可将部分内部审计项目外包，但需事先对外包机构的独立性、客观性和专业胜任能力进行评估。

12. B。【解析】外部审计对内部审计起支持和指导作用。

第七章 银行风险管理

- 银行风险管理
  - 全面风险管理的框架
    - 全面风险管理概述（熟悉）
    - 风险的定义和分类（了解）
      - 风险的定义
      - 风险的分类
    - 商业银行风险管理的主要策略和方法（熟悉）
      - 风险分散
      - 风险对冲
      - 风险转移
      - 风险规避
      - 风险补偿
  - 信用风险管理
    - 信用风险管理概述（掌握）
      - 信用风险控制
      - 信用风险计量
    - 贷款风险分类（掌握）
      - 贷款风险分类的概念
      - 贷款分类原则
      - 贷款分类时考虑因素
      - 贷款分类的最低标准
    - 不良贷款管理（掌握）
      - 不良贷款的识别
      - 不良贷款的评估
      - 不良贷款处置方式
      - 不良贷款处置尽职要求
    - 债权人委员会机制（掌握）
  - 操作风险管理
    - 操作风险的分类和管理原则（掌握）
      - 操作风险分类
      - 操作风险损失数据收集统计原则
    - 操作风险的特点和表现形式（掌握）
      - 操作风险的特点
      - 操作风险损失形态
      - 操作风险损失事件认定的金额起点和范围界定
      - 操作风险损失事件统计的主要内容
      - 操作风险报告制度
    - 操作风险控制（掌握）
      - 操作风险控制环境
      - 操作风险缓释手段
    - 主要的操作风险（掌握）
      - 柜台业务
      - 法人信贷业务
      - 个人信贷业务
      - 资金交易业务
      - 代理业务
  - 声誉风险管理
    - 声誉风险的内容（了解）
    - 声誉风险管理（了解）
  - 突发事件与应急管理
    - 突发事件与应急管理的含义（了解）
    - 突发事件分类与分级（了解）
    - 应急管理的主要工作内容（熟悉）
    - 应急管理监管要求（掌握）

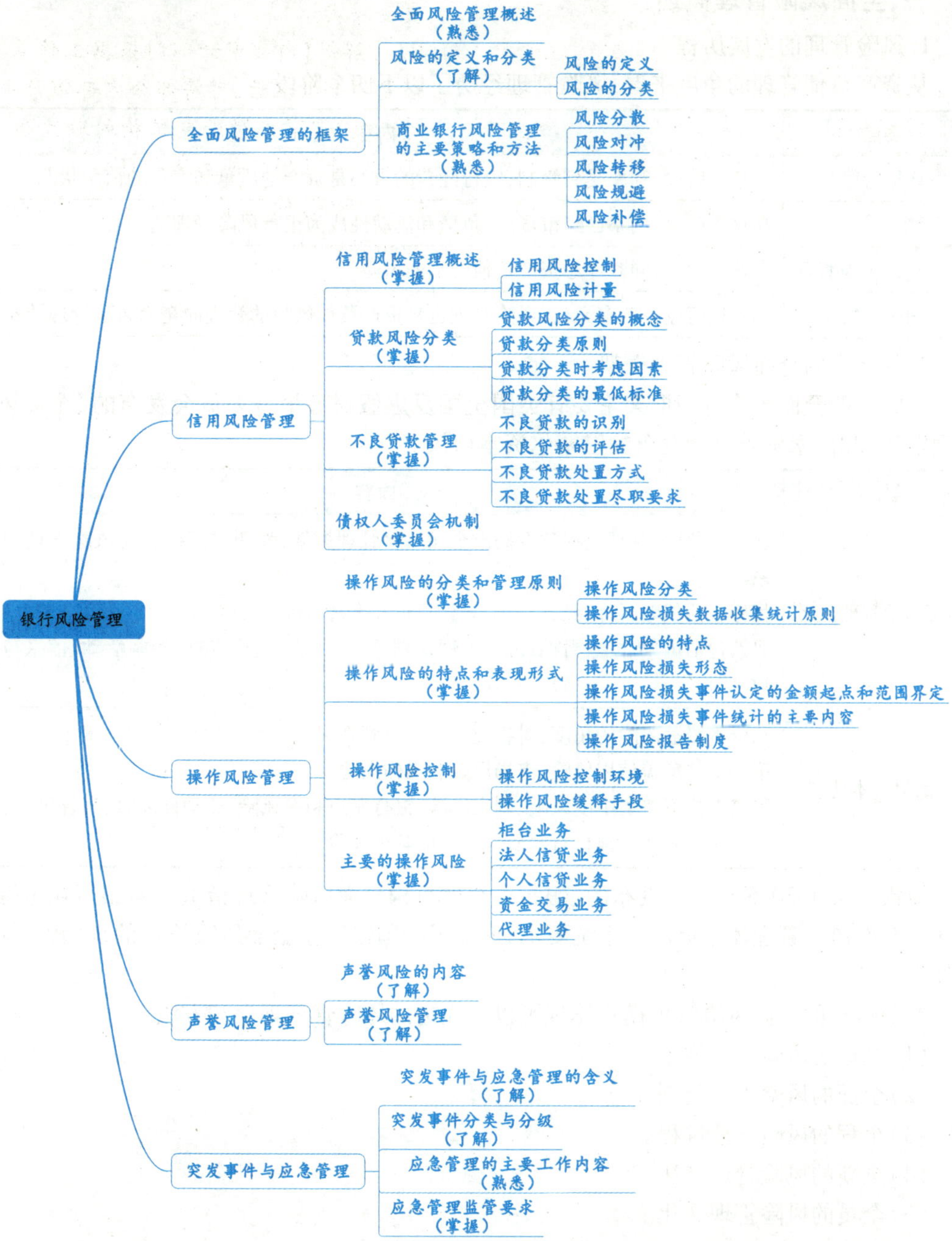

知识解读

第一节　全面风险管理的框架

现代金融理论的三大支柱是时间价值、资产定价和风险管理。商业银行从本质上来说就是经营风险的金融机构，以经营风险为其盈利的根本手段。

一、全面风险管理概述

1. 风险管理的发展历程

从资产负债管理的角度来看，风险管理经历了以下四个阶段。

要点	内容
资产风险管理	在这个阶段，利率受到管制，银行经营的重心是资产的质量和客户的信用状况
负债风险管理	在这个阶段，利率已经市场化，负债和流动性成为银行风险管理的中心
资产负债风险管理	在这个阶段，同时考虑资产负债两端的风险
全面风险管理	随着银行业务的多元化，风险管理也从资产负债风险的管理向全面风险管理转变

2. 国际上的全面风险管理框架

国际上的全面风险管理框架主要有美国全国反虚假财务报告委员会发布的《全面风险管理框架》和巴塞尔委员会发布的巴塞尔资本协议。

要点	内容
《全面风险管理框架》	从企业角度、管理流程角度提出全面风险管理框架，强调内部控制与风险管理的关系与结合。 目标包括战略目标、经营目标、报告目标和合规目标。 要素包括内部环境、目标设定、事件识别、风险评估、风险应对、控制活动、信息与沟通、监控
巴塞尔资本协议	从资本覆盖风险的角度，对各类风险予以管理。 第一支柱覆盖信用风险、市场风险和操作风险。 第二支柱覆盖集中度风险、剩余风险、银行账户利率风险、流动性风险、声誉风险、战略风险和对商业银行有实质性影响的其他风险

原银监会于2016年9月发布的《银行业金融机构全面风险管理指引》，对银行业金融机构建立全面风险管理体系提出了系统要求，形成了我国银行业全面风险管理的统领性、综合性规则。

商业银行的全面风险管理模式体现了以下先进的风险管理理念和方法：

（1）全球的风险管理体系。

（2）全面的风险管理范围。

（3）全程的风险管理过程。

（4）全新的风险管理办法。

（5）全员的风险管理文化。

典题精练

【例1·单项选择题】下列选项中，不属于巴塞尔资本协议中第一支柱覆盖风险的是(　　)。

A. 市场风险　　B. 流动性风险

C. 信用风险　　D. 操作风险

B。【解析】流动性风险是第二支柱覆盖的风险。

二、风险的定义和分类

1. 风险的定义

风险是指银行在经营过程中，由于一系列不确定因素的影响，导致收益和价值损失的可能性。

具体来说，可从以下两个角度加以理解：

(1)强调结果的不确定性。

(2)强调不确定性带来的不利后果。

风险并不等同于损失本身。风险是一个事前概念，而损失是一个事后概念。风险的概念既涵盖了未来可能损失的大小，又涵盖了损失发生概率的高低。

2. 风险的分类

按照风险事故的来源，风险可以分为经济风险、政治风险、社会风险、自然风险和技术风险。按照风险发生的范围，风险可以分为系统性风险和非系统性风险。按照诱发风险的原因，风险可以分为信用风险、市场风险、操作风险、流动性风险、国别风险、法律风险、声誉风险、战略风险等。

在具体管理风险时，一般按照诱发风险的原因来对风险进行分类。

要点	内容
信用风险	债务人或交易对手未能履行合同所规定的义务或信用质量发生变化，影响金融产品价值，从而给债权人或金融产品持有人造成经济损失的风险称为信用风险。传统上，信用风险是债务人未能如期偿还债务而给经济主体造成损失的风险，因此又被称为违约风险。 对大多数商业银行来说，最大、最明显的信用风险来源是贷款。信用风险既存在于传统的贷款、债券投资等表内业务中，也存在于信用担保、贷款承诺及衍生产品交易等表外业务中。信用风险主要存在于银行账户
市场风险	因市场价格(利率、汇率、股票价格和商品价格)的不利变动而使银行表内和表外业务发生损失的风险称为市场风险。市场风险存在于银行的交易和非交易业务中。市场风险可以分为利率风险、汇率风险(包括黄金)、股票价格风险和商品价格风险，分别是指由于利率、汇率、股票价格和商品价格的不利变动所带来的风险。利率风险按照来源的不同，可以分为重新定价风险、收益率曲线风险、基准风险和期权性风险。市场风险主要存在于交易账户。 市场风险相对于信用风险而言，具有数据充分和易于计量的特点，更适于采用量化技术加以控制。由于市场风险主要来自所属经济体系，因此具有明显的系统性风险特征，难以通过分散化投资完全消除。国际金融机构通常采取分散投资于多国金融市场的方式来降低系统性风险。市场风险的计量方式包括久期分析、缺口分析、敏感性分析、外汇敞口分析、情景分析和运用内部模型计算风险价值等

（续表）

要点	内容
操作风险	由不完善或有问题的内部程序、员工、信息科技系统以及外部事件所造成损失的风险称为操作风险。操作风险包括法律风险，但不包括战略风险和声誉风险。操作风险可分为内部流程、系统缺陷、人员因素和外部事件四大类别，并由此分为外部欺诈，就业制度和工作场所安全事件，内部欺诈，客户、产品和业务活动事件，实物资产损坏，信息科技系统事件，执行、交割和流程管理事件等七种可能造成实质性损失的事件类型。 操作风险广泛存在于商业银行业务和管理的各个领域，具有普遍性，却不能给商业银行带来盈利。商业银行的操作风险是不可避免的，对其进行有效管理通常需要较大规模的投入，应当控制好合理的成本收益率
流动性风险	商业银行无法以合理成本及时获得充足资金，用于偿付到期债务、履行其他支付义务和满足正常业务开展的其他资金需求的风险称为流动性风险。 流动性风险通常被视为一种多维风险。流动性风险管理水平更能体现商业银行整体经营管理水平
国别风险	经济主体在与非本国居民进行国际经贸与金融往来时，由于别国政治、经济和社会等方面的变化而遭受损失的风险称为国别风险。国别风险通常是由债务人所在国家的行为引起的，已超出了债权人的控制范围。 国别风险可分为： (1)政治风险，是指商业银行受特定国家的政治动荡等不利因素影响(例如长期以来部分南亚和非洲国家政局不稳)，无法正常收回在该国的金融资产而遭受损失的风险。政治风险包括政权风险、政局风险、政策风险和对外关系风险等。 (2)经济风险，是指商业银行受特定国家经济衰退等不利因素影响，无法正常收回在该国的金融资产而遭受损失的风险。 (3)社会风险，是指商业银行受特定国家贫穷加剧、生存状况恶化等不利因素影响，无法正常收回在该国的金融资产而遭受损失的风险。 国别风险的基本特征： (1)国别风险发生在国际经济金融活动中，在同一个国家范围内的经济金融活动不存在国别风险。 (2)在国际经济金融活动中，不论是政府、商业银行、企业，还是个人，都可能遭受国别风险所带来的损失
声誉风险	由银行机构行为、从业人员行为或外部事件等，导致利益相关方、社会公众、媒体等对银行机构形成负面评价，从而损害其品牌价值，不利于其正常经营，甚至影响到市场稳定和社会稳定的风险称为声誉风险。引发银行机构声誉明显受损的相关行为或活动称为声誉事件。 商业银行通常将声誉风险看作是对其经济价值最大的威胁

（续表）

要点	内容
法律风险	商业银行因日常经营和业务活动无法满足或违反法律规定，导致不能履行合同、发生争议/诉讼或其他法律纠纷而造成经济损失的风险称为法律风险。根据《巴塞尔协议Ⅱ》，法律风险是一种特殊类型的操作风险，它包括但不限于因监管措施和解决民商事争议而支付的罚款、罚金或者惩罚性赔偿所导致的风险敞口。 从狭义上讲，法律风险主要关注商业银行所签署的各类合同、承诺等法律文件的有效性和可执行力。从广义上讲，与法律风险密切相关的还有以下两种风险： (1)违规风险，是指商业银行由于违反监管规定和原则，而招致法律诉讼或遭到监管机构处罚，进而产生不利于商业银行实现商业目的的风险。 (2)监管风险，是指由于法律或监管规定的变化，可能影响商业银行正常运营，或削弱其竞争能力、生存能力的风险。在风险管理实践中，商业银行通常将法律风险管理归属于操作风险管理范畴
战略风险	商业银行在追求短期商业目的和长期发展目标的过程中，因不适当的发展规划和战略决策给商业银行造成损失或不利影响的风险称为战略风险。美国货币监理署认为，战略风险是指经营决策错误，或决策执行不当，或对行业变化束手无策，而对商业银行的收益或资本形成现实和长远的不利影响。 战略风险主要体现在以下四个方面： (1)战略目标缺乏整体兼容性。 (2)为实现目标所需要的资源匮乏。 (3)整个战略实施过程的质量难以保证。 (4)为实现目标而制定的经营战略存在缺陷。 战略风险也是一种多维风险

典题精练

【例2·单项选择题】按照(　　)分类，风险可以分为系统性风险和非系统性风险。

A. 风险事故的来源　　B. 商业银行经营的特征

C. 风险发生的范围　　D. 诱发风险的原因

C。【解析】按照风险事故的来源，风险可以分为经济风险、政治风险、社会风险、自然风险和技术风险。按照风险发生的范围，风险可以分为系统性风险和非系统性风险。按照诱发风险的原因，风险可以分为信用风险、市场风险、操作风险、流动性风险、国别风险、法律风险、声誉风险、战略风险等。

【例3·单项选择题】商业银行通常将(　　)看作是对其经济价值最大的威胁。

A. 市场风险　　B. 战略风险

C. 信用风险　　D. 声誉风险

D。【解析】商业银行通常将声誉风险看作是对其经济价值最大的威胁。

三、商业银行风险管理的主要策略和方法

要点	内容
风险分散	通过多样化的投资来分散和降低风险的策略性选择称为风险分散。马柯维茨的现代投资组合理论认为，只要两种资产收益率的相关系数不为1（即不完全正相关），分散投资于两种资产就具有降低风险的作用。而对于由相互独立的多种资产组成的投资组合，只要组合中的资产个数足够多，该投资组合的非系统性风险就可以通过这种分散策略完全消除。 风险分散对商业银行信用风险管理具有重要意义。根据多样化投资分散风险的原理，商业银行的信贷业务应是全面的，而不应集中于同一业务、同一性质甚至同一个借款人。 多样化投资分散风险的风险管理策略经过长期的实践证明是行之有效的，但其前提条件是要有足够多的相互独立的投资形式。同时需要认识到，风险分散策略是有成本的，主要是分散投资过程中增加的各项交易费用
风险对冲	通过投资或购买与标的资产收益波动负相关的某种资产或衍生产品，来冲销标的资产潜在损失的一种策略性选择称为风险对冲。 风险对冲对管理市场风险（利率风险、汇率风险、股票风险和商品风险）非常有效，可以分为以下两种情况： （1）自我对冲，是指商业银行利用资产负债表或某些具有收益负相关性质的业务组合本身所具有的对冲特性进行风险对冲。 （2）市场对冲，是指商业银行对于无法通过资产负债表和相关业务调整进行自我对冲的风险，通过衍生产品市场进行对冲
风险转移	通过购买某种金融产品或采取其他合法的经济措施将风险转移给其他经济主体的一种策略性选择称为风险转移。风险转移可分为以下两种： （1）保险转移是指商业银行购买保险，以缴纳保险费为代价，将风险转移给承保人。当商业银行发生风险损失时，承保人按照保险合同的约定责任给予商业银行一定的经济补偿。 （2）非保险转移。担保、备用信用证等能够将信用风险转移给第三方。商业银行在发放贷款时，通常会要求借款人提供第三方信用担保作为还款保证，若借款人到期不能如约偿还贷款本息，则由担保人代为清偿就属于此类
风险规避	商业银行拒绝或退出某一业务或市场，以避免承担该业务或市场风险的策略性选择称为风险规避。 在现代商业银行风险管理实践中，风险规避可以通过限制某些业务的经济资本配置来实现。 风险规避策略是一种消极的风险管理策略，不宜成为风险管理的主导策略
风险补偿	商业银行在所从事的业务活动造成实质性损失之前，对所承担的风险进行价格补偿的策略性选择称为风险补偿。 对于那些无法通过风险分散、风险对冲、风险转移或风险规避进行有效管理的风险，商业银行可以采取在交易价格上附加更高的风险溢价，即通过提高风险回报的方式，获得承担风险的价格补偿。商业银行可以预先在金融资产定价中充分考虑各种风险因素，通过价格调整来获得合理的风险回报

信用风险	市场风险	操作风险	流动性风险
国别风险	声誉风险	法律风险	风险分散
风险对冲	风险转移	风险规避	风险补偿

第二节　信用风险管理

一、信用风险管理概述

信用风险是商业银行面临的风险中最重要，也是管理难度最大的风险类型。对信用风险的有效管理是商业银行综合风险管理的一个至关重要的组成部分。对商业银行而言，信用风险管理的目标是通过将信用风险保持在可接受的指标范围内，使风险调整后的收益率最大化。

1. 信用风险控制

要点	内容
全流程管理	原银监会发布的《固定资产贷款管理暂行办法》《个人贷款管理暂行办法》《流动资金贷款管理暂行办法》和《项目融资业务指引》，并称为“三个办法一个指引”，又称“贷款新规”。“三个办法一个指引”强调，贷款人应完善内部控制机制，实行贷款全流程管理，全面了解客户和项目信息，建立贷款风险管理制度和有效的岗位制衡机制，将贷款管理各环节的责任落实到具体部门和岗位，并建立各岗位的考核和问责机制。主要监管要求是： (1)审贷分离，是指将信贷业务全过程分解为调查、审查、审批、用信、贷后管理、不良资产处置等环节，设立相应的部门或岗位承担其中各个环节的职责，以实现各环节和部门、岗位间的相互支持和相互制约。信贷审批岗位应当完全独立于贷款的营销和发放。贷款人应根据贷审分离、分级审批的原则，建立规范的贷款评审制度和流程，确保风险评价和信贷审批的独立性。 (2)信贷审批。信贷业务审批应按规定程序和权限进行，不得违反程序或超越权限审批信贷业务。对于情况较为简单、信用额度较小、风险判断相对容易的信贷业务，可采用直接审批方式。 (3)贷款“三查”，是指贷前调查、贷时审查和贷后检查，是银行信用风险控制的重要手段。通过实施贷款“三查”，有利于贷款人较为全面地了解和掌握借款人经营状况以及贷款的风险情况，及时发现风险隐患，采取相应风险防范和控制措施，保障银行信贷资金安全。 (4)受托支付管理。商业银行(贷款人)按照贷款项目进度和有效贷款需求，根据借款人的提款申请和支付委托，将贷款资金支付给符合合同约定的借款人交易对手的支付过程称为受托支付。按现行规定，单笔金额超过项目总投资 5% 或超过 500 万元人民币的固定资产贷款资金支付和单笔超过 1 000 万元的流动资金贷款资金支付，应采用贷款人受托支付方式。 贷款人应设立独立的责任部门或岗位，负责贷款发放和支付审核。贷款支付过程中，借款人信用状况下降、主营业务盈利能力不强、贷款资金使用出现异常的，贷款人应与借款人协商补充贷款发放和支付条件，或根据合同约定变更贷款支付方式、停止贷款资金的发放和支付

（续表）

要点	内容
限额管理	商业银行分散信用风险、降低信贷集中度的通常做法就是对客户、行业、区域和资产组合实行授信限额管理。具体到每一个客户，授信限额是商业银行在客户的债务承受能力和银行自身的损失承受能力范围以内所愿意并允许提供的最高授信额。 (1)单一客户授信限额管理。《中华人民共和国商业银行法》规定，对同一借款人的贷款余额与商业银行资本余额的比例不得超过10%。商业银行制定客户授信限额通常可从以下两个方面考虑： ①客户的债务承受能力。商业银行对客户进行信用评级后，首要工作就是判断该客户的债务承受能力，即确定客户的最高债务承受额(MBC)。一般来说，决定客户债务承受能力的主要因素是客户信用等级和所有者权益。 ②银行的损失承受能力。银行对某一客户的损失承受能力用客户损失限额(CMLQ)表示，代表了商业银行愿意为某一具体客户所承担的损失限额。 从理论上讲，客户损失限额是通过商业银行分配至各个业务部门或分支机构的经济资本在客户层面上继续分配的结果。当客户的授信总额超过上述两个限额中的任一个限额时，商业银行都不能再向该客户提供任何形式的授信业务。 (2)集团客户授信限额管理。集团客户是指具有以下特征的商业银行的企事业法人授信对象： ①共同被第三方企事业法人所控制的。 ②在股权上或者经营决策上直接或间接控制其他企事业法人或被其他企事业法人控制的。 ③主要投资者个人、关键管理人员或与其近亲属(包括三代以内直系亲属关系和二代以内旁系亲属关系)共同直接控制或间接控制的。 ④存在其他关联关系，可能不按公允价格原则转移资产和利润，商业银行认为应视同集团客户进行授信管理的。商业银行在对单一集团客户贷款不应超过其资本余额的15%。 集团客户授信业务风险是指由于商业银行对集团客户多头授信、过度授信和不适当分配授信额度，或集团客户经营不善以及集团客户通过关联交易、资产重组等手段在内部关联方之间不按公允价格原则转移资产或利润等情况，导致商业银行不能按时收回由于授信产生的贷款本金及利息，或给商业银行带来其他损失的可能性。 商业银行对集团客户授信应遵循的原则包括： ①统一原则。 ②适度原则。 ③预警原则。 商业银行在对集团客户授信时，应在授信协议中约定，要求集团客户及时报告授信人净资产10%以上关联交易的情况，包括交易各方的关联关系、交易项目和交易性质、交易的金额或相应的比例，以及定价政策(包括没有金额或只有象征性金额的交易)。 (3)大额风险暴露管理。风险暴露是指商业银行对单一客户或一组关联客户的信用风险暴露，包括银行账簿和交易账簿内各类信用风险暴露。大额风险暴露是指商业银行对单一客户或一组关联客户超过其一级资本净额2.5%的风险暴露。 ①大额风险暴露监管要求。该方法规定，对非同业单一客户的贷款余额不得超过资本净额的10%，对非同业单一客户的风险暴露不得超过一级资本净额的15%；对一

（续表）

要点	内容
限额管理	组非同业关联客户的风险暴露不得超过一级资本净额的 20%；对同业单一客户或集团客户的风险暴露不得超过一级资本净额的 25%；全球系统重要性银行对另一家全球系统重要性银行的风险暴露不得超过一级资本净额的 15%。 ②风险暴露计算。商业银行对客户的风险暴露包括：因表内授信形成的一般风险暴露；因投资资产管理产品或资产证券化产品形成的特定风险暴露；因场外衍生工具、证券融资交易形成的交易对手信用风险暴露；因担保、承诺等表外项目形成的潜在风险暴露；因债券、股票及其衍生工具交易形成的交易账簿风险暴露；其他风险暴露。 在计算客户风险暴露时，应考虑合格质物质押或合格保证主体提供保证的风险缓释作用，从客户风险暴露中扣减被缓释部分。质物或保证的担保期限短于被担保债权期限的，不具备风险缓释作用。 （4）国别风险与区域风险限额管理。 ①国别风险限额管理。银行业金融机构应当对国别风险实行限额管理，在综合考虑跨境业务发展战略、国别风险评级和自身风险偏好等因素的基础上，按国别合理设定覆盖表内外项目的国别风险限额。有重大国别风险暴露的银行业金融机构应当考虑在总限额下按业务类型、交易对手类型、国别风险类型和期限等设定分类限额。银行业金融机构应当建立国别风险限额监测、超限报告和审批程序，超限额情况应当及时向相应级别的管理层或董事会报告，以获得批准或采取纠正措施。 ②区域风险限额管理。区域风险限额管理与国别风险限额管理有所不同。国外银行一般不对一个国家内的某一区域设置区域风险限额，而只是对较大的跨国区域设置信用风险暴露的额度框架。 （5）组合限额管理。组合限额是信贷资产组合层面的限额，是组合信用风险控制的重要手段之一。通过设定组合限额，可以防止信贷风险过于集中在组合层面的某些方面，从而有效控制组合信用风险。组合限额可分为授信集中度限额和总体组合限额两类。 授信集中是指商业银行资本金、总资产或总体风险水平过于集中在下列某一类组合中： ①某一区域。 ②某一类产品。 ③同一类授信安排。 ④同一类抵押担保。 ⑤相同的授信期限。 ⑥单一的交易对象。 ⑦关联的交易对象团体。 ⑧特定的产业或经济部门。 ⑨某一国家或经济联系紧密的一组国家。 ⑩同一类（高）风险/低信用质量级别的客户。 ⑪某一类交易对方类型（如商业银行、教育机构或政府部门）。 授信集中度限额可以按上述不同维度进行设定。其中，行业、产品、风险等级和担保是最常用的组合限额设定维度

（续表）

要点	内容
贷款需求测算	商业银行应了解客户和了解其业务，合理评估借款人的实际需求，按需求发放贷款，在确定贷款额度时应考虑的因素包括： (1)借款人要求贷款的具体用途。 (2)借款人提出的信贷要求是否符合其业务需求。 (3)贷款资金是否会用于支持借款人的主营业务。 《流动资金贷款管理暂行办法》规定，商业银行应合理测算借款人营运资金需求，审慎确定借款人的流动资金授信总额及具体贷款的额度，不得超过借款人的实际需求发放流动资金贷款。流动资金贷款需求量应基于借款人日常生产经营所需营运资金与现有流动资金的差额（即流动资金缺口）确定。 在实际测算中，借款人营运资金需求可参考如下公式： 营运资金量 = 上年度销售收入 ×（1 - 上年度销售利润率）×（1 + 预计销售收入年增长率）/营运资金周转次数 上式中，营运资金周转次数的表达式为： 营运资金周转次数 = 360/（存货周转天数 + 应收账款周转天数 - 应付账款周转天数 + 预付账款周转天数 - 预收账款周转天数） 将估算出的借款人营运资金需求量扣除借款人自有资金、现有流动资金贷款以及其他融资，即可估算出新增流动资金贷款额度，即： 新增流动资金贷款额度 = 营运资金量 - 借款人自有资金 - 现有流动资金贷款 - 其他渠道提供的营运资金
期限管理	商业银行要综合考虑项目预期现金流和投资回收期等情况，合理确定中长期贷款还款方式，实行分期偿还，至少半年一次还本付息，鼓励按季度进行偿还。对于提前还款部分，商业银行应按照实际用款期限，相应折算成同期限的贷款利率计算本息。 商业银行要科学考量中长期贷款的现金流、行业、项目类别、地区、项目规模等因素，合理确定中长期贷款的建设期、达产期、还贷期和总贷款期限，不得利用宽限期变相延长总贷款期限
还款管理	通常情况下，对即将到期的业务，商业银行会提前通知借款人及时准备资金，按期足额偿还银行信用。根据合同约定或经商业银行同意，借款人可以提前偿还银行信用。 对借款人确因暂时经营困难等原因不能按期归还贷款本息的，贷款人可与借款人协商采取展期、续贷、贷款重组等处理措施
合同管理	商业银行应与借款人及其他相关当事人签订书面借款合同及其他相关协议，需担保的应同时签订担保合同。 商业银行应在借款合同中与借款人明确约定流动资金贷款的金额、期限、利率、用途、支付、还款方式等条款。其中，支付条款包括但不限于以下内容： (1)支付方式变更及触发变更条件。 (2)贷款资金支付的限制、禁止行为。 (3)借款人应及时提供的贷款资金使用记录和资料。 (4)贷款资金的支付方式和贷款人受托支付的金额标准。

（续表）

要点	内容
合同管理	商业银行应要求借款人在合同中对与贷款相关的重要内容做出承诺。对于固定资产贷款，承诺内容应包括： (1)配合贷款人对贷款的相关检查。 (2)贷款项目及其借款事项符合法律法规的要求。 (3)及时向贷款人提供完整、真实、有效的材料。 (4)发生影响其偿债能力的重大不利事项及时通知贷款人。 (5)进行合并、分立、股权转让、对外投资、实质性增加债务融资等重大事项前征得贷款人同意等。 对于流动资金贷款，贷款人还应要求借款人承诺贷款人有权根据借款人资金回笼情况提前收回贷款。 商业银行应与借款人在借款合同中约定，出现以下情形之一时，借款人应承担的违约责任和贷款人可采取的措施： (1)未遵守承诺事项的。 (2)突破约定财务指标的。 (3)发生重大交叉违约事件的。 (4)未按约定用途使用贷款的。 (5)未按约定方式进行贷款资金支付的。 (6)违反借款合同约定的其他情形的
风险缓释	商业银行运用合格的抵质押品、净额结算、保证和信用衍生工具等方式转移或降低信用风险称为信用风险缓释。商业银行采用内部评级法计量信用风险监管资本，信用风险缓释功能体现为违约概率、违约损失率或违约风险暴露的下降。 巴塞尔委员会提出信用风险缓释技术的目的包括： (1)鼓励银行通过风险缓释技术有效抵补信用风险，降低监管资本要求。 (2)鼓励银行通过开发更加高级的风险计量模型，精确计量银行经营面临的风险。 信用风险缓释应遵循的原则有： (1)有效性原则。 (2)独立性原则。 (3)审慎性原则。 (4)合法性原则。 (5)一致性原则。 内部评级法初级法下的合格抵质押品包括金融质押品、应收账款、商用房地产和居住用房地产以及其他抵质押品。商业银行应关注合格抵质押品的认定要求： (1)抵质押品应是《中华人民共和国民法典》规定可以接受的财产或权利。 (2)权属清晰，且抵质押品设定具有相应的法律文件。 (3)存在有效处置抵质押品且流动性强的市场，并且可以得到合理的抵质押品的市场价格。 (4)满足抵质押品可执行的必要条件，须经国家有关主管部门批准或者办理登记的，应按规定办理相应手续。

（续表）

要点	内容
风险缓释	(5)在债务人违约、无力偿还、破产或发生其他借款合同约定的信用事件时，商业银行能够及时地对债务人的抵质押品进行清算或处置。 内部评级法下的合格保证，应满足如下的最低要求： (1)保证应为书面形式，且保证数额在保证期限内有效。 (2)采用内部评级法初级法的商业银行，保证必须为无条件不可撤销的。采用内部评级法高级法的商业银行，允许有条件的保证，应充分考虑潜在信用风险缓释减少的影响。 (3)保证人资格应符合《中华人民共和国民法典》规定，具备代为清偿贷款本息能力。商业银行采用内部评级法高级法，对合格保证人的类别没有限制，应书面规定保证人类型的认定标准和流程。 (4)商业银行应对保证人的资信状况和代偿能力等进行审批评估，确保保证的可靠性。保证人所在国或注册国不应设有外汇管制；如果有外汇管制，商业银行应确保保证人履行债务时，可以获得资金汇出汇入的批准。 (5)采用信用风险缓释工具后的资本要求不小于对保证人直接风险暴露的资本要求。 (6)商业银行应加强对保证人的档案信息管理，在保证合同有效期间，应定期对保证人的资信状况和代偿能力及保证合同履行情况进行检查，每年不少于一次。 (7)商业银行对关联公司或集团内部的互保及交叉保证应从严掌握，具有实质风险相关性的保证不应作为合格的信用风险缓释工具
保理业务风险管理	2020 年 5 月，《中华人民共和国民法典》合同编首次将保理合同作为典型合同予以规范。2014 年，银行业监督管理委员会发布的《商业银行保理业务暂行管理办法》规定，保理业务是以债权人转让其应收账款为前提，集应收账款催收、管理、坏账担保及融资于一体的综合性金融服务。按照不同标准，保理业务可划分为国内保理和国际保理、有追索权保理和无追索权保理、单保理和双保理等种类。 商业银行开展保理业务，应当按照“权属确定，转让明责”的原则，严格审核并确认债权的真实性，确保应收账款初始权属清晰确定、历次转让凭证完整、权责无争议。 应收账款虚假是保理实践中的突出问题。商业银行受理保理融资业务时，应当严格审核卖方和/或买方的资信、经营及财务状况，分析拟作保理融资的应收账款情况，包括是否出质、转让以及账龄结构等，合理判断买方的付款意愿、付款能力以及卖方的回购能力，审查买卖合同等资料的真实性与合法性。 单保理融资中，商业银行除应当严格审核基础交易的真实性外，还需确定卖方或买方一方比照流动资金贷款进行授信管理，严格实施受理与调查、风险评估与评价、支付和监测等全流程控制。商业银行应当在保理合同中原则上要求卖方开立用于应收账款回笼的保理专户等相关账户。商业银行应当指定专人对保理专户资金进出情况进行监控，确保资金首先用于归还银行融资。 商业银行可将应收账款到期日与融资到期日间的时间期限设置为宽限期。宽限期应当根据买卖双方历史交易记录、行业惯例等因素合理确定。 商业银行应当直接开展保理业务，不得将应收账款的催收、管理等业务外包给第三方机构

（续表）

要点	内容
法律责任	根据《固定资产贷款管理暂行办法》的规定，贷款人违反该办法规定经营固定资产贷款业务的，银保监会应当责令其限期改正。贷款人有下列情形之一的，银保监会可根据《中华人民共和国银行业监督管理法》相关规定采取监管措施： (1)贷款调查、风险评价未尽职的。 (2)固定资产贷款业务流程有缺陷的。 (3)对借款人违反合同约定的行为未及时采取有效措施的。 (4)未按办法规定对借款人和项目的经营情况进行持续有效监控的。 (5)未按办法要求将贷款管理各环节的责任落实到具体部门和岗位的。 贷款人有下列情形之一的，银保监会除前述规定采取监管措施外，还可根据《中华人民共和国银行业监督管理法》相关规定对其进行处罚： (1)未按办法规定签订贷款协议的。 (2)与借款人串通，违法违规发放固定资产贷款的。 (3)超越、变相超越权限或不按规定流程审批贷款的。 (4)受理不符合条件的固定资产贷款申请并发放贷款的。 (5)与贷款同比例的项目资本金到位前发放贷款的。 (6)未按本办法规定进行贷款资金支付管理与控制的。 (7)有其他严重违反办法规定的行为的。 根据《流动资金贷款管理暂行办法》的规定，贷款人违反本办法规定经营流动资金贷款业务的，银保监会应当责令其限期改正。贷款人有下列情形之一的，银保监会可采取《中华人民共和国银行业监督管理法》规定的相关监管措施： (1)流动资金贷款业务流程有缺陷的。 (2)贷款调查、风险评价、贷后管理未尽职的。 (3)未将贷款管理各环节的责任落实到具体部门和岗位的。 (4)对借款人违反合同约定的行为应发现而未发现，或虽发现但未及时采取有效措施的。 贷款人有下列情形之一的，银保监会除按前述规定采取监管措施外，还可根据《中华人民共和国银行业监督管理法》相关规定对其进行处罚： (1)未按本办法规定签订借款合同的。 (2)与借款人串通违规发放贷款的。 (3)超越或变相超越权限审批贷款的。 (4)未按办法规定进行贷款资金支付管理与控制的。 (5)以降低信贷条件或超过借款人实际资金需求发放贷款的。 (6)放任借款人将流动资金贷款用于固定资产投资、股权投资以及国家禁止生产、经营的领域和用途的。 (7)严重违反办法规定的审慎经营规则的其他情形的。 根据《个人贷款管理暂行办法》的规定，贷款人违反办法规定办理个人贷款业务的，银保监会应当责令其限期改正。贷款人有下列情形之一的，银行业监督管理机构可采取《中华人民共和国银行业监督管理法》规定的相关监管措施： (1)贷款调查、审查未尽职的。 (2)借款合同采用格式条款未公示的。

(续表)

要点	内容
法律责任	(3)违反办法规定的放款管理有关要求的。 (4)未按规定建立、执行贷款面谈、借款合同面签制度的。 (5)支付管理不符合办法要求的。 贷款人有下列情形之一的,银保监会除按前述规定采取监管措施外,还可根据《中华人民共和国银行业监督管理法》相关规定对其进行处罚: (1)发放不符合条件的个人贷款的。 (2)授意借款人虚构情节获得贷款的。 (3)签订的借款合同不符合办法规定的。 (4)超越或变相超越贷款权限审批贷款的。 (5)将贷款调查的全部事项委托第三方完成的。 (6)发放贷款用途不符合法律法规规定和国家有关政策、发放无指定用途的个人贷款或未按规定加强贷款支付管理的。 (7)对借款人违背借款合同约定的行为应发现而未发现,或虽发现但未采取有效措施的。 (8)严重违反办法规定的审慎经营规则的其他情形的
授信工作尽职要求	银行业监督管理委员会于2004年7月出台了《商业银行授信工作尽职指引》,该指引确立了我国商业银行授信工作尽职的全面覆盖性和授信尽职调查制度,从授信的前、中、后台的全过程对尽职行为予以制度规范,从授信的客户调查和业务受理、授信分析和评价、授信决策与实施、授信后管理和问题授信管理等四个方面对授信尽职作了详细的规定。 (1)总体要求。商业银行应建立严格的授信风险垂直管理体制,对授信进行统一管理,建立完整的授信政策、决策机制、管理信息系统和统一的授信业务操作程序,明确尽职要求,定期或在有关法律法规发生变化时,及时对授信业务规章制度进行评审和修订。授信工作人员对《中华人民共和国商业银行法》规定的关系人申请的客户授信业务,应申请回避。 (2)客户调查和业务受理。客户调查应根据授信种类搜集客户基本资料,建立客户档案,应关注和搜集集团客户及关联客户的有关信息,有效识别授信集中风险及关联客户授信风险。对客户调查和客户资料的验证应以实地调查为主,间接调查为辅,必要时可通过外部征信机构、政府有关部门、社会中介对客户资料的真实性进行核实。 商业银行应督促授信管理部门与其他商业银行之间就客户调查资料的完整性、真实性建立相互沟通机制。对从其他商业银行获得的授信信息,授信工作人员应注意保密,不得用于不正当业务竞争。 (3)分析与评价。商业银行应根据不同授信品种的特点,对客户申请的授信业务进行分析评价,重点关注可能影响授信安全的因素,有效识别各类风险,评价内容主要包括: ①对影响客户财务状况的各项因素进行分析评价,预测客户未来的财务和经营情况。必要时应进行利率、汇率等的敏感度分析。 ②对客户的非财务因素进行分析评价,对客户公司治理、管理层素质、履约记录、生

（续表）

要点	内容
授信工作尽职要求	产装备和技术能力、产品和市场、行业特点以及宏观经济环境等方面的风险进行识别。 ③对第二还款来源进行分析评价，确认保证人的保证主体资格和代偿能力，以及抵押、质押的合法性、充分性和可实现性。 ④对客户的信用等级进行评定并予以记载。必要时可委托独立的、资质和信誉较高的外部评级机构完成。 商业银行应根据各环节授信分析评价的结果，形成书面的分析评价报告。在客户信用等级和客户评价报告的有效期内，对发生影响客户资信的重大事项，商业银行应重新进行授信分析评价。重大事项包括： ①外部政策变动。 ②客户涉及重大诉讼。 ③客户财务收支能力发生重大变化。 ④客户的担保超过所设定的担保警戒线。 ⑤客户在其他银行交叉违约的历史记录。 ⑥客户组织结构、股权或主要领导人发生变动。 ⑦其他。 (4)授信决策与实施。商业银行授信决策应在授权范围和规定程序内进行，不得超越权限或违反程序进行授信。商业银行不得对以下用途的业务进行授信： ①国家明令禁止的产品或项目。 ②违反国家有关规定从事股本权益性投资，以授信作为注册资本金、注册验资和增资扩股。 ③违反国家有关规定从事股票、期货、金融衍生产品等投资。 ④其他违反国家法律法规和政策的项目。 客户未按国家规定取得以下有效批准文件之一的，或虽然取得，但属于化整为零、越权或变相越权和超授权批准的，商业银行不得提供授信： ①项目批准文件。 ②环保批准文件。 ③土地批准文件。 ④其他按国家规定需具备的批准文件。 商业银行实施有条件授信时需遵循“先落实条件，后实施授信”的原则，授信条件未落实或条件发生变更未重新决策的，不得实施授信。在实施授信业务时应签署相应的法律文件，确保法律文件的合法性、合规性、有效性、可行性。 (5)授信后管理和问题授信处理。商业银行授信实施后，应对所有可能影响还款的因素进行持续监测，重点监测以下内容： ①授信的偿还情况。 ②授信项目是否正常进行。 ③客户的法律地位是否发生变化。 ④客户的财务状况是否发生变化。 ⑤客户是否按约定用途使用授信，是否诚实地全面履行合同。 ⑥抵押品可获得情况和质量、价值等情况。

（续表）

要点	内容
授信工作尽职要求	商业银行应根据客户偿还能力和现金流量，对客户授信进行调整，包括展期，增加或缩减授信，要求借款人提前还款，并决定是否将该笔授信列入观察名单或划入问题授信。商业银行对问题授信应采取以下措施： ①确认实际授信余额。 ②要求保证人履行保证责任，追加担保或行使担保权。 ③重新审核所有授信文件，征求法律、审计和问题授信管理等方面专家的意见。 ④书面通知所有可能受到影响的分支机构并要求承诺落实必要的措施。 ⑤对于没有实施的授信额度，依照约定条件和规定予以终止。依法难以终止或因终止将造成客户经营困难的，应对未实施的授信额度专户管理，未经有权部门批准，不得使用。 ⑥向所在地司法部门申请冻结问题授信客户的存款账户以减少损失。 ⑦其他必要的处理措施。 （6）授信工作尽职调查。商业银行应根据授信工作尽职调查人员的调查结果，对具有以下情节的授信工作人员依法、依规追究责任： ①进行虚假记载、误导性陈述或重大疏漏的。 ②未对客户资料进行认真和全面核实的。 ③授信决策过程中超越权限、违反程序审批的。 ④未按照规定时间和程序对授信和担保物进行授信后检查的。 ⑤授信客户发生重大变化和突发事件时，未及时实地调查的。 ⑥未根据预警信号及时采取必要保全措施的。 ⑦故意隐瞒真实情况的。 ⑧不配合授信尽职调查人员工作或提供虚假信息的。 ⑨其他。 （7）小企业授信尽职要求与贷款管理。商业银行制定的小企业授信政策应体现小企业经营规律、小企业授信业务风险特点，并实行差别化授信管理。银行应创新小企业授信业务，完善业务流程、风险管理和内部控制，着重建立和完善小企业授信“六项机制”，包括利率的风险定价机制、独立核算机制、高效的审批机制、激励约束机制、专业化的人员培训机制、违约信息通报机制

2. 信用风险计量

信用风险计量是现代信用风险管理的基础和关键环节，经历了从专家判断法、信用评分模型到违约概率模型三个主要发展阶段。目前在全球范围内，巴塞尔委员会鼓励有条件的商业银行使用基于内部评级的方法来计量违约概率、违约损失率、违约风险暴露并据此计算信用风险监管资本，有力地推动了商业银行信用风险内部评级体系和计量技术的发展。

违约是一个离散型变量，对手或者违约或者不违约，违约用违约概率来度量。违约暴露也被称为信用暴露，是指对手在违约时资产的经济价值或市值。

要点	内容
违约	违约的定义是估计违约概率、违约损失率、违约风险暴露等信用风险参数的基础。根据《巴塞尔新资本协议》,当下列一项或多项事件发生时,债务人即被视为违约: (1)债务人对银行的实质性信贷债务逾期90天以上。若债务人违反了规定的透支限额或者重新核定的透支限额小于目前的余额,各项透支将被视为逾期。 (2)银行认定,除非采取变现抵(质)押品等追索措施,债务人可能无法全额偿还对银行的债务。 出现以下任何一种情况,银行应将债务人认定为“可能无法全额偿还对银行的债务”: ①银行对债务人任何一笔贷款停止计息或应计利息纳入表外核算。 ②银行将债务人列为破产企业或类似状态。 ③银行将贷款出售并承担一定比例的账面损失。 ④发生信贷关系后,由于债务人财务状况恶化,银行核销了贷款或已计提一定比例的贷款损失准备。 ⑤债务人申请破产,或者已经破产,或者处于类似保护状态,由此将不履行或延期履行偿付银行债务。 ⑥由于债务人财务状况恶化,银行同意进行消极重组,对借款合同条款做出非商业性调整。具体包括但不限于以下情况:一是合同条款变更导致债务规模下降;二是因债务人无力偿还而借新还旧;三是债务人无力偿还而导致的展期。 ⑦银行认定的其他可能导致债务人不能全额偿还债务的情况。如果某债务人被认定为违约,银行应对该债务人所有关联债务人的评级进行检查,评估其偿还债务的能力。是否对关联债务人实行交叉违约认定,取决于关联债务人在经济上的相互依赖和一体化程度
违约概率	债务人在未来一年时间内发生违约的可能性称为违约概率。在第三版《巴塞尔资本协议》中,违约概率被具体定义为借款人内部评级1年期违约概率与0.05%中的较高者。 违约概率是实施内部评级法的商业银行需要准确估计的重要风险要素,无论商业银行是采用内部评级法初级法还是内部评级法高级法,都必须按照监管要求估计违约概率。违约概率的估计包括单一借款人的违约概率和某一信用等级所有借款人的违约概率两个层面。《巴塞尔新资本协议》要求实施内部评级法的商业银行估计其各信用等级借款人所对应的违约概率,可采用内部违约经验、映射外部数据和统计违约模型等与数据基础一致的技术估计平均违约概率,可选择一项主要技术,辅以其他技术作比较,并进行可能的调整,确保估值能准确反映违约概率。此外,针对信息和技术的局限性,银行可运用专家判断法对估值结果进行调整
违约损失率	债务人一旦违约将给债权人造成的损失数额,即损失的严重程度称为违约损失率。从贷款回收的角度看,违约损失率决定了贷款回收的程度,因为违约损失率(LGD)=1-回收率。回收率是回收金额除以放款金额。此处的回收金额,是指该账户违约,宣告无法偿债后,因拍卖担保品,强制执行借款人存款或其他催收方式所得的回收金额。因此,通常除非有担保品,回收比率大部分非常低。也就是说违约损失率的大小,会取决于担保品的特性。 违约损失率是针对交易项目——各笔贷款而言的,它与关键的交易特征有关,是与贷款的信用保障挂钩的

（续表）

要点	内容
信用评级	运用统一的方法和标准，通过定量分析与定性分析相结合的方法，对非零售客户的还款能力及还款意愿进行准确、客观评价，确定客户信用等级的风险计量方法称为信用评级。信用评级可以分为外部评级和内部评级两种。 《商业银行资本管理办法（试行）》采用标准普尔的评级符号，对商业银行选用外部评级公司不做规定，但使用外部评级公司的评级结果应当符合《商业银行资本管理办法（试行）》的规定，并保持连续稳定。 客户信用评级是商业银行对客户偿债能力和偿债意愿的计量和评价，反映客户违约风险的大小。客户评级的评价目标是客户违约风险，评价主体是商业银行，评价结果是信用等级和违约概率，是商业银行的内部评级。 符合《巴塞尔新资本协议》要求的客户信用评级必须具有两大功能： （1）能够准确量化客户违约风险，即能够估计各信用等级的违约概率，并将估计的违约概率与实际违约频率的误差控制在一定范围内。 （2）能够有效区分违约客户，即不同信用等级的客户违约风险随信用等级的下降而呈加速上升的趋势

典题精练

【例4·多项选择题】贷款“三查”指的是（　　）。

A. 贷中追查　　B. 贷前调查

C. 提前检查　　D. 贷时审查

E. 贷后检查

BDE。【解析】贷款“三查”指的是贷前调查、贷时审查和贷后检查。

【例5·判断题】内部评级法下的合格保证应为口头形式，且保证数额在保证期限内有效。（　　）

A. 正确　　B. 错误

B。【解析】内部评级法下的合格保证应为书面形式，且保证数额在保证期限内有效。

二、贷款风险分类

1. 贷款风险分类的概念

贷款分类是指商业银行按照风险程度将贷款划分为不同档次的过程，其实质是判断债务人及时足额偿还贷款本息的可能性。

2007年7月，银行业监督管理委员会印发的《贷款风险分类指引》，要求商业银行应至少将贷款划分为正常、关注、次级、可疑和损失五类，后三类合称为不良贷款。

要点	内容
正常	借款人能够履行合同，没有足够理由怀疑贷款本息不能按时足额偿还
关注	尽管贷款人目前有能力偿还贷款本息，但存在一些可能对偿还产生不利影响的因素
次级	借款人的还款能力出现明显问题，完全依靠其正常营业收入无法足额偿还贷款本息，即使执行担保，也可能会造成一定损失
可疑	借款人无法足额偿还贷款本息，即使执行担保，也肯定要造成较大损失

（续表）

要点	内容
损失	在采取所有可能的措施或一切必要的法律程序之后，本息仍然无法收回，或只能收回极少部分

2. 贷款分类原则

贷款分类应遵循的原则有：

(1)真实性原则。

(2)及时性原则。

(3)重要性原则。

(4)审慎性原则。

3. 贷款分类时考虑因素

商业银行对贷款进行分类应考虑的因素包括：

(1)借款人的还款能力。

(2)借款人的还款记录。

(3)借款人的还款意愿。

(4)贷款项目的盈利能力。

(5)贷款的担保。

(6)贷款偿还的法律责任。

(7)银行的信贷管理状况。

对贷款进行分类时，要以评估借款人的还款能力为核心，把借款人的正常营业收入作为贷款的主要还款来源，贷款的担保作为次要还款来源。借款人的还款能力包括借款人现金流量、财务状况、影响还款能力的非财务因素等。不能用客户的信用评级代替对贷款的分类，信用评级只能作为贷款分类的参考因素。

4. 贷款分类的最低标准

要点	内容
至少应归为关注类的贷款	(1)改变贷款用途。 (2)本金或者利息逾期。 (3)借新还旧，或者需通过其他融资方式偿还。 (4)同一借款人对本行或其他银行的部分债务已经不良。 (5)本金和利息虽尚未逾期，但借款人有利用兼并、重组、分立等形式恶意逃废银行债务的嫌疑。 (6)违反国家有关法律和法规发放的贷款
至少应归为次级类的贷款	(1)逾期(含展期后)超过一定期限，其应收利息不再计入当期损益。 (2)借款人利用合并、分立等形式恶意逃废银行债务，本金或者利息已经逾期
需要重组的贷款应至少归为次级类	(1)重组贷款是指银行由于借款人财务状况恶化，或无力还款而对借款合同还款条款做出调整的贷款。 (2)重组后的贷款(简称重组贷款)如果仍然逾期，或借款人仍然无力归还贷款，应至少归为可疑类。 (3)重组贷款的分类档次在至少6个月的观察期内不得调高，观察期结束后，应严格按照《贷款风险分类指引》规定进行分类

典题精练

【例6·单项选择题】商业银行对贷款进行分类应考虑的因素不包括（　　）。

A. 借款人的还款能力　　B. 借款人的还款时间

C. 借款人的还款意愿　　D. 借款人的还款记录

B。【解析】商业银行对贷款进行分类应考虑的因素有：借款人的还款能力；借款人的还款记录；借款人的还款意愿；贷款项目的盈利能力；贷款的担保；贷款偿还的法律责任；银行的信贷管理状况。

三、不良贷款管理

由于借款人到期无法正常履行偿还责任，将会给银行带来一定经济损失的贷款称为不良贷款。次级类、可疑类和损失类贷款合称为不良贷款。

1. 不良贷款的识别

不良贷款早期预警信号可以分为宏观和微观两大类：

（1）宏观的早期预警信号，主要包括宏观经济变化、经济政策调整和行业景气度变化等方面。

（2）微观的早期预警信号，主要包括借款企业财务状况或财务行为出现异常、报送财务报表出现异常、经营状况出现重大变化、组织结构或人员出现异常变动以及其他外部特殊因素等方面。

2. 不良贷款的评估

要点	内容
全面评价不良贷款的状况	通过深入分析不良贷款的状况，评价不良贷款的可能损失程度，其主要分析要点如下： （1）不良贷款形成的具体原因，区分宏观经济波动因素、借款人经营管理不力因素、银行贷款管理不善因素等。 （2）银行已采取的保全措施是否有效。 （3）不良贷款的整体恶化程度和趋势。 （4）未来有关各方可能采取的行为对不良贷款的影响情况。 （5）借款人资产负债、现金流等财务状况和变动趋势。 （6）借款人产品的市场前景等经营因素对其还贷能力的可能改善程度。 （7）预测不良贷款回收的可能性和损失程度，并对其处置的成本和收益进行分析
确定不良贷款评估标准	不良贷款评估标准是指不良贷款评估业务所适用的价格标准。根据我国资产评估管理要求和国际上资产评估惯例，资产评估中的价格标准有重置成本、现行市价、收益现值和清算价格。不良贷款评估的价格标准应根据不良贷款的性质、评估目的和前提条件加以选择

3. 不良贷款处置方式

要点	内容
直接追偿	依据有关法律文书，采取直接催收、扣划账户资金或敦促债务关联人处置有效资产，收回现金或现金等价物的资产处置方式称为直接追偿。直接追偿是不良资产最基本、最常用的处置方式，也是不良资产日常管理的重要内容。直接追偿伴随着不良资产自接收到处置完毕的全过程。以追偿方式划分，直接追偿分为直接催收、敦促债务关联人处置资产和存款资金清收等方式
诉讼追偿	银行通过诉讼或者仲裁程序，运用强制执行手段，向债务关联人进行追偿，收回现金或者现金等价物的资产处置方式称为诉讼追偿。诉讼追偿按法律程序主要分为四种方式：起诉追偿、申请实现担保物权、公证债权文书强制执行、申请支付令
委外清收	银行委托系统外合法机构在约定期限内，以银行名义通过合法手段对协议约定的不良贷款进行清收，银行按照协议约定支付相应费用的处置方式称为委外清收
债务减免	不良贷款（含信用证垫款、承兑汇票垫款、保函垫款等）还款义务人（包括借款人、保证人及其他还款义务人）在发生财务困难、无力及时足额偿还贷款本息的情况下，银行为盘活不良贷款，最大限度回收债权，减免还款义务人部分还款义务的处置方式称为债务减免
以资抵债	债务人、担保人或第三人以实物资产或财产权利作价抵偿银行债权的行为称为以资抵债。银行行使债权或担保物权而受偿于债务人、担保人或第三人的物权资产或财产权利称为抵债资产
呆账核销	金融企业将认定的呆账，冲销已计提的资产减值准备或直接调整损益，并将资产冲减至资产负债表外的账务处理方法称为呆账核销。金融企业核销呆账应当遵循"符合认定条件、提供有效证据、账销案存、权在力催"的基本原则
押品处置	抵（质）押权人对由借款人或第三人为担保银行债权实现而抵押或质押给银行的财产或权利进行处置，以收回全部或部分不良债权（含或有资产垫款及占用、贴现、银行卡透支）的经营管理活动称为押品处置。押品处置是为维护银行债权利益采取的一种抢救行为
债权转让	债权转让可以分为： （1）单户债权转让，是指银行将不良贷款（含信用证垫款、承兑汇票垫款、保函垫款等）以户为单位按照市场价格转让给第三方的不良资产处置方式。 （2）不良资产批量转让，是指将若干户/项以上的债权、物权类、其他类委托资产单独或混合组成资产包，向第三方转让收回现金的行为。 金融企业批量转让不良资产的范围包括金融企业在经营中形成的以下不良信贷资产和非信贷资产： （1）抵债资产。 （2）按规定程序和标准认定为次级、可疑、损失类的贷款。 （3）已核销的账销案存资产。 （4）其他不良资产。

（续表）

要点	内容
债权转让	下列不良资产不得进行批量转让： (1)债务人或担保人为国家机关的资产。 (2)国防军工等涉及国家安全和敏感信息的资产。 (3)在借款合同或担保合同中有限制转让条款的资产。 (4)经国务院批准列入全国企业政策性关闭破产计划的资产。 (5)个人贷款(包括向个人发放的购房贷款、购车贷款、教育助学贷款、信用卡透支、其他消费贷款等以个人为借款主体的各类贷款)。 (6)国家法律法规限制转让的其他资产
资产租赁	银行在不改变资产所有权的情况下，对因受客观条件限制，在规定时间内不宜处置或难以处置的抵债资产中的物权资产，短期内让渡资产占有权和使用权，依照租赁协议收取租金(货币资金)的过渡性资产处置方式称为资产租赁
破产清偿	债务人因不能清偿到期债务，并且财产不足以清偿全部债务或者明显缺乏清偿能力时，被法院依法裁定破产清算、破产和解或者破产重整，银行据以实现债权受偿的处置方式称为破产清偿
债务重组	债务重组是指债务人发生财务困难时，经与债权人协商达成新的协议，债权人同意给予债务人在正常情况下所不愿给予的让步，以协助缓解债务人的困难，避免因采取立即求偿措施而蒙受更大的损失，实现最大限度地收回债权。债务重组就是债务的重新组合与安排，是商业银行处置新发生不良贷款的最主要方式之一

4. 不良贷款处置尽职要求

要点	内容
总体要求	原中国银监会、财政部于2005年下发的《不良金融资产处置尽职指引》要求，银行业金融机构在处置不良资产时，应遵守法律、法规、规章和政策等规定，在坚持公开、公平、公正和竞争、择优的基础上，努力实现处置净回收现值最大化。 不良资产工作人员与剥离(转让)方、债务人、担保人、持股企业、资产受让(受托)方、受托中介机构存在直接或间接利益关系的，或经认定对不良金融资产形成有直接责任的，在不良资产处置中应当回避。不良资产工作人员不得同时从事资产评估(定价)、资产处置和相关审核审批工作
处置前期调查	商业银行处置不良贷款前，应对拟处置资产开展前期调查分析。前期调查分析应充分利用现有档案资料和日常管理中获得的各种有效信息。当现有信息与实际情况发生较大出入或重大变化时，应进行现场调查。前期调查资料和调查报告应对后续资产处置方式选择、定价和方案制作等形成必要的支持。负责调查的工作人员应保证在调查报告中对可能影响到资产价值判断和处置方式选择的重要事项不存在虚假记载、重大遗漏和误导性陈述，并已对所获信息资料的置信程度进行了充分说明
处置定价	商业银行业应制定不良金融资产定价管理办法，明确定价程序、定价因素、定价方式和定价方法，逐步建立起以市场为导向、规范合理的不良金融资产定价机制，严格防范定价过程中的各类风险。同时关注定价的可实现性、实现的成本和时间

（续表）

要点	内容
处置方案制订、审批和实施	商业银行不良资产应规定操作和审批程序，不得违反程序或减少程序进行处置。商业银行处置不良金融资产，除账户扣收和直接催收方式外，应制订处置方案，方案制订人员应对方案内容的真实性和完整性负责，并承诺不存在虚假记载、重大遗漏和误导性陈述。 处置方案应做到事实真实完整、法律关系表述清晰、数据准确、分析严谨。其主要包括：处置对象情况、处置时机判断、处置方式比较和选择、处置定价和依据以及交易结构设计等内容。 对已批准的不良资产处置项目，要严格按照审批方案实施，对于需要变更且条件劣于原方案的，应重新上报审批并取得同意，有附加条件的批准项目应先落实条件后再实施

四、债权人委员会机制

债权人委员会即银行业金融机构债权人委员会，是由债务规模较大的困难企业三家以上债权银行业金融机构发起成立的协商性、自律性、临时性组织。

债权人委员会对企业实施金融债务重组的，企业一般应当具备以下条件：债务企业和债权银行业金融机构有债务重组意愿；企业出现较为严重的财务困难或债务危机，预计不能偿还到期金融债务；企业产品或服务有较好的发展前景和市场份额，具有一定的重组价值；企业发展符合国家产业和金融支持政策。

而对于以下企业，银行业金融机构要坚决压缩、退出相关贷款，实现市场出清：不符合国家产业政策规定的落后产能企业；环保、能耗、质量、安全生产、技术等不达标且整改无望的企业；已经停产半停产、连年亏损、资不抵债、失去清偿能力的"僵尸企业"。

债权人委员会实施金融债务重组的，可以采取协议重组和协议并司法重组的方式。

审贷分离	贷款"三查"	信贷审批	限额管理
期限管理	合同管理	保理业务风险管理	授信工作尽职要求
违约概率	信用评级	贷款风险分类	不良贷款管理

第三节　操作风险管理

一、操作风险的分类和管理原则

1. 操作风险分类

2013 年起施行的《商业银行资本管理办法（试行）》在附件"操作风险资本计量监管要求"中，将操作风险的损失事件类型划分为 7 类。

类别	内容
内部欺诈事件	故意骗取、盗用财产或违反监管规章、法律或公司政策导致的损失事件称为内部欺诈事件，此类事件至少涉及内部一方，但不包括歧视及差别待遇事件

（续表）

类别	内容
外部欺诈事件	第三方故意骗取、盗用、抢劫财产、伪造要件、攻击商业银行信息科技系统或逃避法律监管导致的损失事件称为外部欺诈事件
就业制度和工作场所安全事件	违反就业、健康或安全方面的法律或协议，个人工伤赔付或者因歧视及差别待遇导致的损失事件称为就业制度和工作场所安全事件
客户、产品和业务活动事件	因未按有关规定造成未对特定客户履行分内义务（如诚信责任和适当性要求）或产品性质或设计缺陷导致的损失事件称为客户、产品和业务活动事件
实物资产的损坏	因自然灾害或其他事件（如恐怖袭击）导致实物资产丢失或毁坏的损失事件称为实物资产的损坏
信息科技系统事件	因信息科技系统生产运行、应用开发、安全管理以及由于软件产品、硬件设备、服务提供商等第三方因素，造成系统无法正常办理业务或系统速度异常所导致的损失事件称为信息科技系统事件
执行、交割和流程管理事件	因交易处理或流程管理失败，以及与交易对手方、外部供应商及销售商发生纠纷导致的损失事件称为执行、交割和流程管理事件

为了更具针对性，根据发生操作风险的业务部门或业务流程环节，《商业银行资本管理办法（试行）》将商业银行的业务分为公司金融、交易和销售、零售银行、商业银行、支付和结算、代理服务、资产管理、零售经纪和其他业务，将商业银行的操作风险损失事件分为三级，在此基础上，通过对事件类型和业务性质的组合将操作风险损失事件分成 86 个类别。

2. 操作风险损失数据收集统计原则

原则	内容
重要性原则	在统计操作风险损失事件时，应对损失金额较大和发生频率较高的操作风险损失事件进行重点关注和确认
及时性原则	应及时确认、完整记录、准确统计操作风险损失事件所导致的直接财务损失，避免因提前或延后造成当期统计数据不准确
统一性原则	操作风险损失事件的统计标准、范围、程序和方法应保持一致，以确保统计结果客观、准确及可比
谨慎性原则	应审慎确认操作风险损失，进行客观、公允统计，准确计量损失金额，避免出现多计或少计操作风险损失的情况

典题精练

【例 7 · 单项选择题】《商业银行资本管理办法（试行）》将操作风险的损失事件类型划分为（　　）类。

A. 5　　　　B. 6

C. 7　　　　D. 8

C。【解析】《商业银行资本管理办法（试行）》将操作风险的损失事件类型划分为 7 类。

二、操作风险的特点和表现形式

1. 操作风险的特点

与信用风险、市场风险相比,操作风险具有如下特点:

(1)操作风险来源广泛。

(2)操作风险是一种管理成本。

(3)操作风险损失数据不易收集。

(4)操作风险损失大小难以确定。

(5)操作风险的控制和缓释往往必须通过管理来实现,而不能纯粹依靠计量的手段。

2. 操作风险损失形态

要点	内容
法律成本	因金融机构发生操作风险事件引发法律诉讼或仲裁,在诉讼或仲裁过程中依法支出的诉讼费用、仲裁费用及其他法律成本
监管罚没	因操作风险事件所遭受的监管部门或有权机关罚款及其他处罚
资产损失	由于疏忽、事故或自然灾害等事件造成实物资产的直接毁坏和价值的减少
对外赔偿	由于内部操作风险事件,导致金融机构未能履行应承担的责任造成对外的赔偿
追索失败	由于工作失误、失职或内部事件,使原本能够追偿但最终无法追偿所导致的损失,或因有关方不履行相应义务导致追索失败所造成的损失
账面减值	由于偷盗、欺诈、未经授权活动等操作风险事件所导致的资产账面价值直接减少
其他损失	由于操作风险事件引起的其他损失

3. 操作风险损失事件认定的金额起点和范围界定

(1)银行应当根据操作风险损失事件统计工作的重要性原则,合理确定操作风险损失事件统计的金额起点。银行对设定金额起点以下的操作风险损失事件和未发生财务损失的操作风险事件也可进行记录和积累。

(2)银行应当合理区分操作风险损失、信用风险损失和市场风险损失界限,对于跨区域、跨业务种类的操作风险损失事件,商业银行应当合理确定损失统计原则,避免重复统计。

4. 操作风险损失事件统计的主要内容

银行的操作风险损失事件统计内容应至少包括:

(1)损失事件发生的时间。

(2)发现的时间及损失确认时间。

(3)业务条线名称。

(4)损失事件类型。

(5)涉及金额。

(6)损失金额。

(7)缓释金额。

(8)非财务影响。

(9)与信用风险和市场风险的交叉关系等。

5. 操作风险报告制度

操作风险报告程序包括报告的责任、路径、频率等。原银监会《商业银行操作风险管理指引》对应当向监管机构报送的重大操作风险事件给予明确的界定范围：

(1)抢劫商业银行或运钞车、盗窃银行业金融机构现金30万元以上的案件，诈骗商业银行或其他涉案金额1 000万元以上的案件。

(2)高管人员严重违规。

(3)造成商业银行重要数据、账册、重要空白凭证严重损毁、丢失，造成在涉及两个或两个以上省（自治区、直辖市）范围内中断业务3小时以上，在涉及一个省（自治区、直辖市）范围内中断业务6小时以上，严重影响正常工作开展的事件。

(4)发生不可抗力导致严重损失，造成直接经济损失1 000万元以上的事故、自然灾害。

(5)盗窃、出卖、泄露或丢失涉密资料，可能影响金融稳定，造成经济秩序混乱的事件。

(6)其他涉及损失金额可能超过商业银行资本净额1‰的操作风险事件。

(7)监管规定其他需要报告的重大事件。

典题精练

【例8·单项选择题】操作风险的控制和缓释必须通过（　　）来实现，而不能纯粹依靠计量的手段。

A. 管理　　B. 约束

C. 控制　　D. 监督

A。【解析】操作风险的控制和缓释必须通过管理来实现，而不能纯粹依靠计量的手段。

三、操作风险控制

商业银行通常采用购买保险、业务外包等措施，尽可能降低各种操作风险事件的影响程度。

1. 操作风险控制环境

商业银行的整体风险控制环境包括信息系统、公司治理、合规文化、内部控制四项要素，对有效管理与控制操作风险起到重要作用。

要点	内容
信息系统	商业银行信息系统包括主要面向客户的业务信息系统和主要供内部管理使用的管理信息系统。 (1)先进的业务信息系统能够大幅提高商业银行的经营效率和管理水平，显著降低操作失误和差错率。 (2)操作风险管理信息系统主要用于建立损失数据库、操作风险识别和评估、风险指标监测与报告、风险管理辅助决策和建立资本模型方面。 商业银行应当通过不断完善业务信息和管理信息系统，以稳步提高操作风险管理水平
公司治理	完善的公司治理结构是现代商业银行控制操作风险的基石。操作风险管理委员会及操作风险管理部门，负责商业银行操作风险管理体系的建立和实施，确保全行范围内操作风险管理的一致性和有效性

（续表）

要点	内容
合规文化	内部控制体系和合规文化是操作风险管理的基础。一个战略清晰、目标明确、职责到位的现代商业银行风险管理体系与培植一种以促进业务发展为根本的增值型合规文化是密不可分的
内部控制	健全的内部控制体系是商业银行有效识别和防范操作风险的重要手段。内部控制失效是造成商业银行案件频发的直接原因，而隐藏在内部控制失效背后的则是内部控制要素的缺失和内部控制运行体系的紊乱

2. 操作风险缓释手段

要点	内容
连续营业方案	面临低频高损事件的威胁，商业银行应当建立完备的灾难应急恢复和连续营业方案，涵盖可能遭受的各种意外冲击，明确那些对迅速恢复服务至关重要的关键业务程序，明确在中断事件中恢复服务的备用机制。连续营业方案应当是一个全面的计划，与商业银行经营的规模和复杂性相适应，强调操作风险识别、缓释、恢复以及持续计划，具体包括业务和技术风险评估、面对灾难时的风险缓释措施、危机和事故管理等方面
商业保险	购买商业保险作为操作风险缓释的有效手段，一直是商业银行管理操作风险的重要工具。商业银行在计量操作风险监管资本时，可以将保险理赔收入作为操作风险的缓释因素，但保险的缓释最高不超过操作风险监管资本要求的20%
业务外包	商业银行可以将某些业务外包给具有较高技能和规模的其他机构来管理，用以转移操作风险。但从本质上说，业务操作或服务虽然可以外包，但其最终责任并未被“包”出去。商业银行仍然是外包过程中出现的操作风险的最终责任人，对客户和监管者承担着保证服务质量、安全、透明度和管理汇报的责任。选择外包服务提供者时要对其财务状况、信誉状况和双方各自的独立程度进行评估

典题精练

【例 9 · 单项选择题】(　　)是操作风险缓释的有效手段。

A. 购买商业保险　　B. 连续营业方案

C. 业务外包　　D. 发行股票

A。【解析】购买商业保险是操作风险缓释的有效手段。

四、主要的操作风险

要点	内容
柜台业务	柜台业务泛指通过商业银行柜面办理的业务，包括现金收付、资金汇划、账户管理、印押证管理、资料变更以及网上银行开通等，是银行各项业务操作的集中体现，也是最容易引发操作风险的业务环节。针对柜台业务风险，银行业监督管理机构于2015年6月印发了《关于加强银行业金融机构内控管理有效防范柜面业务操作风险的通知》，明确商业银行应采取的风险控制措施有：

（续表）

要点	内容
柜台业务	(1)按照商业银行内部控制指引的有关要求，建立健全内部控制体系，明确内部控制职责，完善内部控制措施，强化内部控制保障，并定期组织开展内部控制有效性专项评估，防微杜渐，堵塞制度漏洞。 (2)加强“三道防线”建设。业务管理条线作为第一道防线应承担起风险防控的首要责任；风险合规条线作为第二道防线应认真落实风险监测、重点业务风险检查、风险事件牵头处置及实施问责等职责；审计监督条线作为第三道防线应加大对重点风险隐患的监督检查，对检查发现的违规违纪问题提出整改意见。 (3)加强业务系统建设，尽可能将业务纳入系统处理，并在系统中自动设立风险监控要点，发现操作中的风险点能及时提供警示信息。 (4)加强岗位培训，特别是新业务和新产品培训，不断提高柜员操作技能和业务水平，同时培养柜员岗位安全意识和自我保护意识。 (5)强化一线实时监督检查，促进事后监督向专业化、规范化迈进，改进检查监督方法，同时充分发挥各专业部门的指导、检查和督促作用
法人信贷业务	法人信贷业务是我国商业银行最主要的业务种类之一，包括法人客户贷款业务、透支、进出口押汇、贴现业务、信用证、保函、银行承兑汇票、保理等业务。按照法人信贷业务的流程，法人信贷业务可大致分为评级授信、贷前调查、信贷审查、信贷审批、贷款发放、贷后管理六个环节。针对法人信贷业务操作风险，主要有以下风险控制措施： (1)牢固树立审慎稳健的信贷经营理念，坚决杜绝各类短期行为和粗放管理。 (2)将信贷规章制度建立、执行、监测和监督权力分离，信贷岗位设置分工合理、职责明确，做到审贷分离、业务经办与会计账务分离等。 (3)倡导新型的信贷文化，在业务办理过程中，加入法的精神和硬性约束，实现以人为核心向以制度为核心转变，建立有效的信贷决策机制。 (4)明确主责任人制度，对银行信贷所涉及的调查、审查、审批、签约、贷后管理等环节，明确主责任人及其责任，强化信贷人员责任和风险意识。 (5)加快信贷电子化建设，运用现代信息技术，把信贷日常业务处理、决策管理流程、贷款风险分类预警、信贷监督检查等行为全部纳入计算机处理，形成覆盖信贷业务全过程的科学体系
个人信贷业务	个人信贷业务主要包括个人住房按揭贷款、个人消费贷款、个人生产经营贷款等。针对个人信贷业务操作风险，主要有以下风险控制措施： (1)实行个人信贷业务集约化管理，提升管理层次，实现审贷部门分离。 (2)优化产品结构，改进操作流程，重点发展以质押和抵押为担保方式的个人贷款，审慎发展个人信用贷款和自然人保证担保贷款。 (3)强化个人贷款发放责任约束机制，细化个人贷款责任追究办法，推行不良贷款定期问责制度、到期提示制度、逾期警示制度和不良责任追究制度。 (4)加强规范化管理，理顺个人贷款前台和后台部门之间的关系，完善业务授权制度，加强法律审查，实行档案集中管理，加快个人信贷电子化建设。 (5)在建立责任制的同时配之以奖励制度，将客户经理的贷款发放质量与其收入挂钩

（续表）

要点	内容
资金交易业务	商业银行为满足客户保值或提高自身资金收益或防范市场风险等方面的需要，利用各种金融工具进行的资金和交易活动，包括资金管理、资金存放、资金拆借、债券买卖、外汇买卖、黄金买卖、金融衍生产品交易等业务。从资金交易业务流程来看，资金交易业务可分为前台交易、中台风险管理、后台结算三个环节。 针对资金交易业务操作风险，主要有以下风险控制措施： (1)树立全面风险管理理念，将操作风险纳入统一的风险管理体系。 (2)开发和运用风险量化模型，引入和应用必要的业务管理系统，对资金交易的收益与风险进行适时、审慎的评价。 (3)完善资金营运内部控制，资金的调出调入应有真实的业务背景，严格按照授权进行资金业务操作，并及时划拨资金，登记台账。 (4)建立并完善资金业务组织结构，体现权限等级、部门分工和职责分离原则，做到前台交易和后台结算分离、自营业务与代客业务分离、业务操作与风险监控分离，建立岗位和部门之间的监督约束机制。 (5)加强交易权限管理，明确规定允许交易的品种，确定资金业务单笔、累计最大交易限额以及相应承担的单笔、累计最大交易损失限额和交易止损点，对资金交易员进行合适的授权，并建立适当的约束机制。 (6)建立资金交易风险和市值的内部报告制度，资金交易员应当向高级管理层如实汇报金融衍生产品中的或有资产、隐含风险和对冲策略等交易细节，中台监控人员应及时报告交易员的越权交易和越权行为，并按要求提交资金交易业务的风险报告
代理业务	商业银行接受客户委托，代为办理客户指定的经济事务、提供金融服务并收取一定费用，包括代理政策性银行业务、代理中央银行业务、代理商业银行业务、代收代付业务、代理证券业务、代理保险业务、代理其他银行的银行卡收单业务等。代理业务存在的操作风险有人员因素、内部流程、系统缺陷和外部事件。 针对代理业务操作风险，主要有以下风险控制措施： (1)强化风险意识，了解并重视代理业务中的操作风险点，完善业务操作流程与操作管理制度。 (2)加强基础管理，坚持委托代理业务合同书面化，并对合同和委托凭证严格审核，业务手续费收入必须纳入银行经营收入大账。 (3)加强业务宣传及营销管理，坚守诚实守信原则，遏制误导性宣传和错误销售，对业务风险进行必要的风险提示，维护商业银行信誉和品牌形象。 (4)设立专户核算代理资金，完善代理资金的拨付、回收、核对等手续，防止代理资金被挤占挪用，确保专款专用。 (5)遵守委托－代理协议，按照代理协议约定办理资金划转手续，遵守银行不垫款原则，不介入委托人与其他人的交易纠纷。 (6)加强产品开发管理，编制新产品开发报告，建立新产品风险跟踪评估制度，在新产品推出后，对新产品的风险状况进行定期评估。 (7)提高电子化水平，充分利用本行已有的网络系统、技术设备与被代理单位的数据库进行对接，积极研究开发银行与被代理单位的实时链接系统，促成双向联网操作，实现代理业务电子化操作

典题精练

【例 10 · 多项选择题】按照法人信贷业务的流程,法人信贷业务可大致分为(　　)。

A. 评级授信　　B. 贷前调查

C. 信贷审查　　D. 信贷审批

E. 贷款发放

ABCDE。【解析】按照法人信贷业务的流程,法人信贷业务可大致分为评级授信、贷前调查、信贷审查、信贷审批、贷款发放、贷后管理六个环节。

本节速览

内部欺诈事件	信息科技系统事件	操作风险报告制度	法律成本
资产损失	公司治理	信息系统	商业保险
柜台业务	个人信贷业务	资金交易业务	代理业务

第四节　声誉风险管理

一、声誉风险的内容

声誉风险被视为一种多维风险。商业银行所面临的风险和不确定因素,不论是正面的还是负面的,都必须通过系统化的方法来管理。管理的最好办法就是:

(1)强化全面风险管理意识,改善公司治理和内部控制,并预先做好应对声誉危机的准备。

(2)确保其他主要风险被正确识别和优先排序,进而得到有效管理。

一般来说,商业银行规模越大,抵抗风险的能力越强,同时也意味着商业银行可能面临的风险因素越多,对其声誉的潜在威胁也越大。有效的声誉风险管理体系应当重点强调的内容包括:

(1)培养开放、互信、互助的机构文化。

(2)有明确记载的危机处理/决策流程。

(3)明确商业银行的战略愿景和价值理念。

(4)有明确记载的声誉风险管理政策和流程。

(5)深入理解不同利益持有者对自身的期望值。

(6)努力建设学习型组织,有能力在出现问题时及时纠正。

(7)建立公平的奖惩机制,支持发展目标和股东价值的实现。

(8)利用自身的价值理念、道德规范影响合作伙伴、供应商和客户。

(9)建立公开、诚恳的内外部交流机制,尽量满足不同利益持有者的要求。

(10)建立强大的、动态的风险管理系统,有能力提供风险事件的早期预警。

建立良好的声誉风险管理体系,能够持久、有效地帮助商业银行减少各种潜在的风险损失,包括:

(1)招募和保留最佳雇员。

(2)增进和投资者的关系。

(3)减少进入新市场的阻碍。

(4)创造有利的资金使用环境。

(5)确保产品和服务的溢价水平。

(6)维持客户和供应商的忠诚度。

(7)最大限度地减少诉讼威胁和监管要求。

(8)强化自身的可信度和利益持有者的信心。

(9)吸引高质量的合作伙伴和强化自身竞争力。

二、声誉风险管理

2021 年 2 月，银保监会制定了《银行保险机构声誉风险管理办法(试行)》，形成融合统一的声誉风险监管制度，指导行业机构加强声誉风险管理、优化完善体制机制、有效防范应对声誉风险，有助于提高银行保险机构声誉风险管理水平，有效防范化解声誉风险，维护金融稳定和市场信心。

要点	内容
构建声誉风险治理架构	(1)国有、国有控股的银行保险机构，要坚持以党的政治建设为统领，充分发挥党组织的领导作用，把党的领导融入声誉风险管理各个环节。 (2)已建立党组织的民营资本或社会资本占主体的银行保险机构，要积极发挥党组织政治核心作用，把党的领导与声誉风险管理紧密结合起来，实现目标同向、互促共进。 (3)商业银行应强化公司治理在声誉风险管理中的作用，明确董事会、监事会、高级管理层、声誉风险管理部门、其他职能部门、分支机构和子公司的职责分工，构建组织健全、职责清晰的声誉风险治理架构和相互衔接、有效联动的运行机制
建立全流程声誉风险管理体系	(1)建立声誉风险事前评估机制，在进行重大战略调整、参与重大项目、实施重大金融创新及展业、重大营销活动及媒体推广、披露重要信息、涉及重大法律诉讼或行政处罚、面临群体性事件、遇到行业规则或外部环境发生重大变化等容易产生声誉风险的情形时，应进行声誉风险评估，根据评估结果制定应对预案。 (2)建立声誉风险监测机制，充分考虑与信用风险、保险风险、市场风险、流动性风险、操作风险、国别风险、利率风险、战略风险、信息科技风险以及其他风险的关联性，及时发现和识别声誉风险。 (3)建立声誉事件分级机制，结合本机构实际，对声誉事件的性质、严重程度、传播速度、影响范围和发展趋势等进行研判评估，科学分类，分级应对。 (4)加强声誉风险应对处置，按照声誉事件的不同级别，灵活采取相应措施。 (5)建立声誉事件报告机制，明确报告要求、路径和时限。对于符合突发事件信息报告有关规定的，按要求向监管部门报告。 (6)强化考核问责，将声誉事件的防范处置情况纳入考核范围，对引发声誉事件或预防及处置不当造成重大损失或严重不良影响的相关人员和声誉风险管理部门、其他职能部门、分支机构等应依法依规进行问责追责。 (7)开展全流程评估工作，对相关问题的整改情况进行跟踪评价，对整个声誉事件进行复盘总结，及时查漏补缺，进一步完善制度、规范流程，避免同类声誉事件再次发生

（续表）

要点	内容
做好声誉风险日常管理工作	银行保险机构应定期开展声誉风险隐患排查，覆盖内部管理、产品设计、业务流程、外部关系等方面，从源头减少声誉风险触发因素，持续完善声誉风险应对预案和相关内部制度。 商业银行声誉风险日常管理工作包括： (1)定期开展声誉风险情景模拟和应急演练，检视机构应对各种不利事件特别是极端事件的反应能力和适当程度，并将声誉风险情景纳入本机构压力测试体系，在开展各类压力测试过程中充分考虑声誉风险影响。 (2)建立与投诉、举报、调解、诉讼等联动的声誉风险防范机制，及时回应和解决有关合理诉求，防止处理不当引发声誉风险。 (3)主动接受社会舆论监督，建立统一管理的采访接待和信息发布机制，及时准确公开信息，避免误读误解引发声誉风险。 (4)做好声誉资本积累，加强品牌建设，承担社会责任，诚实守信经营，提供优质高效服务。 (5)将声誉风险管理纳入内部审计范畴，定期审查和评价声誉风险管理的规范性和有效性。 (6)加强同业沟通联系，相互吸收借鉴经验教训，不恶意诋毁，不借机炒作，共同维护银行业保险业整体声誉
加强声誉风险管理	(1)银保监会及其派出机构应将商业银行声誉风险管理纳入法人监管体系，加强银行业声誉风险监管。 (2)银保监会及其派出机构承担银行保险机构声誉风险的监管责任，办公厅承担归口和协调责任。 (3)银保监会及其派出机构通过非现场监管和现场检查实施对银行保险机构声誉风险的持续监管，具体方式包括但不限于风险提示、监督管理谈话、现场检查等，并将其声誉风险管理状况作为监管评级及市场准入的考虑因素。 (4)发现银行保险机构存在声誉风险问题，依法采取相应措施

典题精练

【例 11 · 多项选择题】商业银行应建立与(　　)等联动的声誉风险防范机制，及时回应和解决有关合理诉求，防止处理不当引发声誉风险。

A. 投诉　　　　B. 举报

C. 调解　　　　D. 诉讼

E. 监督

ABCD。【解析】商业银行应建立与投诉、举报、调解、诉讼等联动的声誉风险防范机制，及时回应和解决有关合理诉求，防止处理不当引发声誉风险。

本节速览

全流程评估	报告机制	考核问责	声誉风险监管

第五节 突发事件与应急管理

一、突发事件与应急管理的含义

要点	内容
突发事件	《突发事件应对法》对突发事件的定义如下:突然发生,造成或者可能造成严重社会危害,需要采取应急处置措施予以应对的自然灾害、事故灾难、公共卫生事件和社会安全事件
应急管理	现代的应急管理是指政府及其他公共机构在突发事件的事前预防、事发应对、事中处置和善后恢复过程中,通过建立应对机制,采取应对措施,从而保障公众生命、健康和财产安全,促进社会和谐健康发展的一系列活动
应急管理工作面临的挑战	(1)银行业的案件风险、流动性风险、信用风险、负面舆情等诸多因素,都可能引发银行业突发事件,甚至挤兑事件。 (2)以信息网络为基础的银行业突发事件预警系统仍需完善。 (3)银行业监管机构与相关部门和地方政府如何加强协调沟通,健全应急协同机制,依法、高效、稳妥处置各类突发事件,需要研究完善并在具体实践中接受考验。 (4)部分银行业金融机构自身的应急管理意识薄弱,自救知识和能力欠缺,主动参与程度不高,各项应急预案不够完备不能确保切实可行等

二、突发事件分类与分级

1. 分类

按照突发事件的性质、过程和机理的不同,《突发事件应对法》将其分为自然灾害、事故灾难、公共卫生事件和社会安全事件。

要点	内容
自然灾害	主要包括气象灾害、水旱灾害、地质灾害、地震灾害、海洋灾害、生物灾害和森林草原火灾
事故灾难	主要包括环境污染、安全事故和生态破坏事故
公共卫生事件	主要包括公共卫生事件和动物疫情
社会安全事件	主要包括群体性事件、金融突发事件、影响市场稳定的突发事件、涉外突发事件、恐怖袭击事件和刑事案件

2. 分级

要点	内容
自然灾害、事故灾难、公共卫生事件的分级	《突发事件应对法》按照社会危害程度、影响范围、突发事件性质、可控性、行业特点等因素,将自然灾害、事故灾难、公共卫生事件分为特别重大、重大、较大和一般四级
金融突发事件的分级	(1)《国家特别重大、重大突发公共事件分级标准(试行)》将金融突发事件分级列为社会安全事件的第二类,分为重大金融突发事件和特别重大金融突发事件两级。 (2)《银行业突发事件应急预案》将银行业突发事件细化为较大突发事件(Ⅲ级)、重大突发事件(Ⅱ级)和特别重大突发事件(Ⅰ级)三级。 (3)《深圳市金融突发事件应急预案》将突发事件划分为四级,分别为特别重大金融突发事件(Ⅰ级)、重大金融突发事件(Ⅱ级)、较大金融突发事件(Ⅲ级)和一般金融突发事件(Ⅳ级)

典题精练

【例12·单项选择题】《银行业突发事件应急预案》对银行业突发事件的分类不包括（　　）。

A. 较大突发事件　　B. 重大突发事件

C. 一般突发事件　　D. 特别重大突发事件

C。【解析】《银行业突发事件应急预案》将银行业突发事件细化为较大突发事件（Ⅲ级）、重大突发事件（Ⅱ级）和特别重大突发事件（Ⅰ级）三级。

三、应急管理的主要工作内容

应急管理工作的核心内容概括起来就是“一案三制”。“一案”是指应急预案，即根据突发事件的类别和级别，事先研究制订应对计划和方案。“三制”是指应急管理工作的管理体制、运行机制和法制。

要点	内容
应急管理法律法规和标准体系建设	(1)制定和完善银行业相关的配套法规制度和规范性文件，加大执法力度，实现依法应急。 (2)构建应急管理标准体系
应急管理组织体系建设	(1)《突发事件应对法》明确国家建立“统一领导、综合协调、分类管理、分级负责、属地管理为主”的应急管理体制，鼓励地方政府创新应急管理机构设置模式，强化综合协调职能；加强城市应急管理组织体系建设，强化城市应急管理机构辅助决策指挥职能；推动社区和企事业单位落实应急管理责任，配备专兼职工作人员。 (2)强化领导干部应急管理能力培训，实施和加强针对银行业突发事件的应急管理干部队伍建设。 (3)规范突发事件应急处置现场组织指挥，强化应急指挥能力培训，提高应急处置的规范化、专业化水平
应急管理工作机制建设	(1)信息报告机制。银行业突发事件应急管理工作中，及时发现风险，建立顺畅有序的报告制度，是应对和处置突发风险的前提。及时、真实、准确地报告银行业突发事件的情况，是科学决策的基础，是采取有效措施，降低突发事件损害程度的基本保障。 (2)信息发布和沟通机制。银行业金融机构应注重做好应急新闻舆情工作，建立和完善信息发布机制，及时回应社会关切。 (3)应急评估机制。银行业金融机构应建立重大突发事件风险评估体系，对可能发生的突发事件进行综合性评估，对发生突发事件的可能性及其可能造成的影响进行评估预测发生突发事件可能性的大小、影响范围和强度以及可能发生的突发事件的级别
应急预案体系建设	(1)应急预案按照制订主体将应急预案划分为政府及其部门应急预案、单位和基层组织应急预案两大类。其中，政府及其部门应急预案可分为总体应急预案（即预案体系的顶层）、专项应急预案（即针对某种具体、特定类型的紧急事件预案体系）、部门应急预案三类。 (2)国家突发事件应急预案分两个层次：一是中央一级的突发事件总体应急预案、专项应急预案和部门应急预案；二是地方一级突发事件总体应急预案、专项应急预案和部门应急预案。 (3)《国家金融突发事件应急预案》将预案分为总则、组织指挥体系与职责、预防预警、金融突发事件的分级、应急响应、后期处置、应急保障和附则8个部分

四、应急管理监管要求

要点	内容
建立健全应急管理制度	高级管理层应明确专门的部门,建立健全完备可行的管理制度、操作规程,把董事会的要求落到实处
建立和健全突发事件预警制度	银行业金融机构应根据监管部门应急预案和专项应急预案,结合紧急程度、发展势态和可能造成的危害程度,编制和完善预警体系,从制度上保证对突发事件的及时识别和确定
加强应急预案的编制、修订和演练工作	(1)银行业金融机构要加强应急预案的编制与修订工作,确保各类突发事件处置有据可依。 (2)银行业金融机构要加强应急预案的演练工作,提高应急预案的能用管用水平。专项应急预案、部门应急预案至少每3年进行一次应急演练。基层管理人员,应注重提高突发事件隐患排查和第一时间应对突发事件的能力
加强对重大突发事件报告的管理	银行业金融机构迟报、漏报、瞒报、误报重大突发事件的,银保监会及其派出机构可根据《银行业监督管理法》规定采取如下措施:一是责令银行业金融机构对直接负责的董事、高级管理人员和其他直接责任人给予纪律处分;二是银行业金融机构行为尚不构成犯罪的,对直接负责的董事、高级管理人员和其他直接责任人给予警告,处五万元以上五十万元以下罚款;三是取消直接负责的董事、高级管理人员一定期限直至终身的任职资格,禁止直接负责的董事、高级管理人员和其他人员一定期限直至终身从事银行业工作;四是构成犯罪的,依法追究刑事责任

典题精练

【例13·判断题】专项应急预案、部门应急预案至少每2年进行一次应急演练。(　　)

A. 正确　　B. 错误

B。【解析】专项应急预案、部门应急预案至少每3年进行一次应急演练。

突发事件	应急管理	金融突发事件	应急管理组织体系建设

同步自测

一、单项选择题(在以下各小题所给出的四个选项中,只有一个选项符合题目要求,请将正确选项的代码填入括号内)

1. 利率已经市场化,负债和流动性成为银行风险管理的中心。这是风险管理的(　　)阶段的特点。

A. 资产风险管理　　B. 资产负债风险管理

C. 全面风险管理　　D. 负债风险管理

2. 将风险分为经济风险、政治风险、社会风险、自然风险和技术风险的依据是(　　)。

A. 风险事故的来源　　B. 风险发生的范围

C. 诱发风险的原因　　D. 风险的作用范围

3. 对大多数商业银行来说,(　　)是最大、最明显的信用风险来源。

A. 存款　　B. 贷款

C. 结算　　D. 转账

4. 流动性风险通常被视为一种(　　)。

A. 单维风险　　B. 多维风险
C. 信用风险　　D. 法律风险

5. 下列关于大额风险暴露的说法,错误的是(　　)。

A. 对非同业单一客户的贷款余额不得超过资本净额的10%
B. 对一组非同业关联客户的风险暴露不得超过一级资本净额的15%
C. 对非同业单一客户的风险暴露不得超过一级资本净额的15%
D. 对同业单一客户或集团客户的风险暴露不得超过一级资本净额的25%

6. 应急管理工作的核心内容概括起来就是"一案三制"。其中,"三制"的内容不包括(　　)。

A. 管理体制　　B. 法制
C. 评估机制　　D. 运行机制

7. 按现行规定,单笔金额超过项目总投资5%或超过500万元人民币的固定资产贷款资金支付和单笔超过1 000万元的流动资金贷款资金支付,应采用(　　)受托支付方式。

A. 担保人　　B. 委托人
C. 贷款人　　D. 受托人

8. 商业银行在对集团客户授信时,应在授信协议中约定,要求集团客户及时报告授信人净资产(　　)以上关联交易的情况。

A. 5%　　B. 20%
C. 15%　　D. 10%

9. 在确定贷款额度时应考虑的因素不包括(　　)。

A. 借款人要求贷款的具体用途
B. 借款人提出的信贷要求是否符合其业务需求
C. 借款人的信用状况
D. 贷款资金是否会用于支持借款人的主营业务

10. 商业银行应加强对保证人的档案信息管理,在保证合同有效期间,应定期对保证人的资信状况和代偿能力及保证合同履行情况进行检查,每年不少于(　　)次。

A. 1　　B. 2
C. 3　　D. 4

11. 商业银行可将应收账款到期日与融资到期日间的时间期限设置为(　　)。

A. 缓释期　　B. 信用期
C. 宽限期　　D. 保险期

12.《流动资金贷款管理暂行办法》规定,贷款人违反本办法规定经营流动资金贷款业务的,(　　)应当责令其限期改正。

A. 银保监会　　B. 证监会
C. 中国人民银行　　D. 外汇管理局

13. 商业银行制定的小企业授信政策应体现小企业经营规律、小企业授信业务风险特点,并实行(　　)授信管理。

A. 统一性　　B. 差别化
C. 低盈利性　　D. 低成本性

14. 债务人对银行的实质性信贷债务逾期(　　)天以上,债务人即被视为违约。

A. 30　　B. 60
C. 90　　D. 180

15. 关于违约损失率，下列说法中不正确的是（ ）。
A. 它是债务人一旦违约将给债权人造成的损失数额，即损失的严重程度
B. 它是针对交易项目——各笔贷款而言的
C. 它决定了贷款回收的期限
D. 它与关键的交易特征有关

16. 不良贷款微观的早期预警信号不包括（ ）。
A. 借款企业财务状况出现异常　B. 经营状况出现重大变化
C. 报送财务报表出现异常　D. 行业景气度变化

17. 不良资产定价应关注定价的（ ）、实现的成本和时间。
A. 可实现性　B. 永久性
C. 长期性　D. 短暂性

18. （ ）是由于工作失误、失职或内部事件，使原本能够追偿但最终无法追偿所导致的损失。
A. 意外损失　B. 内部损失
C. 资产损失　D. 追索失败

19. 完善的（ ）是现代商业银行控制操作风险的基石。
A. 公司治理结构　B. 内部控制
C. 合规文化　D. 信息系统

20. （ ）能够大幅度提高商业银行的经营效率和管理水平。
A. 合规文化　B. 内部控制
C. 公司治理　D. 先进的业务信息系统

21. （ ）是外包过程中出现的操作风险的最终责任人。
A. 商业银行　B. 客户
C. 公司　D. 担保人

22. （ ）条线作为第二道防线应认真落实风险监测、重点业务风险检查、风险事件牵头处置及实施问责等职责。
A. 风险合规　B. 业务管理
C. 审计监督　D. 风险监控

23. （ ）包括个人住房按揭贷款、个人消费贷款、个人生产经营贷款等。
A. 个人信贷业务　B. 法人信贷业务
C. 资金交易业务　D. 代理业务

24. 代理业务存在的操作风险有人员因素、（ ）、系统缺陷和外部事件。
A. 风险因素　B. 社会因素
C. 市场管理　D. 内部流程

25. 承担声誉风险管理监督责任的是（ ）。
A. 董事会　B. 高级管理层
C. 监事会　D. 声誉风险管理部门

二、多项选择题（在以下各小题所给出的选项中，至少有两个选项符合题目要求，请将正确选项的代码填入括号内）

1. 现代金融理论的三大支柱是（ ）。
A. 时间价值　B. 资产定价
C. 流动性陷阱　D. 风险管理
E. 资产配置

2. 商业银行的全面风险管理模式体现的风险管理理念和方法有（　　）。
A. 全面的风险管理范围
B. 全程的风险管理过程
C. 全新的风险管理办法
D. 全员的风险管理文化
E. 全球的风险管理体系

3. 按照诱发风险的原因，风险可以分为（　　）。
A. 经济风险
B. 社会风险
C. 信用风险
D. 市场风险
E. 法律风险

4. 市场风险可以分为（　　）。
A. 利率风险
B. 汇率风险
C. 经济风险
D. 股票价格风险
E. 商品价格风险

5. 引发操作风险的原因有（　　）。
A. 人员因素
B. 内部流程
C. 系统缺陷
D. 外部事件
E. 商品价格

6.《突发事件应对法》将突发事件分为（　　）。
A. 自然灾害事件
B. 事故灾难事件
C. 社会安全事件
D. 公共卫生事件
E. 金融突发事件

7. 政治风险包括（　　）。
A. 政权风险
B. 政局风险
C. 政策风险
D. 对外关系风险
E. 社会风险

8. 风险对冲对管理市场风险非常有效，可以分为（　　）。
A. 自我对冲
B. 互相对冲
C. 正向对冲
D. 市场对冲
E. 反向对冲

9. 在金融市场中，某些衍生产品可看作是特殊形式的保单，为投资者提供了转移（　　）的工具。
A. 利率
B. 汇率
C. 股票
D. 商品价格风险
E. 债券

10. 商业银行分散信用风险、降低信贷集中度的通常做法就是对（　　）实行授信限额管理。
A. 客户
B. 行业
C. 信用
D. 区域
E. 资产组合

11. 商业银行对集团客户授信时应遵循的原则有（　　）。
A. 客观原则
B. 统一原则
C. 适度原则
D. 预警原则
E. 实际原则

12. 商业银行应与借款人在借款合同中约定，出现（　　）情形时，借款人应承担的违约责任和贷款人可采取的措施。
A. 未按约定用途使用贷款的
B. 未按约定方式进行贷款资金支付的
C. 未遵守承诺事项的
D. 突破约定财务指标的
E. 发生重大交叉违约事件的

13. 信用风险缓释应遵循的原则有(　　)。
A. 合法性原则　　B. 客观性原则
C. 有效性原则　　D. 审慎性原则
E. 一致性原则

14. 贷款人有(　　)情形的,银保监会可根据《中华人民共和国银行业监督管理法》相关规定采取监管措施。
A. 固定资产贷款业务流程有缺陷的
B. 未按办法要求将贷款管理各环节的责任落实到具体部门和岗位的
C. 贷款调查、风险评价未尽职的
D. 未按办法规定对借款人和项目的经营情况进行持续有效监控的
E. 对借款人违反合同约定的行为未及时采取有效措施的

15. 商业银行应对客户提供的(　　)进行认真核实,并将核实过程和结果以书面形式记载。
A. 身份证明　　B. 授信主体资格
C. 财务状况　　D. 个人爱好
E. 个人身份地位

16. 商业银行不得进行授信的业务有(　　)。
A. 国家明令禁止的产品或项目
B. 违反国家有关规定从事股本权益性投资
C. 违反国家有关规定以授信作为注册资本金、注册验资和增资扩股
D. 违反国家有关规定从事股票、期货、金融衍生产品等投资
E. 其他违反国家法律法规和政策的项目

17. 出现(　　)情况时,银行应将债务人认定为“可能无法全额偿还对银行的债务”。
A. 银行对债务人任何一笔贷款停止计息或应计利息纳入表外核算
B. 银行将贷款出售并承担一定比例的账面损失
C. 银行将债务人列为破产企业或类似状态
D. 债务人犯罪入狱
E. 债务人信用等级降低

18. 按照贷款风险程度的不同将贷款划分为(　　)。
A. 正常类贷款　　B. 关注类贷款
C. 次级类贷款　　D. 可疑类贷款
E. 损失类贷款

19. 贷款分类应遵循的原则有(　　)。
A. 真实性原则　　B. 及时性原则
C. 重要性原则　　D. 规则性原则
E. 审慎性原则

20. 应至少归为关注类的贷款有(　　)。
A. 本金和利息虽尚未逾期,但借款人有利用兼并、重组、分立等形式恶意逃废银行债务的嫌疑
B. 借新还旧,或者需通过其他融资方式偿还
C. 改变贷款用途
D. 本金或者利息逾期
E. 违反国家有关法律和法规发放的贷款

21. 操作风险的损失事件类型包括(　　)。
A. 内部欺诈事件　　B. 外部欺诈事件
C. 就业制度和工作场所安全事件　　D. 信息科技系统事件
E. 客户、产品和业务活动事件

22. 操作风险损失数据收集统计实施原则包括(　　)。
A. 重要性原则　　B. 及时性原则
C. 统一性原则　　D. 普遍性原则
E. 谨慎性原则
23. 与信用风险和市场风险相比,操作风险的特点有(　　)。
A. 操作风险来源广泛　　B. 操作风险是一种管理成本
C. 操作风险损失大小难以确定　　D. 操作风险的损失数据易收集
E. 操作风险的控制和缓释必须通过管理来实现
24. 有效的声誉风险管理体系应当重点强调的内容有(　　)。
A. 明确商业银行的战略愿景和价值理念
B. 有明确记载的声誉风险管理政策和流程
C. 深入理解不同利益持有者对自身的期望值
D. 培养开放、互信、互助的机构文化
E. 建立强大的、动态的风险管理系统,有能力提供风险事件的早期预警
25. 银保监会及其派出机构实施对银行保险机构声誉风险持续监管的具体方式包括(　　)。
A. 风险提示　　B. 监督管理谈话
C. 风险监测　　D. 风险报告
E. 现场检查

三、判断题(请判断以下各小题的正误,正确的选 A,错误的选 B)

1. 风险的本质是损失。(　　)
A. 正确　　B. 错误
2. 大额风险暴露是指商业银行对单一客户或一组关联客户超过其一级资本净额 2.5% 的风险暴露。(　　)
A. 正确　　B. 错误
3. 在具体管理风险时,一般按照风险事故的来源对风险进行分类。(　　)
A. 正确　　B. 错误
4. 市场风险存在于银行的交易业务中,在非交易业务中不存在。(　　)
A. 正确　　B. 错误
5. 中国银保监会规定,操作风险包括法律风险、声誉风险、战略风险。(　　)
A. 正确　　B. 错误
6. 法律风险是一种一般类型的操作风险,它仅包括因监管措施和解决民商事争议而支付的罚款、罚金或者惩罚性赔偿所导致的风险敞口。(　　)
A. 正确　　B. 错误
7. 风险规避可以通过限制某些业务的经济资本配置来实现。(　　)
A. 正确　　B. 错误
8.《中华人民共和国商业银行法》规定,对同一借款人的贷款余额与商业银行资本余额的比例不得超过 5%。(　　)
A. 正确　　B. 错误
9. 行业、产品、风险等级和担保是最常用的组合限额设定维度。(　　)
A. 正确　　B. 错误
10. 内部评级法下的合格保证应满足的条件之一是:采用信用风险缓释工具后的资本要求不大于对保证人直接风险暴露的资本要求。(　　)
A. 正确　　B. 错误
11. 借款人的还款能力包括借款人现金流量、财务状况、影响还款能力的财务因素等。(　　)
A. 正确　　B. 错误
12. 对贷款进行分类时,要以评估借款人的还款能力为核心。(　　)
A. 正确　　B. 错误

13. 逾期(含展期后)超过一定期限,其应收利息不再计入当期损益的贷款应至少归为关注类。 ( )
A. 正确 B. 错误
14. 银行应合理区分操作风险损失、信用风险损失和市场风险损失的界限。 ( )
A. 正确 B. 错误
15. 商业银行通常采用购买保险、业务外包等措施,尽可能降低各种系统风险事件的影响程度。 ( )
A. 正确 B. 错误
16. 内部控制体系和合规文化是操作风险管理的基础。 ( )
A. 正确 B. 错误
17. 法人信贷业务包括法人客户存款业务、进出口押汇、贴现业务、透支、银行承兑汇票、信用证、保理等业务。 ( )
A. 正确 B. 错误
18. 从资金交易业务流程来看,资金交易业务可分为后台交易、中台风险管理、前台结算三个环节。 ( )
A. 正确 B. 错误
19. 商业银行应主动接受社会舆论监督,建立统一管理的采访接待和信息发布机制,及时准确公开信息。 ( )
A. 正确 B. 错误

答案详解

一、单项选择题

1. D。【解析】在负债风险管理阶段,利率已经市场化,负债和流动性成为银行风险管理的中心。
2. A。【解析】按风险事故的来源,风险可以分为经济风险、政治风险、社会风险、自然风险和技术风险。
3. B。【解析】对大多数商业银行来说,贷款是最大、最明显的信用风险来源。
4. B。【解析】流动性风险与信用风险、市场风险、操作风险相比,形成的原因更加复杂,涉及的范围更广,通常被视为一种多维风险。
5. B。【解析】对一组非同业关联客户的风险暴露不得超过一级资本净额的20%。
6. C。【解析】"三制"是指应急管理工作的管理体制、运行机制和法制。
7. C。【解析】按现行规定,单笔金额超过项目总投资5%或超过500万元人民币的固定资产贷款资金支付和单笔超过1 000万元的流动资金贷款资金支付,应采用贷款人受托支付方式。
8. D。【解析】商业银行在对集团客户授信时,应在授信协议中约定,要求集团客户及时报告授信人净资产10%以上关联交易的情况。
9. C。【解析】在确定贷款额度时应考虑以下因素:借款人要求贷款的具体用途、借款人提出的信贷要求是否符合其业务需求、贷款资金是否会用于支持借款人的主营业务等。
10. A。【解析】商业银行应加强对保证人的档案信息管理,在保证合同有效期间,应定期对保证人的资信状况和代偿能力及保证合同履行情况进行检查,每年不少于一次。
11. C。【解析】商业银行可将应收账款到期日与融资到期日间的时间期限设置为宽限期。
12. A。【解析】《流动资金贷款管理暂行办法》规定,贷款人违反本办法规定经营流动资金贷款业务的,银保监会应当责令其限期改正。
13. B。【解析】商业银行制定的小企业授信政策应体现小企业经营规律、小企业授信业务风险特点,并实行差别化授信管理。
14. C。【解析】债务人对银行的实质性信贷债务逾期90天以上,债务人即被视为违约。
15. C。【解析】从贷款回收的角度看,违约损失率决定了贷款回收的程度。
16. D。【解析】不良贷款微观的早期预警信号包括借款企业财务状况或财务行为出现异常、报送财务报表出现异常、经营状况出现重大变化、组织结构或人员出现异常变动以及其他外部特殊因素等方面。
17. A。【解析】不良资产定价应关注定价的可实现性、实现的成本和时间。
18. D。【解析】追索失败是由于工作失误、失职或内部事件,使原本能够追偿但最终无法追偿所导致的损失等。
19. A。【解析】完善的公司治理结构是现代商业银行控制操作风险的基石。

20. D。【解析】先进的业务信息系统能够大幅度提高商业银行的经营效率和管理水平，显著降低操作失误和差错率。
21. A。【解析】商业银行是外包过程中出现的操作风险的最终责任人。
22. A。【解析】风险合规条线作为第二道防线应认真落实风险监测、重点业务风险检查、风险事件牵头处置及实施问责等职责。
23. A。【解析】个人信贷业务主要包括个人住房按揭贷款、个人消费贷款、个人生产经营贷款等。
24. D。【解析】代理业务存在的操作风险有人员因素、内部流程、系统缺陷和外部事件。
25. C。【解析】董事会、监事会和高级管理层分别承担声誉风险管理的最终责任、监督责任和管理责任，董事长或主要负责人为第一责任人。

二、多项选择题

1. ABD。【解析】时间价值、资产定价和风险管理被认为是现代金融理论的三大支柱。
2. ABCDE。【解析】商业银行的全面风险管理模式体现了全面的风险管理范围、全程的风险管理过程、全新的风险管理办法、全员的风险管理文化、全球的风险管理体系等风险管理理念和方法。
3. CDE。【解析】按照诱发风险的原因，风险可以分为信用风险、市场风险、操作风险、流动性风险、国别风险、法律风险、声誉风险、战略风险等。
4. ABDE。【解析】市场风险可以分为利率风险、汇率风险、股票价格风险、商品价格风险，分别是指由于利率、汇率、股票价格和商品价格的不利变动所带来的风险。
5. ABCD。【解析】引发操作风险的原因有人员因素、内部流程、系统缺陷、外部事件四大类别。
6. ABCD。【解析】金融突发事件属于社会安全事件所包含的内容。
7. ABCD。【解析】政治风险包括政权风险、政局风险、政策风险、对外关系风险等。
8. AD。【解析】风险对冲对管理市场风险非常有效，可以分为自我对冲和市场对冲。
9. ABCD。【解析】在金融市场中，某些衍生产品可看作是特殊形式的保单，为投资者提供了转移利率、汇率、股票、商品价格风险的工具。
10. ABDE。【解析】商业银行分散信用风险、降低信贷集中度的通常做法就是对客户、行业、区域和资产组合实行授信限额管理。
11. BCD。【解析】商业银行对集团客户授信时应遵循统一原则、适度原则和预警原则。
12. ABCDE。【解析】商业银行应与借款人在借款合同中约定，出现下列情形之一时，借款人应承担的违约责任和贷款人可采取的措施：(1)未按约定用途使用贷款的。(2)未按约定方式进行贷款资金支付的。(3)未遵守承诺事项的。(4)突破约定财务指标的。(5)发生重大交叉违约事件的。(6)违反借款合同约定的其他情形的。
13. ACDE。【解析】信用风险缓释应遵循以下原则：合法性原则、有效性原则、审慎性原则、一致性原则、独立性原则。
14. ABCDE。【解析】贷款人有下列情形之一的，银保监会可根据《中华人民共和国银行业监督管理法》相关规定采取监管措施：(1)固定资产贷款业务流程有缺陷的。(2)未按办法要求将贷款管理各环节的责任落实到具体部门和岗位的。(3)贷款调查、风险评价未尽职的。(4)未按办法规定对借款人和项目的经营情况进行持续有效监控的。(5)对借款人违反合同约定的行为未及时采取有效措施的。
15. ABC。【解析】商业银行应对客户提供的身份证明、授信主体资格、财务状况等资料的合法性、真实性和有效性进行认真核实，并将核实过程和结果以书面形式记载。
16. ABCDE。【解析】商业银行不得对以下用途的业务进行授信：国家明令禁止的产品或项目；违反国家有关规定从事股本权益性投资，以授信作为注册资本金、注册验资和增资扩股；违反国家有关规定从事股票、期货、金融衍生产品等投资；其他违反国家法律法规和政策的项目。
17. ABC。【解析】出现下列任何一种情况，银行应将债务人认定为“可能无法全额偿还对银行的债务”：(1)银行对债务人任何一笔贷款停止计息或应计利息纳入表外核算。(2)发生信贷关系后，由于债务人财务状况恶化，银行核销了贷款或已计提一定比例的贷款损失准备。(3)银行将贷款出售并承担一定比例的账面损失。(4)由于债务人财务状况恶化，银行同意进行消极重组，对借款合同条款做出非商业性调整。(5)银行将债务人列为破产企业或类似状态。(6)债务人申请破产，或者已经破产，或者处于类似保护状态，由此将不履行或延期履行偿付银行债务。(7)银行认定的其他可能导致债务人不能全额偿还债务的情况。
18. ABCDE。【解析】按照贷款风险程度的不同将贷款划分为正常类贷款、关注类贷款、次级类贷款、可疑类贷款和损失类贷款。

19. ABCE。【解析】贷款分类应遵循的原则有真实性原则、及时性原则、重要性原则和审慎性原则。

20. ABCDE。【解析】下列贷款应至少归为关注类:本金和利息虽尚未逾期,但借款人有利用兼并、重组、分立等形式恶意逃废银行债务的嫌疑;借新还旧,或者需通过其他融资方式偿还;改变贷款用途;本金或者利息逾期;同一借款人对本行或其他银行的部分债务已经不良;违反国家有关法律和法规发放的贷款。

21. ABCDE。【解析】操作风险的损失事件类型包括:内部欺诈事件;外部欺诈事件;就业制度和工作场所安全事件;客户、产品和业务活动事件;实物资产的损坏;信息科技系统事件;执行、交割和流程管理事件。

22. ABCE。【解析】操作风险损失数据收集统计实施原则包括重要性原则、及时性原则、统一性原则和谨慎性原则。

23. ABCE。【解析】与信用风险和市场风险相比,操作风险的特点有:操作风险来源广泛;操作风险是一种管理成本;操作风险损失大小难以确定;操作风险损失数据不易收集;操作风险的控制和缓释必须通过管理来实现,而不能纯粹依靠计量的手段。

24. ABCDE。【解析】有效的声誉风险管理体系应当重点强调以下内容:(1)明确商业银行的战略愿景和价值理念。(2)有明确记载的声誉风险管理政策和流程。(3)深入理解不同利益持有者对自身的期望值。(4)培养开放、互信、互助的机构文化。(5)建立强大的、动态的风险管理系统,有能力提供风险事件的早期预警。(6)努力建设学习型组织,有能力在出现问题时及时纠正。(7)建立公平的奖惩机制,支持发展目标和股东价值的实现。(8)利用自身的价值理念、道德规范影响合作伙伴、供应商和客户。(9)建立公开、诚恳的内外部交流机制,尽量满足不同利益持有者的要求。(10)有明确记载的危机处理/决策流程。

25. ABE。【解析】银保监会及其派出机构通过非现场监管和现场检查实施对银行保险机构声誉风险的持续监管,具体方式包括但不限于风险提示、监督管理谈话、现场检查等,并将其声誉风险管理状况作为监管评级及市场准入的考虑因素。

三、判断题

1. B。【解析】风险本质是一种不确定性,而不是损失。

2. A。【解析】大额风险暴露是指商业银行对单一客户或一组关联客户超过其一级资本净额2.5%的风险暴露。

3. B。【解析】在具体管理风险时,一般按照诱发风险的原因对风险进行分类。

4. B。【解析】市场风险存在于银行的交易和非交易业务中。

5. B。【解析】中国银保监会规定,操作风险包括法律风险,但不包括声誉风险、战略风险。

6. B。【解析】法律风险是一种特殊类型的操作风险,它包括但不限于因监管措施和解决民商事争议而支付的罚款、罚金或者惩罚性赔偿所导致的风险敞口。

7. A。【解析】风险规避可以通过限制某些业务的经济资本配置来实现。

8. B。【解析】《中华人民共和国商业银行法》规定,对同一借款人的贷款余额与商业银行资本余额的比例不得超过10%。

9. A。【解析】行业、产品、风险等级和担保是最常用的组合限额设定维度。

10. B。【解析】内部评级法下的合格保证应满足的条件之一是:采用信用风险缓释工具后的资本要求不小于对保证人直接风险暴露的资本要求。

11. B。【解析】借款人的还款能力包括借款人现金流量、财务状况、影响还款能力的非财务因素等。

12. A。【解析】对贷款进行分类时,要以评估借款人的还款能力为核心。

13. B。【解析】逾期(含展期后)超过一定期限,其应收利息不再计入当期损益的贷款应至少归为次级类。

14. A。【解析】银行应合理区分操作风险损失、信用风险损失和市场风险损失的界限。

15. B。【解析】商业银行通常采用购买保险、业务外包等措施,尽可能降低各种操作风险事件的影响程度。

16. A。【解析】内部控制体系和合规文化是操作风险管理的基础。

17. B。【解析】法人信贷业务包括法人客户贷款业务、进出口押汇、贴现业务、透支、银行承兑汇票、信用证、保函、保理等业务。

18. B。【解析】从资金交易业务流程来看,资金交易业务可分为前台交易、中台风险管理、后台结算三个环节。

19. A。【解析】商业银行应主动接受社会舆论监督,建立统一管理的采访接待和信息发布机制,及时准确公开信息。

第八章 银行业消费者权益保护和社会责任

- 银行业消费者权益保护和社会责任
  - 银行业消费者权益保护概述
    - 银行业消费者保护的发展和挑战（熟悉）
    - 银行业消费者权益保护内涵（熟悉）
      - 银行业消费者的概念
      - 银行业消费者保护工作的目标
    - 银行业消费者的主要权利（熟悉）
      - 信息安全权
      - 自主选择权
      - 知情权
      - 安全权
      - 依法求偿权
      - 受尊重权
      - 受教育权
      - 公平交易权
    - 银行对消费者的主要义务（熟悉）
      - 遵守相关法律
      - 妥善处理客户交易请求
      - 交易信息公开
      - 保护消费者信息
      - 交易有凭有据
      - 妥善处理投诉
    - 银行从业人员行为规范（熟悉）
  - 银行业消费者权益保护的实施
    - 我国银行业消费者权益保护概况（熟悉）
    - 银行业消费者投诉处理（掌握）
  - 银行业金融机构社会责任概述
    - 社会责任概述（了解）
      - 经济责任
      - 社会责任
      - 环境责任
    - 绿色金融（了解）
      - 节能减排
      - 提高能效
      - 绿色信贷
    - 普惠金融（了解）
      - 发展现状
      - 基本原则
      - 发展目标
      - 我国在普惠金融方面的实践
      - 健全多元化广覆盖的机构体系
      - 创新金融产品和服务手段
      - 加快推进金融基础设施建设
      - 加强普惠金融教育与金融消费者权益保护

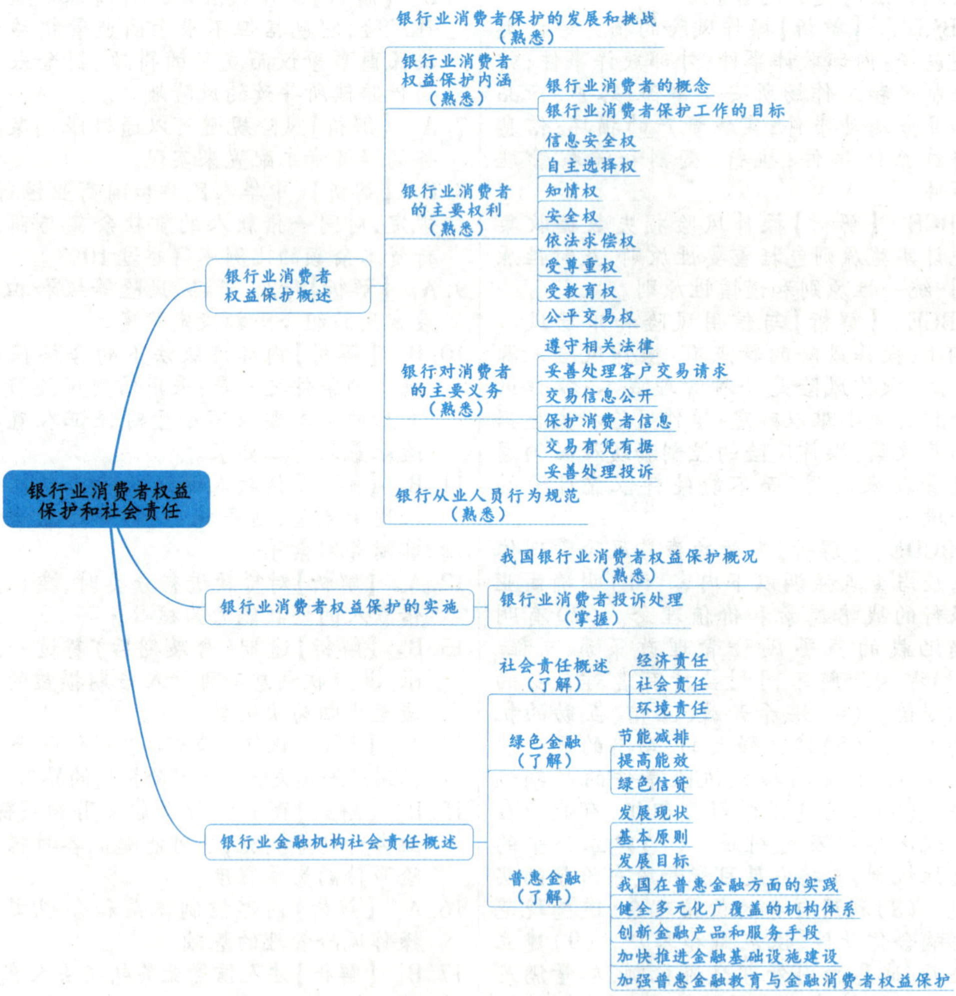

第一节 银行业消费者权益保护概述

一、银行业消费者保护的发展和挑战

要点	内容
发展	银行业消费者已逐渐成为推动银行业持续健康发展的重要力量,金融消费者保护工作的重要性持续提升。在对现实需求和经验认识予以充分重视的基础上,消费者保护工作要从健全体制机制、规范经营行为、强化监管引领、加大宣传教育力度四个方面,推动银行业消费者保护工作的发展
挑战	(1)业务流程管控未能与挑战同步,漏洞危及金融消费者基本权益。 (2)银行对金融消费者投诉的沟通、反馈机制不足。 (3)金融消费者知识教育任重道远

二、银行业消费者权益保护内涵

1. 银行业消费者的概念

购买或使用银行业产品和接受银行业服务的自然人称为银行业消费者。

2. 银行业消费者保护工作的目标

银行业消费者权益保护工作应当坚持以人为本,坚持服务至上,坚持社会责任,践行向银行业消费者公开信息的义务,履行公正对待银行业消费者的责任,遵从公平交易的原则,依法维护银行业消费者的合法权益。

三、银行业消费者的主要权利

要点	内容
信息安全权	银行业消费者的信息安全权是指银行业消费者对其基本信息与财务信息享有不被银行非相关业务人员知悉,不被非法定机构和任何单位和个人查询或传播的权利,除有关国家机关依法查询、冻结和扣划外,银行应拒绝任何其他单位或个人查询、冻结和扣划。 银行业消费者的隐私权包括: (1)身份信息保密。身份信息包括银行业消费者的姓名、住址、身份证号、联系电话、电子邮箱等。 (2)财务信息保密。财务信息包括银行账号、银行卡号、支付密码、印鉴、账户资产和负债情况等。 金融机构应当采取有效措施加强对第三方合作机构的管理,明确双方权利义务关系,严格防控金融消费者信息泄露风险,保障金融消费者信息安全

（续表）

要点	内容
自主选择权	银行业消费者的自主选择权是指银行业消费者可以根据自己的体验、爱好与判断自主选择银行作为交易对象或自主选择银行产品并决定是否与其进行交易，不受任何单位和个人的不合理干预。 金融机构应当在法律法规和监管规定允许范围内，充分尊重金融消费者意愿，由消费者自主选择、自行决定是否购买金融产品或接受金融服务，不得强买强卖，不得违背金融消费者意愿搭售产品和服务，不得附加其他不合理条件，不得采用引人误解的手段诱使金融消费者购买其他产品
知情权	在消费中，银行业消费者享有知悉其购买、使用产品或接受服务的真实情况的权利称为银行业消费者的知情权。享有知情权，是银行业消费者在消费过程中做出自由选择并实现公平交易的前提条件。 金融机构应当以通俗易懂的语言，及时、真实、准确、全面地向金融消费者披露可能影响其决策的信息，充分提示风险，不得发布夸大产品收益、掩饰产品风险等欺诈信息，不得作虚假或引人误解的宣传
安全权	银行业消费者在购买、使用银行产品和接受银行服务时享有人身、财产安全不受损害的权利，包括以下两个方面： （1）人身安全权。银行应当使其营业场所始终符合有关安全、消防要求，同时对于容易导致消费者受到伤害的设施和渠道，应予以明确的警示。 （2）财产安全权。具体多指资产安全及获取合法收益的权利，银行有义务保障银行业消费者的个人金融资产安全。 安全权是银行业消费者作为消费主体享有的首要和必不可少的基本权利，如果人身和财产安全都得不到保障，其他权利根本无从谈起。 金融机构应当审慎经营，采取严格的内控措施和科学的技术监控手段，严格区分机构自身资产与客户资产，不得挪用、占用客户资金
依法求偿权	银行业消费者的依法求偿权是指银行业消费者在银行消费过程中，除购买银行已有风险提示类的产品而造成的损失外，其他非因自己故意或者过失而遭受人身、财产损害时，有向银行提出请求赔偿的权利。这项权利是银行业消费者安全权的应有之义和自然合理延伸，只有这项权利最终得到了实现，消费者的合法权益才算真正得到了保护。 金融机构应当切实履行金融消费者投诉处理主体责任，在机构内部建立多层级投诉处理机制，完善投诉处理程序，建立投诉办理情况查询系统，提高金融消费者投诉处理质量和效率，接受社会监督
受尊重权	金融机构应当尊重金融消费者的人格尊严和民族风俗习惯，不得因金融消费者性别、年龄、种族、民族或国籍等不同进行歧视性差别对待
受教育权	银行业消费者的受教育权可以分为以下两类： （1）银行消费知识的教育权，是指消费者有权接受关于银行产品的种类、特征等有关知识的教育。 （2）消费者权益保护知识的教育权，是指消费者有权接受权益受到侵害时如何维权等知识的教育。 金融机构应当进一步强化金融消费者教育，积极组织或参与金融知识普及活动，开展广泛、持续的日常性金融消费者教育，帮助金融消费者提高对金融产品和服务的认知能力及自我保护能力，提升金融消费者金融素养和诚实守信意识

（续表）

要点	内容
公平交易权	银行在与消费者形成法律关系时，应当遵循公正、平等、诚实、信用的原则，不得强行要求消费者购买、使用其产品或接受其服务，也不得在合同或法律关系中制定规避义务和违反公平的条款。 金融机构不得设置违反公平原则的交易条件，在格式合同中不得加重金融消费者责任、限制或者排除金融消费者合法权利，不得限制金融消费者寻求法律救济途径，不得减轻、免除本机构损害金融消费者合法权益应当承担的民事责任

典题精练

【例1·单项选择题】下列不属于商业银行公平交易权的是(　　)。

A. 银行制定的格式类合同必须符合《中华人民共和国民法典》规定

B. 不得在合同或法律关系中制定规避义务和违反公平的条款

C. 不得强行要求消费者购买

D. 强行要求消费者附加消费

D。【解析】公平交易权体现在银行在与消费者形成法律关系时，应当遵循公正、平等、诚实、信用的原则，不得强行要求消费者购买、使用其产品或接受其服务，也不得在合同或法律关系中制定规避义务和违反公平的条款。银行业消费者的这一权利在实践中相对容易受到侵害。银行制定的格式类合同必须符合《中华人民共和国民法典》规定，如合同中有不符《中华人民共和国民法典》相关条款的，一旦出现纠纷，则该条款无效。

四、银行对消费者的主要义务

要点	内容
遵守相关法律	银行向银行业消费者提供产品或者服务，应当遵守国家相关法律规定。银行和消费者有约定的，应当按照约定履行义务，但双方的约定不得违背相关法律、法规
妥善处理客户交易请求	(1)银行对消费者购买银行产品或者接受银行服务的申请，应当在规定时间内办理。 (2)拒绝消费者有关申请的，银行应当及时告知消费者，并向其说明理由
交易信息公开	银行必须以明确的格式、内容、语言，对其提供的产品或者服务，向消费者进行充分的信息披露和风险揭示，确保消费者在购买银行产品或者接受银行服务前已知晓并理解相关风险
保护消费者信息	银行在收集、保存、使用、对外提供消费者信息时，要严格遵守法律规定，采取有效措施加强对消费者银行信息的保护，防止信息泄露和滥用，确保消费者信息安全
交易有凭有据	银行提供银行产品或者银行服务，应当按照有关规定向消费者出具合法的交易凭证或者服务单据
妥善处理投诉	银行应当建立健全消费者投诉处理机制，指定专门机构负责消费者投诉处理工作。对消费者的投诉，应认真调查，弄清事实，依法处理，并在规定时限内告知消费者处理结果

典题精练

【例2·多项选择题】下列属于商业银行保护消费者信息的做法的是（　　）。

A. 采取有效措施加强对消费者银行信息的保护

B. 防止信息泄露和滥用

C. 确保消费者信息安全

D. 不得挪用公款和客户资金买卖股票

E. 拒绝洗钱，及时报告大额交易和可疑交易

ABC。【解析】银行在收集、保存、使用、对外提供消费者信息时，要严格遵守法律规定，采取有效措施加强对消费者银行信息的保护，防止信息泄露和滥用，确保消费者信息安全。

五、银行从业人员行为规范

银行从业人员的行为规范包括：

（1）从业人员应积极履行各项行规、行约，加强学习《中国银行业反不正当竞争公约》《中国银行业从业人员流动公约》《中国银行业公平对待消费者自律公约》《中国银行业柜面服务规范》和《中国银行业零售业务服务规范》等一系列行规、行约，坚持将行规、行约的学习与日常业务制度学习相结合，不断提高服务意识和服务水平。

（2）从业人员应树立保密观念，增强保密意识，严格遵守保密法规，自觉履行保密责任，做到不泄密、不失密，确保银行经营安全和客户的资金、信息安全。

（3）从业人员应严格遵守各项法律、法规，坚持依法合规办事，自觉抵制各种违法违规行为，维护国家利益和金融安全；履行法律义务，保守国家机密和商业秘密；尊重创造，保护知识产权和专利；实事求是，客观、真实反映银行活动信息，严禁作假。

（4）从业人员应遵循公平竞争、客户自愿原则。自觉抵制低价倾销、诋毁同业、虚假宣传等不正当竞争行为；做到客户至上，诚实守信，优质服务；执行首问负责制，热情接待，语言文明，举止大方；尊重隐私，不因客户性别、肤色、民族、身份等差异而优待或歧视。

（5）从业人员应规范操作，认真执行上级指令。执行中如发现可能发生违章违纪行为，或可能导致风险时，应立即向上级报告或越级报告。从业人员应熟练掌握业务技能，取得任职岗位应具备的资格。

（6）从业人员应自觉抵制内幕交易，不得利用内幕信息牟取个人利益，不得将内幕信息以明示或暗示的形式告知他人。从业人员应履行反洗钱义务，拒绝洗钱，及时报告大额交易和可疑交易。

（7）从业人员应自觉抵制欺诈、非法集资及商业贿赂，拒绝黄、赌、毒。在社会交往和商业活动中，从业人员应廉洁自律，不得接受或给予客户任何形式的非法利益。

（8）从业人员投资股票应遵守相关法律法规，不得利用内幕信息买卖有关联关系的上市公司股票；不得挪用公款和客户资金买卖股票；不得用本人消费贷款、信用卡透支变现买卖股票。

（9）从业人员应热心公益，奉献爱心，公私分明，勤俭节约。从业人员遇到利益冲突，应主动回避。办理授信、资信调查、融资等业务的从业人员，在涉及亲属关系或利害关系人时，应主动提出回避。从业人员不应从事与本机构有利害关系的第二职业。

安全权	知情权	自主选择权	依法求偿权
受教育权	公平交易权	交易信息公开	保护消费者信息

第二节　银行业消费者权益保护的实施

一、我国银行业消费者权益保护概况

《国务院办公厅关于加强金融消费者权益保护工作的指导意见》(国办发〔2015〕81 号)指出,金融消费者是金融市场的重要参与者,也是金融业持续健康发展的推动者。2019 年 11 月,银保监会发布《关于银行保险机构加强消费者权益保护工作体制机制建设的指导意见》(银保监发〔2019〕38 号),要求银行业金融机构应当加强银行业消费者权益保护工作机制建设,将消费者权益保护纳入机构的整体规划,切实保护广大金融消费者合法权益。

要点	内容
基本原则	依法合规、诚实守信、公开透明、公平公正、文明规范
目标和基本要求	1. 目标 我国银行业消费者权益保护的目标是:银行应积极履行保护消费者权益的社会责任,主动承担消费者教育工作,有效引导和培育消费者的金融意识和风险意识,公平对待消费者,加强消费者投诉管理,为消费者提供优质的文明规范服务,共同维护良好的市场秩序,推动银行业健康发展,促进社会和谐进步。 2. 基本要求 我国银行业消费者权益保护的基本要求包括: (1)依法合规经营,诚信对待消费者。 (2)热情友好服务,营造和谐服务环境。 (3)客观披露信息,保障消费者知情选择权。 (4)保护客户信息,依法保障消费者信息安全。 (5)维护经营秩序,依法保障存款安全。 (6)忠实履行合约,保障消费者获得相应质量的服务。 (7)完善投诉处理机制,确保消费者投诉妥善处理。 (8)开展消费者教育,增强消费者的风险意识和风险防范能力
制度保障	1. 将消费者权益保护融入公司治理各环节 (1)董事会承担消费者权益保护工作的最终责任,应设立消费者权益保护委员会。 (2)高级管理层应确保消费者权益保护战略目标和政策得到有效执行。 2. 明确部门履行消费者权益保护职责 消费者权益保护部门主要职责包括: (1)牵头拟定产品服务审查、投诉管理、内部考核、金融知识宣传教育等消费者权益保护工作制度,并根据监管要求及市场变化及时更新。 (2)组织开展消费者权益保护审查工作,确保在产品和服务设计开发、定价管理、协议制定等环节落实保护消费者合法权益的相关规定。 (3)组织落实投诉处理工作的管理、指导和考核,协调、督促相关部门和分支机构妥善处理各类消费者投诉。

（续表）

要点	内容
制度保障	(4)组织开展消费者权益保护监督检查,对产品和服务销售各环节进行监督,确保贯彻金融消费者适当性制度,协助规范营销宣传和信息披露内容,针对发现问题采取有效措施督促落实整改。 (5)组织开展金融知识宣传教育活动,提高消费者金融素养。开展内部教育和培训,强化员工消费者权益保护意识。 (6)组织开展消费者权益保护工作内部考核,定期向高级管理层汇报,适时向董事会及委员会汇报。 (7)推动落实对存在合作关系的中介机构和第三方机构消费者权益保护的监督评价工作,将消费者权益保护相关要求纳入中介机构和第三方机构的准入、清退条件。 3. 银行保险机构应强化消费者权益保护决策执行和监督机制 (1)建立完备的消费者权益保护产品和服务审查、内部考核、信息披露、投诉管理、金融知识宣传教育、突发事件应对等工作机制。 (2)确保涉及消费者权益保护工作各部门之间的横向信息共享以及工作协调配合机制有效运行,充分保障消费者权益保护部门实现组织、协调、落实机构消费者权益保护工作的功能定位。 4. 建立消费者权益保护审查机制 (1)明确审查主体、审查范围、审查要点、审查流程等内容。审查要点应充分覆盖消费者权益保护各项要求,确保审查工作有效性。 (2)健全消费者权益保护审查工作机制,将消费者权益保护审查纳入银行保险机构风险管理和内部控制体系,线上线下并重。 (3)对面向消费者提供的产品和服务,在设计开发、定价管理、协议制定等环节应就可能影响消费者的政策、制度、业务规则、收费定价、协议条款、宣传文本等进行评估审查,对相关风险进行识别和提示,并提出明确、具体的审查意见。 5. 银行保险机构应完善消费者权益保护内部考核机制 强化消费者权益保护内部考核结果在经营管理中的运用: (1)将消费者权益保护内部考核结果纳入机构综合绩效考评体系。 (2)纳入机构问责体系。 (3)纳入人力资源管理体系。 6. 行业协会应成立消费者权益保护专业委员会 (1)消费者权益保护专业委员会应当定期或不定期就工作开展情况、年度工作安排、重大事项等,与银行保险监管机构消费者权益保护部门沟通。 (2)中国银行业协会和中国信托业协会应成立消费者权益保护专业委员会,接受银行保险监督管理机构的指导监督。 (3)中国融资担保业协会、中国小额贷款公司协会根据实际情况和需要,可以参照成立消费者权益保护专业委员会
管理要点	(1)为消费者提供规范服务。 (2)履行信息披露要求。 (3)做好消费者信息管理。 (4)开展消费者金融知识教育。 (5)完善消费者投诉管理。 (6)加强员工日常行为的管理教育

典题精练

【例3·多项选择题】我国银行业消费者权益保护的基本要求有(　　)。

A. 依法合规经营,诚信对待消费者

B. 热情友好服务,营造和谐服务环境

C. 客观披露信息,保障消费者知情选择权

D. 忠实履行合约,保障消费者获得相应质量的服务

E. 完善投诉处理机制,确保消费者投诉妥善处理

ABCDE。【解析】我国银行业消费者权益保护的基本要求有:依法合规经营,诚信对待消费者;热情友好服务,营造和谐服务环境;客观披露信息,保障消费者知情选择权;保护客户信息,依法保障消费者信息安全;维护经营秩序,依法保障存款安全;忠实履行合约,保障消费者获得相应质量的服务;完善投诉处理机制,确保消费者投诉妥善处理;开展消费者教育,增强消费者的风险意识和风险防范能力。

二、银行业消费者投诉处理

要点	内容
传统投诉途径	(1)银行分支机构接访或营业网点现场受理的消费者投诉。 (2)客户服务中心受理的消费者投诉。 (3)通过新闻媒体、网络、信访以及政府有关部门、人大、政协部门、金融监管机构转办的消费者投诉
第三方纠纷调解机制	2014年修订的《消费者权益保护法》在请求消费者协会调解外,增加了“依法成立的其他调解组织”调解的途径
投诉分类	按照投诉的影响程度,分为一般性投诉与重大投诉
投诉处理基本要求	(1)建立投诉处理机制。 (2)畅通投诉渠道。 (3)明确投诉处理时限。 (4)跟进投诉处理结果
一般性投诉处理	基本原则包括: (1)积极主动原则。 (2)客观公正原则。 (3)专业原则。 (4)效率原则。 (5)合规谨慎原则。 相关要点包括: (1)注重服务礼仪。 (2)明确投诉处理流程。 (3)掌握投诉处理技巧。 (4)明确处理投诉的权限划分,构建快速处理通道

（续表）

要点	内容
重大投诉处理	基本原则包括： (1)积极应对、快速反应。 (2)有效控制、减少影响。 (3)公正诚信、实事求是。 相关要点包括： (1)投诉处理工作人员应当充分了解法律、行政法规、规章和中国银保监会有关监管规定，熟悉金融产品与金融服务情况，掌握本机构有关规章制度与业务流程，具备相应的工作能力，公平、友善对待消费者。 (2)对政府有关部门、人大、政协部门、中国银保监会及其派出机构转办的投诉事项，应当严格按照转办要求处理，并及时向交办机构报告处理结果。 (3)银行接到大规模投诉，或者投诉事项重大，涉及众多消费者利益，可能引发群体性事件的，应当及时向中国银保监会或其派出机构报告

典题精练

【例4·单项选择题】下列关于商业银行对投诉处理基本要求的说法中，错误的是(　　)。

A. 建立投诉处理机制

B. 畅通投诉渠道

C. 在各营业网点和官方网站的醒目位置公布电话、网络、信函等投诉处理渠道

D. 要求首问负责制

D。【解析】商业银行对投诉处理的基本要求是：(1)建立投诉处理机制。银行应设立或指定投诉处理部门，制定投诉处理工作流程，落实岗位责任，及时妥善解决客户投诉事项，积极预防合规风险和声誉风险。(2)畅通投诉渠道。银行应为客户投诉提供必要的便利。在各营业网点和官方网站的醒目位置公布电话、网络、信函等投诉处理渠道。投诉电话可以单独设立，也可以与客户服务热线对接；与客户服务热线对接的，在客户服务热线中应有明显清晰的提示。(3)明确投诉处理时限。(4)跟进投诉处理结果。

制度保障	消费者信息管理	一般性投诉	重大投诉

第三节　银行业金融机构社会责任概述

一、社会责任概述

银行业金融机构必须积极承担社会责任。新冠肺炎疫情期间，银保监会统筹做好疫情防控和经济社会发展的金融服务工作，支持企业复工复产，推动银行业金融机构通过调整区域融资政策、内部资金转移定价、绩效考核办法等措施，加大对受疫情影响严重地区的支持力度。对受疫情影响较大的行业，特别是小微企业，不得盲目抽贷、断贷、压贷。对受疫情影响严重的企业到期还款困难的，予以展期或者续贷，通过适当下调贷款利率，增加信用贷款和中长期贷款等方式，支持相关企业复工复产战胜疫情影响。

银行业金融机构的企业社会责任至少应包括经济责任、社会责任和环境责任。

要点	内容
经济责任	(1)银行业金融机构应在法律规定下积极提高经营效益,努力创造优良的经济利益;银行业金融机构应积极参与保障金融安全、维护平等竞争的金融秩序,加强防范金融风险;积极支持政府经济政策,促进经济稳定、可持续发展,为国民经济提供优良的专业性服务。 (2)银行业金融机构应加强合规管理,规范经营行为,遵守银行业从业人员行为准则、反不正当竞争公约、反商业贿赂公约等行业规则,开展公平竞争,维护银行业良好的市场竞争秩序,促进银行业健康发展。 (3)完善公司治理结构,安全稳健经营,严格关联交易管理,履行信息披露义务,确保股东、特别是中小股东享有的法律法规和公司章程规定的各项权益,为股东创造价值。 (4)遵循按劳分配、同工同酬原则,构建合理的激励约束机制,保障员工各项权益,促进员工全面发展,为员工创造价值。 (5)重视消费者的权益保障,有效提示风险,恰当披露信息,公平对待消费者,加强客户投诉管理,完善客户信息保密制度,提升服务质量,为客户创造价值
社会责任	(1)承担消费者教育的责任,积极开展金融知识普及教育活动,引导和培育社会公众的金融意识和风险意识,为提高社会公众财产性收入贡献力量。 (2)主动承担信用体系建设的责任,积极开展诚实守信的社会宣传,引导和培育社会公众的信用意识。 (3)努力促进行业间的协调和合作,加强银行业信用信息的整合和共享,稳步推进我国银行业信用体系建设。 (4)提倡以人为本,重视员工健康和安全,关心员工生活,改善人力资源管理;加强员工培训,提高员工职业素质,提升员工职业价值;激发员工工作积极性、主动性和创造性,培养金融人才,创建健康发展、积极和谐的职业环境。 (5)支持社区经济发展,为社区提供金融服务便利,积极开展金融教育宣传、扶贫帮困等内容丰富形式多样的社区服务活动,努力为社区建设贡献力量。 (6)关心社会发展,热心慈善捐赠、志愿者活动,积极投身社会公益活动,通过发挥金融杠杆的作用,努力构建社会和谐,促进社会进步
环境责任	(1)依据国家产业政策和环保政策的要求,参照国际条约、国际惯例和行业准则制定经营战略、政策和操作规程,优化资源配置,支持社会、经济和环境的可持续发展。 (2)尽可能地开展赤道原则的相关研究,积极参考借鉴赤道原则中适用于我国经济金融发展的相关内容。 (3)组建专门机构或者指定有关部门负责环境保护,配备必要的专职和兼职人员。 (4)制订资源节约与环境保护计划,尽可能减少日常营运对环境的负面影响;定期或不定期地对员工进行环保培训,鼓励和支持员工参与环保的外部培训、交流和合作。 (5)通过信贷等金融工具支持客户节约资源、保护环境,引导和鼓励客户增强社会责任意识并积极付出行动;注重对客户进行环保培训,培训内容包括但不限于环境影响评估程序的具体操作、绿色信贷文件的准备等。 (6)倡导独立对融资项目的环境影响进行现场调查、审核,而不能只依赖客户提供的环境影响评估报告等资料作出判断。 (7)积极主动地参与环境保护的实践和宣传活动,为客户和全社会环保意识的提高尽一份力量

二、绿色金融

绿色金融指金融部门把环境保护作为一项基本政策，在投融资决策中要考虑潜在的环境影响，把与环境条件相关的潜在的回报、风险和成本都要融合进银行的日常业务中，在金融经营活动中注重对生态环境的保护以及环境污染的治理，通过对社会经济资源的引导，促进社会的可持续发展。

要点	内容
节能减排	原银监会于2007年11月制定了《节能减排授信工作指导意见》，目的是为了配合国家节能减排战略的顺利实施，督促银行业金融机构把调整和优化信贷结构与国家经济结构紧密结合，有效防范信贷风险
提高能效	为落实国家节能低碳发展战略，促进能效信贷持续健康发展，积极支持产业结构调整和企业技术改造升级，提高能源利用效率，降低能源消耗，原中国银监会、国家发展改革委共同制定了《能效信贷指引》。 银行业金融机构为支持用能单位提高能源利用效率，降低能源消耗而提供的信贷融资称为能效信贷。能效信贷业务的重点服务领域包括： (1)交通运输节能。 (2)工业节能。 (3)建筑节能。 (4)与节能项目、服务、技术和设备有关的其他重要领域
绿色信贷	银行业金融机构应当从战略高度推进绿色信贷，加大对绿色经济、低碳经济、循环经济的支持，防范环境和社会风险，提升自身的环境和社会表现，并以此优化信贷结构，提高服务水平，促进发展方式转变。 2021年2月，国务院下发《关于加快建立健全绿色低碳循环发展经济体系的指导意见》，要求大力发展绿色金融。发展绿色信贷和绿色直接融资，加大对金融机构绿色金融业绩评价考核力度。应对气候变化是发展绿色金融的重要内容

典题精练

【例5·多项选择题】银行业金融机构的企业社会责任包括(　　)。

A. 社会责任　　B. 行业责任

C. 经济责任　　D. 环境责任

E. 岗位责任

ACD。【解析】银行业金融机构的企业社会责任包括经济责任、社会责任和环境责任。

三、普惠金融

1. 普惠金融概述

立足机会平等要求和商业可持续原则，以可负担的成本为有金融服务需求的社会各阶层和群体提供适当、有效的金融服务称为普惠金融。小微企业、农民、城镇低收入人群、贫困人群和残疾人、老年人等特殊群体是当前我国普惠金融的重点服务对象。

要点	内容
发展现状	我国普惠金融发展呈现出服务主体多元、服务覆盖面较广、移动互联网支付使用率较高的特点，人均持有银行账户数量、银行网点密度等基础金融服务水平已达到国际中上游水平。普惠金融发展仍面临诸多问题与挑战：普惠金融服务不均衡，普惠金融体系不健全，法律法规体系不完善，金融基础设施建设有待加强，商业可持续性有待提升
基本原则	(1)健全机制、持续发展。 (2)机会平等、惠及民生。 (3)市场主导、政府引导。 (4)防范风险、推进创新。 (5)统筹规划、因地制宜
发展目标	到2020年，建立与全面建成小康社会相适应的普惠金融服务和保障体系，有效提高金融服务可得性，明显增强人民群众对金融服务的获得感，显著提升金融服务满意度，满足人民群众日益增长的金融服务需求，特别是要让小微企业、农民、城镇低收入人群、贫困人群和残疾人、老年人等及时获取价格合理、便捷安全的金融服务，使我国普惠金融发展水平居于国际中上游水平。 (1)提高金融服务覆盖率。 (2)提高金融服务可得性。 (3)提高金融服务满意度
我国在普惠金融方面的实践	从需求的角度来说，普惠金融有很大的市场发展空间，互联网拥抱下的普惠金融已经让更多的人更加轻松地获取到了金融服务。 从业务层面来说，小额分散并不能降低风险，有效解决好信用风险的问题，让普惠金融回归到金融的本质，行业才能行稳致远。 (1)小微金融服务。专门向小型和微型企业及中低收入阶层提供小额度的可持续的金融产品和服务称为小微金融。小微企业金融服务是一项系统性工程，需要全社会共同努力： ①加大财税政策激励，提高金融机构支小积极性。 ②加大货币政策支持力度，引导金融机构聚焦单户授信500万元及以下小微企业信贷投放。 ③加强贷款成本和贷款投放监测考核，促进企业成本明显降低。 ④健全普惠金融组织体系，提高服务小微企业的能力和水平。 ⑤大力拓宽多元化融资渠道，优化营商环境，严厉打击骗贷骗补等违法违规行为，确保政策真正惠及小微企业。 (2)“三农”金融服务。“三农”工作关系国计民生，是全党工作的重中之重。 ①深入推进专业化体制机制建设，厘清定位、细化责任。 ②坚持稳中求进，全力支持农业供给侧结构性改革。 ③充分利用新模式新成果新技术，有序开展“三农”金融服务创新。 ④注重完善新主体新产业政策措施，着力培育新动能新业态。 ⑤持续扩大农村基础金融服务覆盖面，提高普惠金融满意度。 ⑥强化差异化监管政策，助力“三农”金融服务。 ⑦切实加强风险防控，多方合力优化“三农”金融服务环境。 (3)金融支持脱贫攻坚工作。扶贫工作是党和国家一项重大的民生工程。银行业监督管理部门和银行业金融机构要按照党中央整体要求和部署，立足金融系统实际，深入研究针对性措施，具体包括：

（续表）

要点	内容
我国在普惠金融方面的实践	①保持金融扶贫主要政策措施总体稳定，多措并举巩固脱贫成果。 ②推动各类银行业金融机构优势资源有机结合，既要支持发展又要提高抗风险能力。 ③支持农村一二三产业融合发展，着力做好对小农户、新型经营主体、农村基础设施的金融服务。 ④持续优化完善金融政策措施，探索建立解决相对贫困的长效机制。 ⑤扎实做好定点扶贫工作，努力将定点扶贫责任田打造成金融扶贫示范田

2. 普惠金融的深化

要点	内容
健全多元化广覆盖的机构体系	(1)充分调动、发挥传统金融机构和新型业态主体的积极性、能动性，引导各类型机构和组织结合自身特点，找准市场定位，完善机制建设，发挥各自优势，为所有市场主体和广大人民群众提供多层次、全覆盖的金融服务。 (2)鼓励开发性政策性银行以批发资金转贷形式与其他银行业金融机构合作，降低小微企业贷款成本。强化农业发展银行政策性功能定位，加大对农业开发和水利、贫困地区公路等农业农村基础设施建设的贷款力度。 (3)鼓励大型银行加快建设小微企业专营机构。继续完善农业银行“三农金融事业部”管理体制和运行机制，进一步提升“三农”金融服务水平。引导邮政储蓄银行稳步发展小额涉农贷款业务，逐步扩大涉农业务范围。鼓励全国性股份制商业银行、城市商业银行和民营银行扎根基层、服务社区，为小微企业、“三农”和城镇居民提供更有针对性、更加便利的金融服务。 (4)推动省联社加快职能转换，提高农村商业银行、农村合作银行、农村信用联社服务小微企业和“三农”的能力。加快在县(市、旗)集约化发起设立村镇银行的步伐，重点布局中西部和老少边穷地区、粮食主产区、小微企业聚集地区
创新金融产品和服务手段	(1)积极引导各类普惠金融服务主体借助互联网等现代信息技术手段，降低金融交易成本，延伸服务半径，拓展普惠金融服务的广度和深度。 (2)推广创新针对小微企业、高校毕业生、农户、特殊群体以及精准扶贫对象的小额贷款。 (3)鼓励金融机构运用大数据、云计算等新兴信息技术，打造互联网金融服务平台，为客户提供信息、资金、产品等全方位金融服务。鼓励银行业金融机构成立互联网金融专营事业部或独立法人机构。 (4)积极鼓励网络支付机构服务电子商务发展，为社会提供小额、快捷、便民支付服务，提升支付效率
加快推进金融基础设施建设	金融基础设施是提高金融机构运行效率和服务质量的重要支柱和平台，有助于改善普惠金融发展环境，促进金融资源均衡分布，引导各类金融服务主体开展普惠金融服务。 (1)鼓励银行机构和非银行支付机构面向农村地区提供安全、可靠的网上支付、手机支付等服务，拓展银行卡助农取款服务广度和深度。支持有关银行机构在乡村布放 POS 机、自动柜员机等各类机具，进一步向乡村延伸银行卡受理网络。 (2)加快建立多层级的小微企业和农民信用档案平台，实现企业主个人、农户家庭等多维度信用数据可应用。扩充金融信用信息基础数据库接入机构，降低普惠金融服务对象征信成本。积极培育从事小微企业和农民征信业务的征信机构，构建多元化信用信息收集渠道。 (3)建立健全普惠金融指标体系

（续表）

要点	内容
加强普惠金融教育与金融消费者权益保护	结合国情深入推进金融知识普及教育，培育公众的金融风险意识，提高金融消费者维权意识和能力，引导公众关心、支持、参与普惠金融实践活动。 广泛利用电视广播、书刊杂志、数字媒体等渠道，多层面、广角度长期有效普及金融基础知识。 以金融创新业务为重点，针对金融案件高发领域，运用各种新闻信息媒介开展金融风险宣传教育，促进公众强化金融风险防范意识，树立"收益自享、风险自担"观念。 重点加强与金融消费者权益有关的信息披露和风险提示，引导金融消费者根据自身风险承受能力和金融产品风险特征理性投资与消费。 加强金融消费者权益保护监督检查，及时查处侵害金融消费者合法权益行为，维护金融市场有序运行。畅通金融机构、行业协会、监管部门、仲裁、诉讼等金融消费争议解决渠道，试点建立非诉第三方纠纷解决机制，逐步建立适合我国国情的多元化金融消费纠纷解决机制。 加大对普惠金融的宣传力度。建立普惠金融发展信息公开机制，定期发布中国普惠金融指数和普惠金融白皮书

典题精练

【例6·单项选择题】当前我国普惠金融的重点服务对象是(　　)。

A. 企业、农民、城镇低收入人群、贫困人群和残疾人、老年人等特殊群体

B. 乡镇企业、农民、城镇低收入人群、贫困人群和残疾人、老年人等特殊群体

C. 民营企业、农民、城镇低收入人群、贫困人群和残疾人、老年人等特殊群体

D. 小微企业、农民、城镇低收入人群、贫困人群和残疾人、老年人等特殊群体

D。【解析】普惠金融是指立足机会平等要求和商业可持续原则，以可负担的成本为有金融服务需求的社会各阶层和群体提供适当、有效的金融服务。小微企业、农民、城镇低收入人群、贫困人群和残疾人、老年人等特殊群体是当前我国普惠金融的重点服务对象。

本节速览

经济责任	社会责任	环境责任	节能减排
提高能效	绿色信贷	普惠金融	基本原则

同步自测

一、单项选择题(在以下各小题所给出的四个选项中，只有一个选项符合题目要求，请将正确选项的代码填入括号内)

1. 银行业消费者是指购买或使用银行业产品和接受银行业服务的(　　)。

A. 自然人　　　　B. 法人

C. 法人代表　　　　D. 企业

2. 下列不属于商业银行消费者传统投诉途径的是(　　)。

A. 银行分支机构接访或营业网点现场受理的消费者投诉

B. 客户服务中心受理的消费者投诉

C. 通过新闻媒体、网络、信访转办的消费者投诉

D. 客户经理受理的消费者投诉

3.《中国银行业金融机构企业社会责任指引》从经济责任、社会责任、(　　)三个方面对银行业金融机构应该履行的企业社会责任进行了阐述。

A. 环境责任　　B. 道德责任

C. 行业责任　　D. 国家责任

4. 下列关于扶贫小额信贷的特点,说法错误的是(　　)。

A. 手续简便　　B. 期限短

C. 享受财政贴息　　D. 成本低

5. 为推动银行业金融机构以绿色信贷为抓手,积极调整信贷结构,有效防范环境与社会风险,银行业监督管理机构制定了(　　)。

A.《绿色信贷指引》　　B.《低碳信贷指引》

C.《环保信贷指引》　　D.《橙色信贷指引》

二、多项选择题(在以下各小题所给出的选项中,至少有两个选项符合题目要求,请将正确选项的代码填入括号内)

1. 银行业消费者的安全权包括(　　)。

A. 人身安全权　　B. 财产安全权

C. 产品安全权　　D. 服务安全权

E. 交易安全权

2. 银行业消费者的受教育权可以分为(　　)。

A. 产品收益计算的教育权　　B. 维权知识产权的教育权

C. 银行产品交易、监督等有关知识的教育权　　D. 银行消费知识的教育权

E. 消费者权益保护知识的教育权

3. 下列符合银行从业人员行为规范的是(　　)。

A. 不利用内幕信息牟取个人利益

B. 不挪用公款和客户资金买卖股票

C. 不将内幕信息以明示或暗示的形式告知他人

D. 不用本人消费贷款、信用卡透支变现买卖股票

E. 拒绝洗钱,及时报告大额交易和可疑交易

4. 我国银行业消费者权益保护的基本原则是(　　)。

A. 依法合规　　B. 诚实守信

C. 公开透明　　D. 公平公正

E. 文明规范

5. 商业银行对一般性投诉处理的基本原则包括(　　)。

A. 积极主动原则　　B. 客观公正原则

C. 专业原则　　D. 效率原则

E. 合规谨慎原则

6. 商业银行对重大投诉处理的基本原则是(　　)。
A. 客观公平原则　　B. 合规谨慎原则
C. 公正诚信、实事求是　　D. 有效控制、减少影响
E. 积极应对、快速反应

7. 普惠金融的基本原则包括(　　)。
A. 健全机制、持续发展　　B. 机会平等、惠及民生
C. 市场主导、政府引导　　D. 防范风险、推进创新
E. 统筹规划、因地制宜

8. 普惠金融的发展目标包括(　　)。
A. 提高金融服务覆盖率　　B. 提高金融服务可得性
C. 提高金融服务满意度　　D. 提高金融服务健全性
E. 提高金融服务创新性

9. 下列属于加强普惠金融教育与金融消费者权益保护措施的是(　　)。
A. 注重培养社会公众的信用意识和契约精神
B. 培育公众的金融风险意识
C. 树立“收益自享、风险自担”观念
D. 试点建立非诉第三方纠纷解决机制
E. 加大对普惠金融的宣传力度

三、判断题(请判断以下各小题的正误,正确的选 A,错误的选 B)

1. 银行从业人员应规范操作,认真执行上级指令。执行中如发现可能发生违章违纪行为,或可能导致风险时,应立即向上级报告,但不得越级报告。(　　)
A. 正确　　B. 错误

2. 银行业金融机构在投诉处理中应坚持积极主动原则,做到即便投诉不是因我而起,也要坚持“投诉到我为止”的负责态度。(　　)
A. 正确　　B. 错误

3. 银行业金融机构应承担消费者教育的责任,主动承担信用体系建设的责任,积极开展诚实守信的社会宣传,引导和培育社会公众的信用意识。(　　)
A. 正确　　B. 错误

4. 银行业金融机构应依据国家产业政策和环保政策的要求,参照国际条约、国际惯例和行业准则制定经营战略、政策和操作规程,优化资源配置,支持社会、经济和环境的可持续发展。(　　)
A. 正确　　B. 错误

5. 为落实国家节能低碳发展战略,中国银行业协会、国家发展改革委共同制定了《能效信贷指引》。(　　)
A. 正确　　B. 错误

6. “三农”金融主要是指专门向小型和微型企业及中低收入阶层提供小额度的可持续的金融产品和服务。(　　)
A. 正确　　B. 错误

答案详解

一、单项选择题

1. A。【解析】银行业消费者是指购买或使用银行业产品和接受银行业服务的自然人。
2. D。【解析】商业银行消费者进行投诉的途径有:(1)银行分支机构接访或营业网点现场受理的消费者投诉。(2)客户服务中心受理的消费者投诉。(3)通过新闻媒体、网络、信访以及政府有关部门、人大、政协部门、金融监管机构转办的消费者投诉。
3. A。【解析】中国银行业协会发布了《中国银行业金融机构企业社会责任指引》,该指引从经济责任、社会责任、环境责任三个方面对银行业金融机构应该履行的企业社会责任进行了阐述,并对银行业金融机构履行企业社会责任的管理机制和制度提出了建议。
4. B。【解析】扶贫小额信贷的主要特点包括:(1)成本低,基准利率放贷,享受财政贴息。(2)期限长,贷款最长期限可达3年。(3)手续简便,贫困户不需要向银行提供抵押或担保。

5. A。【解析】为推动银行业金融机构以绿色信贷为抓手，积极调整信贷结构，有效防范环境与社会风险，更好地服务实体经济，促进经济发展方式转变和经济结构调整，银行业监督管理机构制定了《绿色信贷指引》。

二、多项选择题

1. AB。【解析】银行业消费者在购买、使用银行产品和接受银行服务时享有人身、财产安全不受损害的权利，包括人身安全权和财产安全权两个方面。
2. DE。【解析】银行业消费者的受教育权可以分为两类：银行消费知识的教育权和消费者权益保护知识的教育权。前者指消费者有权接受关于银行产品的种类、特征等有关知识的教育，后者指消费者有权接受权益受到侵害时如何维权等知识的教育。
3. ABCDE。【解析】A、B、C、D、E 项均符合银行从业人员行为规范。
4. ABCDE。【解析】我国银行业消费者权益保护的基本原则是：依法合规、诚实守信、公开透明、公平公正、文明规范。
5. ABCDE。【解析】商业银行对一般性投诉处理的基本原则包括：(1)积极主动原则。(2)客观公正原则。(3)专业原则。(4)效率原则。(5)合规谨慎原则。
6. CDE。【解析】商业银行对重大投诉处理的基本原则是：(1)积极应对、快速反应。(2)有效控制、减少影响。(3)公正诚信、实事求是。
7. ABCDE。【解析】普惠金融的基本原则是：(1)健全机制、持续发展。(2)机会平等、惠及民生。(3)市场主导、政府引导。(4)防范风险、推进创新。(5)统筹规划、因地制宜。
8. ABC。【解析】普惠金融的发展目标包括：(1)提高金融服务覆盖率。(2)提高金融服务可得性。(3)提高金融服务满意度。
9. ABCDE。【解析】题干中的选项均属于加强普惠金融教育与金融消费者权益保护的措施。

三、判断题

1. B。【解析】银行从业人员应规范操作，认真执行上级指令。执行中如发现可能发生违章违纪行为，或可能导致风险时，应立即向上级报告或越级报告。
2. A。【解析】银行业金融机构在投诉处理中应坚持积极主动原则。坚持以人为本原则，树立维护金融稳定大局观，做到即便投诉不是因我而起，也要坚持“投诉到我为止”的负责态度，积极主动地处理投诉，杜绝互相推诿退缩。
3. A。【解析】银行业金融机构应承担消费者教育的责任，积极开展金融知识普及教育活动，引导和培育社会公众的金融意识和风险意识，为提高社会公众财产性收入贡献力量。主动承担信用体系建设的责任，积极开展诚实守信的社会宣传，引导和培育社会公众的信用意识。
4. A。【解析】银行业金融机构应依据国家产业政策和环保政策的要求，参照国际条约、国际惯例和行业准则制定经营战略、政策和操作规程，优化资源配置，支持社会、经济和环境的可持续发展。尽可能地开展赤道原则的相关研究，积极参考借鉴赤道原则中适用于我国经济金融发展的相关内容。
5. B。【解析】为落实国家节能低碳发展战略，促进能效信贷持续健康发展，积极支持产业结构调整和企业技术改造升级，提高能源利用效率，降低能源消耗，原中国银监会、国家发展改革委共同制定了能效信贷指引。
6. B。【解析】小微金融主要是指专门向小型和微型企业及中低收入阶层提供小额度的可持续的金融产品和服务。